U0476673

商务部国际贸易经济合作研究院国家高端智库丛书

突破重围

——全球产业链供应链重构背景下中央企业如何参与国际分工合作

武 芳 庞超然 薛 蕊 林 源 等著

中国商务出版社

·北京·

图书在版编目（CIP）数据

突破重围：全球产业链供应链重构背景下中央企业如何参与国际分工合作／武芳等著．－－北京：中国商务出版社，2024.8．－－（商务部国际贸易经济合作研究院国家高端智库丛书）．－－ISBN 978-7-5103-5244-7

Ⅰ．F279.241

中国国家版本馆 CIP 数据核字第 2024TA0136 号

突破重围

——全球产业链供应链重构背景下中央企业如何参与国际分工合作

武　芳　庞超然　薛　蕊　林　源　等著

出版发行：中国商务出版社有限公司
地　　址：北京市东城区安定门外大街东后巷28号　　邮　编：100710
网　　址：http：//www.cctpress.com
联系电话：010-64515150（发行部）　　010-64212247（总编室）
　　　　　010-64515210（事业部）　　010-64248236（印制部）
责任编辑：刘玉洁
排　　版：北京嘉年华文图文制作有限责任公司
印　　刷：北京建宏印刷有限公司
开　　本：710 毫米×1000 毫米　　1/16
印　　张：17.25　　　　　　　　　字　　数：263 千字
版　　次：2024年8月第1版　　　　印　　次：2024年8月第1次印刷
书　　号：ISBN 978-7-5103-5244-7
定　　价：88.00 元

凡所购本版图书如有印装质量问题，请与本社印制部联系
版权所有　翻印必究（盗版侵权举报请与本社总编室联系）

商务部国际贸易经济合作研究院
国家高端智库系列丛书
编委会

主　任　顾学明

编　委（按姓氏笔画排序）

于　蓉　卫平东　王　泺　王　建　王世鹏　毛小菁
叶　欣　曲维玺　刘华芹　关利欣　安　宁　祁　欣
许英明　孙继勇　杜国臣　李　伟　李　俊　杨　剑
张　丹　张　威　武　芳　范鹏辉　林　梦　罗　霞
周　密　赵桂茹　段红梅　俞子荣　姚　铃　袁　波
顾宝志　曹晋丽　崔卫杰　梁　明　董　超　韩　露
韩家平　程　慧

本书编写组

组　长　张　威
副组长　武　芳　曹亚伟
成　员　庞超然　薛　蕊　林　源　李　育
　　　　　沈梦溪　张　哲　张　爽　郭　语

对外投资合作研究所 简介

对外投资合作研究所致力于国际直接投资、国际承包工程、国际劳务合作理论和政策、投资便利化，以及境外经贸合作区、对外投资合作服务国内发展等研究。

在研究领域，侧重于境外投资环境、投资风险控制和可持续发展、"一带一路"建设和规划、跨境产业链合理有序布局等。近年来代表性成果包括《中国对外投资合作发展报告》《提升对外投资水平 加强风险防控能力研究》《境外经贸合作区建设成效和政策效果第三方评估报告》《金融机构支持境外投建营一体化研究》和《中国企业海外可持续发展报告》等。

在咨询领域，侧重于国别投资合作重点领域布局规划、企业国际化战略规划，以及省市开放型经济发展规划等。近年来代表性成果包括《对外投资合作国别（地区）指南》（涵盖170多个国家和地区）、《上海对标高标准经贸规则推进制度型开放的思路与对策研究》、《包头市"十四五"时期建设对外开放新高地规划》等。

自成立以来，已累计完成国家部委、省、市政府以及大型跨国公司、金融机构等委托的300多个研究咨询项目。

总　　序

商务部国际贸易经济合作研究院（以下简称研究院）从 1948 年 8 月创建于中国香港的中国国际经济研究所肇始，历经多次机构整合，已经走过七十多年的辉煌岁月。七十多年来，研究院作为商务部（原外经贸部）直属研究机构，始终致力于中国国内贸易和国际贸易、对外投资和国内引资、全球经济治理和市场体系建设、多双边经贸关系和国际经济合作等商务领域的理论、政策和实务研究，并入选第一批国家高端智库建设试点单位，在商务研究领域有着良好的学术声誉和社会影响力。

商务事业是经济全球化背景下统筹国内、国际双循环的重要枢纽，在我国改革开放、经济社会发展和构建新发展格局中发挥着重要作用。新时期经济社会的蓬勃发展对商务事业及商务领域哲学社会科学事业的理论、政策和实务研究提出了更高的要求。近年来，研究院在商务部党组的正确领导下，聚焦商务中心工作，不断推进高端智库建设，打造了一支学有专攻、术有所长的科研团队，涌现出了一批学术精英，取得了一系列有重要影响力的政策和学术研究成果。

为了充分展示近年来研究院国家高端智库建设所取得的成就，鼓励广大研究人员多出成果、多出精品，经过精心策划，从 2021 年开始，研究院与中国商务出版社合作推出研究院"国家高端智库丛书"和"学术文丛"两个系列品牌出版项目，以支持研究院重大集体研究成果和个人学术研究成果的落地转化。

首批列入研究院"国家高端智库丛书"和"学术文丛"出版项目

的作者，既有享受国务院政府特殊津贴的专家，也有在各自研究领域内勤奋钻研、颇具建树的中青年学者。将他们的研究成果及时出版，对创新中国特色社会主义商务理论、推动商务事业高质量发展、更好服务商务领域科学决策都有着积极意义。这两个出版项目体现了研究院科研人员的忠贞报国之心、格物致知之志，以及始终传承红色基因、勇立时代潮头的激情与责任担当。

我相信，未来一定还会有更多研究成果进入"国家高端智库丛书"和"学术文丛"。在大家的共同努力下，"国家高端智库丛书"和"学术文丛"将成为研究院高端智库建设重要的成果转化平台，为国家商务事业和商务领域哲学社会科学研究事业作出应有的贡献。

值此"国家高端智库丛书"和"学术文丛"出版之际，谨以此为序。

商务部国际贸易经济合作研究院
党委书记、院长
顾学明
2022 年 8 月

导　　论

当前，世界百年未有之大变局加速演进，国际环境错综复杂，世界经济陷入低迷期，全球产业链供应链不断调整重构。习近平总书记高度关注全球产业链供应链发展变化情况，多次指出要提高产业链供应链稳定性和国际竞争力，顺应产业发展大势，推动短板产业补链、优势产业延链，传统产业升链、新兴产业建链，增强产业发展的接续性和竞争力。同时，也指出要优化生产力布局，推动重点产业在国内外有序转移，支持企业深度参与全球产业分工和合作，促进内外产业深度融合，打造自主可控、安全可靠、竞争力强的现代化产业体系。

中央企业作为中国特色社会主义经济发展的"顶梁柱"，正在朝着"培育具有国际竞争力的世界一流企业"目标加速迈进。在全球产业链供应链重构背景下，中央企业理应在更宽领域和更高层次上参与国际分工合作，努力提升市场竞争力、跨国经营能力、稳定发展能力、关键领域和环节控制力、可持续发展能力，实现由规模扩张向质量效益提升转变，由价值链低端向价值链中高端跃升，为我国产业链供应链稳定性和韧性提供坚实支撑，为中国式现代化提供有力保障。

一、中央企业参与国际分工合作的基础

为全面展示当前中央企业参与国际分工合作的情况，本书采用比较分析法，首先分析了全球跨国公司参与国际分工合作的主要特征和模式，其次梳理了中央企业参与国际分工合作的发展历程和模式，最后总结了中央企业参与国际分工合作的优势与不足。

（一）全球跨国公司参与国际分工合作的主要特征和模式

从"效率优先"到"兼顾安全"是全球跨国公司参与国际分工合作的主要特征。前4次全球产业转移，跨国公司产业布局突出效率提升和成本降低。在当前经济全球化遭遇逆流、保护主义盛行，新一代科技革命和产业变革加速推进、全球政治经济政策不确定性逐步上升的背景下，"兼顾安全"成为全球跨国公司产业布局的主要考虑，这导致全球产业链布局趋于在岸化、近岸化、友岸化，供应链分布趋于短链化、碎片化。

从全球跨国公司参与国际分工合作的模式来看，主要分为以下几类：

一是资源控制型。如跨国油气公司通过控制上游资源并向中下游延伸，逐步掌控全产业链。

二是技术聚焦型。如跨国科技公司通过卓越的技术能力控制技术密集度高或附加值较高的环节，达到有效控制全球生产的目的。

三是成本驱动型。如汽车、电子等行业的跨国公司通过最大限度扩大生产规模及降低生产成本，积极推进产品内国际分工，并将生产过程细分且配置在世界上许多国家，主导全球价值链分工合作。

四是市场控制型。如跨国奢侈品、快速消费品公司通过控制生产和销售渠道，实现对全球产业链供应链的控制。

（二）中央企业参与国际分工合作的发展历程和模式

从发展历程看，中国加入世界贸易组织（WTO）前，中央企业主要依靠"引进来"参与国际分工合作体系；中国加入世界贸易组织后，中央企业积极"走出去"，开始尝试主动融入全球分工合作体系。党的十八大以来，中央企业更加积极主动地参与全球分工合作，国际化经营能力稳步提升，形成了规模大、覆盖广的全球产业链供应链合作网络。

从模式看，大致可分为以下几类：

一是融入追随型。与发达国家的跨国公司相较，中央企业参与全球产业链供应链的时间不长、周期较短，很多企业仍是全球产业链供应链的跟随者，参与国际分工合作方式主要包括出口产品、提供工程或技术服务等。

二是垂直整合型。如中国石油等中央企业聚焦主责主业，积极整合全球产业链供应链上下游，通过延长生产运营链条、扩大企业边界，实现生产运行效率的提高和成本的降低。

三是同业联盟型。如通用技术集团等企业通过组建同业联盟，搭建开放共享、互利共赢的合作平台，更好地打造产业链生态圈战略合作，提升企业参与全球分工合作的能力和水平。

四是整零协同型。如中国商飞等企业通过整机、零部件企业的协同，建立产业集群，提高产品质量、降低产品成本、提高生产效率、加速产品上市，实现全球产业链供应链分工合作能力的提升。

（三）中央企业参与国际分工合作的优势与不足

从优势来看，中央企业拥有承担国家战略使命的优良传统和丰富经验，具备参与、引领全球产业链供应链的制度优势；中央企业在重要行业和关键领域的影响力不断提升，具备参与、引领全球产业链供应链的发展优势；中央企业是科技攻关的"策源地"和"排头兵"，具备参与、引领全球产业链供应链的创新组织优势。

从不足来看，中央企业总体科技创新能力仍有不足，部分企业创新质量还有待提升，有效发明专利占总体专利的比重仍然较低，中央企业研发质量总体上存在急于求成、重数量堆砌而轻质量提高等情况。同时，中央企业运行效率还有较大的提升空间，风险防范能力还有待加强。

二、中央企业参与国际分工合作的能力评估

纵向来看，党的十八大以来，中央企业总体实力显著提升。主要表现为："一利五率[①]"稳步提升，全员劳动生产率达到76.3万元/人，较2015年提高89%；资产负债率稳步下降，研发实力不断增强，专利数量、质量和转化能力都有所提高。

横向比较，与世界一流企业相比还有较大提升空间。主要表现在：一是核心竞争力方面，规模体量大但盈利能力偏低。2023年入选世界500强的46家中央企业平均总资产收益率为1.7%，低于同期的世界500强平均总资产收益率（1.9%）。二是跨国经营能力方面，国际化"短板"较为突出。入选全球100大跨国公司榜单的中央企业数量仅有6家，平均跨国指数[②]仅为30%，低于榜单平均水平（50%）。三是稳定发展能力方面，中央企业经营的稳定性相对较强，但仍需加快塑造新动能新优势。对比美国企业，新冠疫情初期，中央企业的经营发展指标快速恢复，相对更快地摆脱了外部冲击的干扰。但发达国家跨国公司在后疫情时期则快速重回增长轨迹，中央企业需及时调整策略，加快形成新质生产力，实现高质量发展。四是关键环节和领域控制力方面，中央企业仍面临较为严重的"卡脖子"问题。如在能源领域，上游环节，中央企业对海外资源的开发能力较跨国公司略显薄弱；中游环节，中央企业生产制造的关键核心技术对外依赖度高；下游环节，中央企业部分进出口关键运输通道面临的风险较大。五是可持续发展能力方面，中央企业正在快速提高。更多企业对标国际高标准要求，不断提升劳工、社会和治理标准。

[①] "一利五率"反映了企业日常运营的基本面，是企业参与国际分工合作能力的重要基础。其中，"一利"是指利润总额，"五率"是指资产负债率、净资产收益率、全员劳动生产率、营业现金比率、研发经费投入强度。

[②] 按照联合国贸发会议定义，跨国指数（TNI）=（海外营业收入/营业收入总额+海外资产/资产总额+海外员工/员工总数）÷3×100%。

三、中央企业参与国际分工合作面临的形势

当前及今后一段时期，国内外环境发生深刻复杂变化，这给中央企业参与国际分工合作带来了机遇和挑战。

在机遇方面，一是共建"一带一路"为打造区域产业链供应链提供了新空间；二是新技术革命推动着全球产业链供应链变革；三是我国经济发展韧性十足，国内大市场为中央企业参与国际分工合作提供了支撑；四是包含中央企业在内的国有企业引领我国现代化产业链供应链体系初步形成。

在挑战方面，一是美西方多层次多手段推动产业链供应链"去中国化"；二是全球经济下行压力导致产业链供应链稳定性减弱；三是全球经贸规则调整导致全球产业链供应链更加区域化、碎片化；四是我国产业链供应链自主可控能力尚待提升；五是包含中央企业在内的国有企业构建全球产业链供应链的政策壁垒持续增加。

四、中央企业参与国际分工合作的政策建议

（一）对政府部门的建议

一是强化顶层设计。加强统筹规划，指导中央企业有重点、有步骤地开展跨境产业链的合理有序布局。在周边地区，引导对我国友好国家开展投资，努力形成"以我为主"的区域产业链价值链体系；稳步推动与欧洲发达国家高端产业链联系；把握好北美自贸区、拉美国家市场机遇，间接实现与美"挂钩"。加强对中央企业对外投资的分析监测和全生命周期管理，全面掌握中央企业投资障碍和海外利益情况，确保国有资产保值增值。优化中央企业经营指标体系和业绩考核体系，增加对企业在资源能源储量、可持续发展、产业链供应链控制力、供应商多元化、带动国内产业链升级等方面的考核指标和内容。引导中央企业特别是能源类企业开展长周期投资，以永续经营、可持续经营为目标，稳步

提升资源储量。考核机制还应体现一定包容性，对于项目失败的原因，科学识别其是正常经营风险还是投机导致的风险，并分别加以处置。

二是加强政府间合作。积极参与多边合作机制，加大对世界贸易组织电子商务、国内规制等议题的谈判力度，积极参与知识产权、国有企业、产能合作等问题的磋商探讨。着力推动将《投资便利化协定》纳入世界贸易组织法律框架，维护境外中资企业的投资利益。充分发挥二十国集团（G20）、金砖国家等经济治理平台作用，争取在中央企业优势领域的贸易投资政策协调与合作方面实现突破。深化双边合作，加快与"一带一路"共建国家在中央企业优势领域如电力、轨道交通、能源、石油化工、船舶等领域签署备忘录和合作协议。推进双边政府间投资合作协调机制建设，与重点国家建立交流平台，对重大合作项目做出机制性安排。升级和完善多双边协定，推动自由贸易协定、双边投资保护协定、避免双重征税协定等的签署和更新。参考最新的国际投资规则和成果，在更高水平上完善与重点国家的投资保护协定，提升我国在国际投资规则上的引领能力。积极对接高标准国际经贸规则，如在加入《全面与进步跨太平洋伙伴关系协定》（CPTPP）的磋商过程中，力争在非商业援助的标准认定、过渡期、透明度要求、特定产业等方面提出切实可行方案和应对措施，为国有企业转型和治理改善提供更为充足的缓冲时间。同时，努力规范国有企业补贴管理，提高国有企业信息披露透明度，提升企业在参与国际分工合作中的信誉度，避免受到相关质疑和审查。

三是提升公共服务水平。完善公共信息服务平台，集成全球市场动态、贸易投资数据、政策变化和合作机会等关键信息，为中央企业提供实时、全方位的数据、信息支持。扩展公共信息服务渠道，完善信息共享机制，构筑由政府、企业、专业团体联合构成的信息收集、研究、咨询网络，为中央企业参与全球分工合作提供定制化咨询服务。多种形式加强宣传，注重发挥境外智库、媒体作用，淡化中国标签，破除西方媒体的歪曲解读。主动回应问题，敢于主动、率先发布消息，恰当把握时机，并针对问题做出客观解读。

四是推动中介组织"走出去"。鼓励行业协会加强与国际组织合作，深化绿色低碳、数字治理、南南合作等重要前沿议题的国际合作，为中央企业获取国际行业动态、利用全球创新资源搭建平台、畅通渠道。支持行业协会加强海外服务，支持行业协会通过制定行业标准、促进价格协调、调整行业投资等方式，引导中央企业理性参与国际分工合作，规范企业经营行为。鼓励相关行业协会建立全球行业信息定期发布制度和行业预警制度。支持境外中资企业商（协）会建立公共外交协调和调解机制，维护包括中央企业在内的境外中资企业合法权益。引导会计、税务、法律、评估等专业服务机构参与境外项目，为包括中央企业在内的中资企业提供切实有效的经济信息、市场预测、技术指导、金融服务等，提升企业参与国际分工合作的质量和效益。

五是优化财税金融支持。开展精准支持，研究设立专项资金，用于支持中央企业突破"卡脖子"技术、培养国际化人才以及中介组织"走出去"等。支持企业开展产业链供应链重点环节的中间品贸易，鼓励通过境外新型加工贸易、境外经贸合作区等创新方式，进一步加强产业链供应链联系。鼓励金融机构创新优化与国际业务相关的金融产品，如多币种结算、跨境融资、对外投资保险等，降低企业国际化财务风险。优化供应链融资，鼓励金融机构为企业量身定制订单贷款、库存融资、应收账款融资等融资解决方案，加大对与中央企业有紧密合作的中小企业的信贷支持力度，简化审批流程，提高审批效率，降低融资成本。推广绿色金融，设立专门用于支持绿色金融发展的基金，对参与绿色金融项目的企业，给予绿色债券利息所得税减免、绿色贷款利息税前扣除等方面优惠。鼓励金融机构创新绿色金融产品和服务，如绿色债券、绿色基金、绿色保险等，以满足包括中央企业在内的各类市场主体在绿色转型过程中的多样化融资需求。

（二）对中央企业的建议

一是巩固既有基础，提高参与国际分工合作的能力。通过长期合同、共同研发等方式加强与核心供应商的合作关系，巩固现有产业链供应链优势。发挥中央企业"链主"作用，通过构建"有为"供应链（为供应商制定严格的标准、规范的技术参数、丰富的应用场景并与供应商密切合作，实现对本土供应链的培养和控制）、"智能"供应链（利用先进的物联网、大数据和人工智能技术，提高生产计划的准确性，降低库存和运输成本。在此基础上进一步构建汇聚产业信息、金融资讯和商业情报，并具备相应数据和信息分析能力的供应链智能系统）、"集成"供应链（带动国内上下游配套企业联合出海，加强金融、咨询、法律、物流、商贸等信息服务共同"走出去"）等途径，强化产业链供应链引领作用。

二是明确重点领域，提升参与国际分工合作的水平。发挥举国体制优势，攻关关键技术、设备、材料和服务环节，积极补短板。与全球关键技术提供商、设备制造商、材料供应商及服务提供商加强合作关系。在新能源汽车、新材料、高端装备、信息技术、生物医药等战略性新兴产业加大投资力度。加强能源开发、原材料供应等领域的全球合作，提高资源控制能力。在重点领域合作中，积极引入本土产业链供应链薄弱环节要素。

三是布局重点区域，分类施策开展合作。如在技术研发方面，加大与发达国家科技企业的合作力度；在生产制造方面，加强与发展中国家制造业合作，同时注重加强与国内产业链的联系，避免产业过快转移；在资源开采方面，稳固并拓宽新能矿①获取渠道，加强资本、

---

① 新能矿即新能源矿产，主要是指能源转型所必需的矿产，包括储能电池和电动汽车制造所需的锂、镍、钴、铂、锰和石墨，配电网络建设所需的铜和铝，以及新能源发电装备制造所需的稀土等资源。

设备、技术服务的国际合作,形成区域内资源勘探、冶炼、加工产业集群。

四是利用外部资源,创新分工合作方式。积极探索合资、特许经营、BOT①、公私合营等新型商业合作模式。主动提供产业链供应链公共产品,建设共性技术创新平台。积极参与、主导国际标准制定。通过提出创新性标准提案,并参与标准草案的讨论和修订,确保新标准能够反映中央企业的技术优势和市场需求。加强跨领域合作,积极寻求与互联网、大数据、人工智能等新兴行业企业的合作,共同完成国际合作项目。

五是顺应发展趋势,加快绿色化数字化转型。加强环保技术研发应用,转变高耗能、高排放的产业链供应链模式。将ESG②要求融入产业链供应链各个环节管理。发挥对上下游企业的带动示范作用,推动供应商、合作企业共同履行环境责任。加强与数字技术公司的合作,共同开发适合自身发展需要的数字技术、平台和服务,提升中央企业信息化、智能化水平,实现项目全过程管理、溯源追踪、供应链协作等目标,降低转型成本、提升生产效率。积极应用数字化工具,打造智慧化的全球产业链供应链管理体系。

(三) 具体领域的针对性建议

在能源资源领域,政府部门应推动开展全球布局规划,设立懂资源的外交官。调整国资相关管理制度,实施跨周期考核和逆周期考核,调

---

① BOT 是 "build-operate-transfer" 的缩写,意为 "建设—经营—转让",是企业参与基础设施建设,向社会提供公共服务的一种方式。

② ESG 是 Environmental、Social 和 Governance(即环境、社会和公司治理)三个英文单词的首字母,是投资人、企业和组织进行投资时应予考虑的一系列问题,这些问题包括环境问题、社会问题和公司治理问题。ESG 这一简称首次在 2004 年一份名为《在乎者最终赢家》(*Who Cares Wins*)的报告中被使用,此报告是许多金融机构应联合国邀请而联合发起的倡议。ESG 运动在不到 20 年的时间里已从联合国发起的一项企业社会责任(CSR)倡议发展成一种全球现象。

整考核指标。加大金融财税支持力度，考虑重启勘探开发补助。稳步推动绿色、数字化转型，打造海外高标准资源能源先进示范项目。企业部门应在深水新资源开发、勘探技术提升等方面持续加大技术创新和研发投入力度；提升营销、物流、融资、风险管理等能力，增强行业产业链韧性和竞争力；积极开展风险管理与危机应对。

在以轨道交通为代表的装备制造领域，政府部门应着力构建重大技术攻关的政产学研合作体系，推动企业、科研机构、高校等部门构建集成创新平台，推进创新平台间的合作。完善财税金融支持，如海外并购利息补贴、利率优惠等。多维度完善产品认证制度，大力推动国家认证、检测等标准的国际互认。企业部门应通过品牌"推出去"、投资抱团"走出去"、优质服务"跟出去"、承包工程"带出去"等多种途径，带动全产业链高质量参与全球分工合作。

在物流领域，政府部门应持续强化港口、仓储等物流基础设施项目合作，加速推动智慧港口等新型基础设施建设，不断提高区域互联互通水平。加快运力结构调整，推进船用能源转型，积极推动数字技术应用，建立健全物流绿色低碳管理和政策体系。企业部门应加强技术创新与应用，提高物流业务智能化水平，增加精细化、高品质物流服务供给，提升服务复杂供应链能力。深化与高端制造业交流融合，积极推动与航空、汽车、半导体等制造业企业协同共建供应链，增强物流服务对柔性制造、敏捷制造的支撑能力。

武 芳
2024 年 5 月 15 日

目　录

现 状 篇

第一章　中央企业参与国际分工合作的研究视角 …………………… 003
　　第一节　产业链供应链的概念界定 …………………………… 003
　　第二节　国际分工合作的研究视角 …………………………… 005
　　第三节　中央企业参与国际分工合作能力的研究视角 ……… 006

第二章　跨国公司参与国际分工合作的主要特征 …………………… 009
　　第一节　跨国公司参与国际分工合作的背景及趋势 ………… 009
　　第二节　跨国公司参与国际分工合作的主要模式 …………… 017
　　第三节　跨国公司参与国际分工合作的典型案例 …………… 018

第三章　中央企业参与国际分工合作的主要特征 …………………… 022
　　第一节　中央企业参与国际分工合作的发展历程 …………… 022
　　第二节　中央企业参与国际分工合作的主要模式 …………… 027
　　第三节　中央企业参与国际分工合作的优势与不足 ………… 032

第四章　中央企业参与国际分工合作的能力评估 …………………… 037
　　第一节　纵向评估，中央企业总体实力显著提升 …………… 037
　　第二节　横向对比，中央企业与世界一流企业仍有差距 …… 041

形 势 篇

第五章　中央企业参与国际分工合作面临的重大机遇 …………… 057
　　第一节　共建"一带一路"为参与国际分工合作拓展新空间 …… 057
　　第二节　新技术革命推动全球产业链供应链变革 ……………… 058
　　第三节　国内大市场提供重要支撑 ……………………………… 060
　　第四节　国有企业引领作用日益凸显 …………………………… 061

第六章　中央企业参与国际分工合作面临的风险挑战 …………… 063
　　第一节　美西方推动产业链供应链"去中国化" ……………… 063
　　第二节　全球经济下行压力削弱产业链稳定性 ………………… 066
　　第三节　全球经贸规则调整导致全球产业链趋向碎片化 ……… 067
　　第四节　我国产业链供应链自主可控能力尚待提升 …………… 070
　　第五节　国有企业构建全球产业链供应链的政策壁垒增加 …… 072

建 议 篇

第七章　发达国家推动企业参与国际分工合作的经验做法 ……… 077
　　第一节　政府层面 ………………………………………………… 077
　　第二节　企业层面 ………………………………………………… 083

第八章　中央企业参与国际分工合作的总体思路 ………………… 086
　　第一节　指导思想 ………………………………………………… 086
　　第二节　基本原则 ………………………………………………… 087

第九章　面向政府部门的建议 ……………………………… 089
第一节　强化顶层设计 …………………………………… 089
第二节　加强政府间合作 ………………………………… 090
第三节　提升公共服务水平 ……………………………… 092
第四节　推动中介组织"走出去" ………………………… 093
第五节　优化财政金融支持 ……………………………… 095

第十章　面向中央企业的建议 ……………………………… 097
第一节　巩固既有基础，夯实分工合作能力 …………… 097
第二节　明确重点领域，提升分工合作水平 …………… 099
第三节　布局重点区域，分类施策开展合作 …………… 100
第四节　利用外部资源，创新分工合作方式 …………… 101
第五节　顺应发展趋势，加快绿色数字转型 …………… 102

领 域 篇

第十一章　能源资源领域 …………………………………… 105
第一节　中央企业参与国际分工合作的现状 …………… 106
第二节　中央企业参与国际分工合作面临的形势 ……… 129
第三节　中央企业参与国际分工合作的建议 …………… 133

第十二章　装备制造领域——以轨道交通为例 …………… 151
第一节　中央企业参与国际分工合作的现状 …………… 152
第二节　中央企业参与国际分工合作面临的形势 ……… 184
第三节　中央企业参与国际分工合作的建议 …………… 193

第十三章　物流航运领域 ………………………………… 200
第一节　中央企业参与国际分工合作的现状 ……………… 201
第二节　中央企业参与国际分工合作面临的形势 ………… 217
第三节　中央企业参与国际分工合作的建议 ……………… 226

参考文献 …………………………………………………………… 235
后　　记 …………………………………………………………… 244

专栏目录

专栏 2-1　跨国公司在中国投资经营布局的变化 …………… 013
专栏 2-2　苹果公司供应链"去碳化"实践 ………………… 015
专栏 3-1　中国石油上下游一体化模式分析 ………………… 029
专栏 3-2　大飞机复合材料全产业链集聚发展 ……………… 031
专栏 7-1　日本标准突破欧美重围，实现弯道超车 ………… 081
专栏 11-1　拉美矿产资源产业链供应链及中资企业参与情况 … 137
专栏 12-1　聚焦增长——机车车辆制造商成功抵御全球危机 … 168
专栏 12-2　轨道交通领域中央企业参与国际分工合作的路径 … 197

图 目 录

图 4-1 2012—2022 年中央企业利润总额与利润率 …………… 038

图 4-2 2018—2022 年中央企业净利润（万亿元） …………… 038

图 4-3 2015—2022 年中央企业与全国全员劳动生产率对比 … 039

图 4-4 2016—2022 年中央企业资产负债率 …………………… 040

图 4-5 2012—2022 年中央企业拥有专利数量 ………………… 041

图 4-6 入选 2023 年《财富》世界 500 强中央企业的数量、
营业收入和净利润占比 ………………………………… 043

图 4-7 入选 2023 年《财富》世界 500 强中央企业营业收入、
利润、资产、员工人数占比 …………………………… 044

图 4-8 入选全球 100 大跨国公司的企业跨国经营指数对比 …… 045

图 4-9 入选世界 500 强企业的中、美企业数量对比
（含中国台湾企业） …………………………………… 046

图 4-10 入选 2023 年世界 500 强企业的中、美企业排名较
上年排名对比（不含中国台湾企业） ………………… 046

图 4-11 入选世界 500 强企业的利润率对比 …………………… 047

图 11-1 光伏产业链供应链图谱 ………………………………… 108

图 11-2 中国原油产量情况 ……………………………………… 115

图 12-1 轨道交通产业链 ………………………………………… 153

图 13-1 全球主要航运物流企业税前利润变化情况 …………… 207

图 13-2 全球主要航运物流企业资产负债率情况对比 ………… 208

图 13-3 全球主要航运企业净资产收益率情况对比 …………… 209

图 13-4 全球主要航运物流企业全员劳动生产率情况对比 …… 209

图 13-5 全球主要航运物流企业营业现金比率情况对比 ……… 210

表 目 录

表 4-1　2023 年《财富》世界 500 强企业分布情况 …………… 042
表 11-1　能源资源领域产业链供应链主要环节及具体内容 …… 107
表 11-2　中外主要油气公司 2022 年度经营业绩对比 …………… 118
表 11-3　中外主要油气公司分工合作能力对比 ………………… 120
表 11-4　中外主要矿产公司 2022 年度经营业绩对比 …………… 121
表 11-5　中外主要能源资源公司跨国经营能力对比 …………… 123
表 12-1　轨道交通车辆主要结构部件及国内外代表公司 ……… 153
表 12-2　阿尔斯通、CAF、西门子交通、Stadler 2022 年经营
　　　　 数据对比 ………………………………………………… 167
表 12-3　中国中车和阿尔斯通"一利五率"对比 ……………… 169
表 12-4　中国中车跨国指数（TNI） …………………………… 170
表 12-5　阿尔斯通非流动资产（除去商誉）分布 ……………… 171
表 12-6　阿尔斯通全球销售分布 ………………………………… 171
表 12-7　阿尔斯通员工全球分布 ………………………………… 172
表 12-8　中国中车与阿尔斯通跨国经营指标对比 ……………… 172
表 12-9　可持续发展和企业社会责任的四大战略支柱及目标
　　　　 完成情况 ………………………………………………… 179
表 12-10 负责任的商业伙伴相关议题 …………………………… 182
表 13-1　全球主要航运物流企业的税前利润情况对比 ………… 206

现状篇

第一章　中央企业参与国际分工合作的研究视角*

产业链供应链是一种特殊形式的社会分工协作网络，其核心是产业链各主体投入产出关系背后的竞争与合作关系。世界银行报告显示，20世纪90年代初以来，全球产业链供应链分工模式已经成为经济全球化与国际分工的新常态，全球超过三分之二的贸易基于全球分工生产的产业组织形式实现，即产品在最后组装之前其原材料或零部件已跨越了一国或多国的边界。近年来，在世界经济格局演化的诸多不确定性和"逆全球化"态势，以及新冠疫情对全球产业链分工体系产生重大冲击的背景下，中国面对的重要挑战是如何一方面积极参与国际分工、最大限度收获国际分工带来的好处，另一方面最大限度维护中国产业体系安全。

第一节　产业链供应链的概念界定

一、产业链

产业链主要是经济学概念，是指在特定产业中，从原材料的采集、加工到最终产品的生产、销售的整个流程，所涉及的相关企业和活动的总和。它通常包括上游的原材料供应商、中游的制造商和下游的销售商。产

---

* 本章作者为庞超然（第一节）和李育（第二、第三节）。

业链不仅涵盖物理产品的制造，还包括服务、技术开发等多个环节。产业链的分析帮助我们了解一个特定产业的运作模式、关键参与者以及各环节之间的互动。

产业链的概念是多个学者和实践者在不同时间、不同背景下对工业与生产过程的理解及实践的累积结果。福特（Ford）的流水线生产方式对现代产业链的形成有重要影响。通过标准化和专业化，他改变了大规模生产的方式，这些理念成为后来产业链管理的基石。波特（Port）在1985年提出的价值链分析（Value Chain Analysis）是理解产业链的一个重要工具。他的价值链模型强调了从原材料到最终用户的整个过程中创造价值的重要性。当前，伴随着大国间博弈的加剧，产业链概念更多地从遵循经济规律的分工合作方式，向着保障国家竞争力、稳定性的方向转变。

二、供应链

供应链主要是管理学概念，更侧重于产品从制造到交付给最终消费者的整个流程。它包括原材料采购、生产加工、库存管理、运输、分销和零售等环节。供应链管理的目的是优化这些流程，以降低成本、提高效率和满足客户需求。它强调的是产品流通的效率和成本控制，涉及的不仅是物理产品的流动，还包括信息和财务的流动。

供应链最初用于企业，英国商业顾问奥立夫（Oliver）首先使用，表示企业之间资金、物品和信息流通关系。通过"供应链管理"，企业可以打破生产、销售和财务等不同部门的界限，实现从原料产地、制造工厂一直到终端消费的协同。20世纪90年代，供应链已经成为降低成本和创新战略的重要一环，超出了早期仅针对产品流动性的衡量。全球化时代，跨国公司在各国根据比较优势布局供应链环节，其概念内涵逐步从"促进流通"转变为"创造价值"，为跨国公司经营管理贡献了收入。近几年，伴随全球地缘政治博弈的加剧，供应链在"企业属性"基础上，涵盖了更多"国家属性"要求，供应链安全替代了追求成本与效率的考量。

三、两者的关系

产业链着眼于特定行业的全局，提供了一个观察经济活动的宏观视角；而供应链从微观视角出发，更关注产品从生产到交付消费者的具体流程和效率优化。从两者关系看，产业链的变化会影响供应链的结构和效率，例如新技术的出现可能改变生产方式和物流管理；同样，供应链的优化也会对整个产业链的效率和竞争力产生影响。

在实际运作中，由于两者有着密切的关联，因此，在目前的政策文件、研究报告中，产业链、供应链事实上已不再严格区分。

第二节　国际分工合作的研究视角

一、效率和成本视角

效率和成本是全球产业链分工合作的内在动力。早在17世纪中后期，以亚当·斯密（Adam Smith）为代表的英国古典主流经济学家就提出分工和自由贸易能够促进效率提升、增加国民财富。改革开放以来，中国凭借自身的劳动力比较优势日渐融入以发达国家为主导的全球产业链供应链分工体系，成为上一轮全球劳动密集型产业跨境转移最大的赢家。近年来，在中国劳动力成本上升、部分劳动密集型产业效率提升速度减慢、发达国家提出"中国+1"供应链布局的影响下，部分劳动密集型产业开始向东南亚、南亚国家转移。在这样的背景下，数字化成为推动效率提升和成本控制的重要方式。人工智能可通过降低贸易成本、促进技术创新、优化资源配置等方式增加中国参与全球产业分工的机会，提升中国参与全球产业分工的地位，可以更有效地释放中国参与全球产业分工的潜能。

二、产业链控制视角

近年来，各国对供应链控制权的争夺日益激烈，供应链的权力竞争已超越全球经济分工合作范畴。对核心技术、关键环节和战略资源的掌控能力决定了企业在全球产业链供应链中的控制力。从核心技术控制来看，长期以来，我国经济凭借超大市场容量、后发技术赶超、廉价要素供给等比较优势实现跨越发展，但产业发展中"缺芯少核"的问题不容忽视。从关键环节控制来看，隆国强指出，虽然中国已经具备完整的制造业产业链和市场规模优势，但在全球产业链分工中仍然处于中低端位置，应当从低附加值环节向上游研发和复杂零部件生产环节升级，以及向下游做服务、做品牌、做网络环节拓展。从战略资源控制来看，杨宇研究发现我国能源生产结构与需求结构的不匹配决定中国应加强与全球能源互动，加强对战略资源的掌控力。

三、安全视角

近年来，由于发达国家对我国"双端挤压"以及新兴经济体对我国的"追赶挤占"等外部冲击所带来的产业链风险，以安全为主导的产业链体系性竞争势头开始快速上升。受大国竞争加剧的影响以及新冠疫情的冲击，全球产业链重构更加重视安全稳定、更加注重维护或争取大国优势地位。张其仔和许明认为，中国参与全球创新密集型产业链供应链的主要风险在于，这类产业无论是从供给侧还是从需求侧看，对国外都具有高度依赖性。徐奇渊等认为参与全球产业分工要关注国家发展能力和国家安全，他们揭示了产业链的二元悖论：一国在某个产业链领域的全球竞争力、影响力，与该国对这个产业链的完全自主可控、不依赖进口，这两个方面难以兼得。

第三节　中央企业参与国际分工合作能力的研究视角

一、市场竞争力

企业的核心竞争力是在长期市场竞争环境中形成独特的具有明显竞争

优势的能力，来自企业所拥有的"创造性资产"或"战略性资产"。王欣梳理了党的十八大以来中央企业建设世界一流企业的实践探索与基本经验，认为党的十八大以来，中央企业价值创造能力、创新能力、现代治理能力、国际影响力和全球竞争力均显著提升。黄群慧认为，中央企业应通过对标世界一流企业全面提升企业产品品牌价值创造力和核心竞争力。中央企业可以通过技术引领、需求拉动等方式整合特定技术路线和商业模式，推动产业发展，成为产业生态领导者和国家核心竞争力的载体。

二、跨国经营能力

跨国经营能力为中央企业在全球范围内整合资源、完善产业链供应链体系创造了条件。通过开展跨国经营，实现与当地的资源互补，强化能力基础，获得附着在企业内部的、无形且不可模仿的稀缺资源。赵勇和初晓发现，国有企业海外投资增加提高了民营企业进入海外市场的可能性。中央企业跨国经营能力的提升不仅意味着自身产品和服务进入海外市场，而且意味着中国装备和服务进入海外市场，实现统筹协同产业链全链条"出海"。

三、关键节点控制能力

发达国家企业通过合约安排、标准制定和技术条件设定等多元手段实现对代工企业的治理与控制，以此保障其对产业链高附加值环节的控制。与民营企业相比，中央企业自主创新的资源基础更加坚实，同时产品集成度普遍更高，产品涉及的学科和技术领域更加广泛，因而面临更加突出的、由"卡脖子"技术造成的产业链安全风险，受西方科技封锁的负面影响更加直接。近年来，中央企业对全球产业链供应链关键节点的控制能力不断提升。Gao等研究发现，中国加入WTO以来，中国国有企业不仅是制造业增加值的供应中心，而且通过简单的全球价值链网络，已经成为新的服务供需区域中心；然而，在复杂的价值链贸易方面，中国仍然需要通过中国香港等地区以及美国等发达国家嵌入全球产业链。

四、稳产保供能力

在新时代，培育具有全球竞争力的世界一流企业，在战略安全、产业引领、国计民生和公共服务等领域发挥战略支撑作用是国有企业的重要使命。中央企业有条件稳定战略性商品和民生必需品的供给价格，协助产业链上下游扩大供应商以有效应对产业环境变化的冲击。中央企业与产业链上下游主体通力合作，加速释放全链条稳供保障能力。社科院课题组认为，中央企业应本着市场化、商业化原则，搭建一批供需对接平台或行业资源共建共享平台，深化中央企业之间、中央企业与供应链上下游企业之间在采购、物流、销售、仓储等多领域的联动合作。

五、可持续发展能力

可持续发展能力也是研究中央企业参与全球产业链供应链分工合作的重要维度。在全球低碳转型的背景下，国际社会普遍倡议以环境、社会和公司治理（ESG）为核心的可持续发展。目前全球90%的大型跨国公司都主动公开披露ESG方面的信息，ESG已经成为世界一流企业的通用语言。杜娟认为，全球企业竞争已经超越传统市场竞争，以更加负责任、可持续发展为导向，对于中央企业而言，可持续发展是一次实现全球竞争"弯道超车"的机会。

第二章　跨国公司参与国际分工合作的主要特征*

当今世界正经历百年未有之大变局，新一轮科技革命和产业变革加速推进，经济全球化遭遇逆流，地缘政治冲突频发，全球创新版图重绘、产业链供应链重构不断深化。特别是新冠疫情让产业链供应链稳定与安全问题受到空前重视，发达国家考虑到应急保障、经济发展、社会民生等因素，纷纷通过法律法规、补贴政策以及政治手段，促使跨国公司调整生产布局，使得全球产业链供应链呈现在岸化、近岸化、友岸化趋势，以达到效率与安全的平衡。

第一节　跨国公司参与国际分工合作的背景及趋势

二十世纪下半叶，以西方跨国公司为主导的全球产业链供应链经历了数次较大规模的变迁：二十世纪五十年代，美国将钢铁、纺织等传统产业转移至德国、日本；二十世纪六十至七十年代，德国、日本又将纺织、机电等劳动密集型产业转移至彼时劳动力成本较低的亚洲"四小龙"；二十世纪八十年代初，欧美日等发达国家和亚洲"四小龙"等将低附加值产业再次向中国大陆转移。这几次产业转移背后的驱动力是跨

---

* 本章作者为薛蕊。

国公司为了进一步提升效率、降低成本,在全球范围内构建生产网络,以寻求最佳生产方案。特别是二十世纪八九十年代至二十一世纪初,信息通信技术革命促进了高效供应链管理实践的设计和实施;贸易自由化大发展则降低了跨国公司内部化交易的成本。加上1989年的东欧剧变、2001年中国加入世界贸易组织(WTO),更是为世界经济提供了规模庞大的低成本劳动力,使得跨国公司能够在全球进行资源配置,推动全球价值链国际分工模式快速发展。

此种趋势在2008年国际金融危机之后发生转变。全球产业链扩张速度开始放缓,甚至局部出现收缩现象。特别是在中美战略博弈、新冠疫情及地缘冲突等多重冲击下,全球跨国公司随之调整国际分工合作模式,全球产业链供应链加速重构,呈现出一些新的趋势。

一、影响全球跨国公司重塑国际分工合作的多重背景

当前,全球产业链重构的影响因素大致可以分为三类:全球化转向、新一代技术革命以及新冠疫情、乌克兰危机等外部冲击。这些因素交叉重叠、互相影响,对全球跨国公司的国际分工体系和产业布局产生深远复杂的影响。

(一)逆全球化与保护主义浪潮盛行

随着大国博弈加剧,美欧提出"再工业化"推动制造业回流,并通过近岸外包、友岸外包降低产业链供应链对中国的依赖。全球经济治理和国际经贸规则多边机制朝着区域合作、双边合作方向以及"俱乐部"模式发展,贸易壁垒增加和经贸规则林立,导致区域内生产分工网络不断深化,而区域间产业链供应链合作难度加大。

(二)数字技术变革与数字化产业链供应链兴起

近年来,互联网、人工智能、3D打印等数字技术进步催生出很多新兴

产业，人工不断被机器所替代，劳动力投入需求进一步减少，跨国公司构建生产网络不再受到劳动力成本约束，因此生产基地被迁移到更加靠近消费市场的地方，新兴产业的产业链条不断缩短。即便对于传统劳动密集型产业，经过技术升级与改造后，部分生产链条也重新回迁到发达国家。对发展中国家而言，这种趋势不仅会导致本国传统比较优势的弱化，同时还会引发制造业萎缩的危机。

（三）新冠疫情和乌克兰危机等加剧全球不确定性

新冠疫情期间，世界各国为应对疫情蔓延采取了严格的管控措施，生产要素的跨境自由流动被阻断。生产所需的原材料、零部件等物资以及人工无法及时到位，跨国公司普遍遭遇不同程度的产业链供应链"断链"现象，基于全球价值链的国际分工方式暴露出其脆弱性。此外，乌克兰危机、新一轮巴以冲突的爆发加剧了国际地缘政治动荡，极大冲击了全球产业链供应链稳定性。政府、企业层面都开始重新审视过度依赖国际分工、产业链供应链过于集中或过长导致的潜在风险，产业链供应链的安全与韧性受到高度关注。西方跨国公司在政府政策支持下，选择从更多地区采购中间品以避免对某一国家的过度依赖。面对中国在全球产业链供应链中的重要地位，这些企业开始寻找中国之外的替代节点，将部分生产环节从中国向东南亚等周边地区（如越南、印度尼西亚等）转移，形成"中国+1""中国+N"策略，其生产经营模式也更加多元化、分散化。

二、跨国公司重塑国际分工合作的新趋势

自2008年以来，全球贸易、投资增长放缓，依托于传统全球价值链分工的国际分工合作模式出现了新的变化。跨国公司从对"成本与效率"的追求逐渐向兼顾"效率与安全"转变。具体来说，跨国公司主导的国际分工合作呈现出五大新趋势。

（一）全球产业链供应链在目标上从"降成本、提效率"转向兼顾"效率与安全"

面对外部扰动因素的增加，供应链过于集中导致的"断链"可能性和交付的不确定性显著提升，跨国公司随之调整供应链管理目标，从聚焦"降成本、提效率"转向兼顾"效率与安全"。跨国公司宁可牺牲部分效率，付出额外成本，也要用一定的冗余度与分散度来换取供应链的韧性和稳健性①。具体对策包括供应链分散布局，库存和备用产能增加，重要产品的备选供应商（通常是离现有供应商或销售市场较近的区域）增加等，以应对极端情况对产业链供应链的冲击。

（二）全球产业链供应链在布局上趋于在岸化、近岸化、友岸化、短链化、碎片化

从地理位置看（横向分布），全球产业链供应链趋于在岸化、近岸化、友岸化。当前，曾被拆分到不同国家和地区的多个生产环节逐步向某区域内或一国及周边地区收缩与集聚，产业链供应链区域化和本土化属性不断增强。以美国、日本、欧盟等为代表的发达经济体展现出强烈的本地化诉求，试图通过推进"再工业化"解决国内制造业空心化困境，同时降低在遭遇突发冲击时因对其他国家过度依赖而导致的"断供"风险。例如，欧洲企业越来越多地将部分或全部生产转移到土耳其、摩洛哥和罗马尼亚等国。在亚洲，日本、韩国和印度都将自身产业链大量布局到东南亚国家。

此外，出于地缘政治因素的考虑，美欧鼓励跨国公司将生产链条从中国转移至盟友国家。科技巨头苹果公司是采取"友岸外包"的典型代表，它将部分手机生产线从中国迁至印度。据路透社报道，目前只有5%的苹果产品是在中国以外生产的，但摩根大通分析预测到2025年这一比例可能

---

① 供应链的韧性是指供应链能及时且低成本地应对断链并从中复原的能力，供应链的稳健性是指供应链在危机中持续运作的能力。

上升到25%。《经济学人》发布的《2023年全球贸易转型报告》显示，自2021年开展调查以来，近岸外包或区域化外包占比增长了8个百分点，回流则增长了10个百分点。

从生产流程看（纵向分布），全球产业链供应链趋于短链化、碎片化。2008年金融危机以来，全球贸易保护主义再度抬头，发达国家鼓励跨国公司将生产制造环节回流本国。同时，新冠疫情的波及面较广、持续时间较长，对更长链条、更多环节的分工体系产生的冲击尤为严重。为此，跨国公司逐步收缩全球产业链供应链以保障产业链供应链安全稳定。此外，人工智能等新兴技术的广泛应用，极大提升了各生产环节的知识和技术密集度，削弱了跨国公司寻找"成本洼地"以细化国际分工的内在动机。跨国公司减少生产外包，采用一体化生产也能够降低企业对产业链供应链各环节的协调和管理成本，在多重因素驱动下导致分工布局呈现短链化趋势。

专栏2-1

跨国公司在中国投资经营布局的变化

新冠疫情造成全球供应链受阻，回岸和减少在华供应链布局成为跨国公司的备选项。中国是众多制造业产品（特别是新冠疫情期间的医疗防护用品）的全球生产中心。新冠疫情期间，疫情防控措施造成的供应链中断使欧美企业和消费者无法及时获得所需的中国产品。因此，为了保证本国市场具有长期稳定的供应来源，减少对中国生产的过度依赖，部分企业采取回岸、近岸或分散化等策略来调节生产（供应商）布局。2022年6月，上海美国商会向会员企业发起调研[1]，旨在了解2022

---

[1] https://www.amcham-shanghai.org/sites/default/files/2022-06/AmCham%20Shanghai%20June%20Covid%20Impact%20Survey%20%E4%B8%8A%E6%B5%B7%E7%BE%8E%E5%95%9B%BD%E5%95%86%E4%BC%9A%E8%B0%83%E7%A0%94%E6%8A%A5%E5%91%8A%EF%BC%9A%E6%96%B0%E5%86%A0%E7%96%AB%E6%83%85%E5%AF%B9%E4%BC%81%E4%B8%9A%E7%9A%84%E5%BD%B1%E5%93%8D.pdf

年上半年上海疫情以及防控政策对在沪外资企业的影响。调研共收到133家会员企业的反馈（含69家制造业企业和64家消费品及服务业企业）。调研结果显示，在公司供应链策略上，36%的企业表示没有变化。17%的企业（69家制造业企业中，有22%）表示采取"中国+1"策略，将部分工厂和供应商转移至其他亚洲国家。11%的企业表示将识别/接洽海外供应商以便长期合作。14%的企业表示暂时将仓库和供应链迁出上海。

谈及未来对华投资，31%的企业尚未确定对华投资计划，25%的企业延迟投资，23%的企业减少投资，仅有1%的企业计划增加在华投资。

地缘政治引发技术"脱钩"、产品抵制及贸易成本提升，影响跨国公司在华供应链布局。

一方面，地缘政治等非经济因素从多种渠道直接影响跨国公司在华布局。例如，美西方国家禁止本国企业与中国企业进行交易，抵制中国产品，对中国部分产品加征进口关税，对中国进行出口管制等。这些举措直接影响了跨国企业的商业决策，为了回应本国政府的政策要求并且顾及舆论，跨国企业只能有针对性地移除中国供应商或中国下游客户（例如，美国实体清单上列出的中国企业），减少在华采购或生产。此外，面对更高的进口壁垒，核心企业或将部分环节转移到目标市场国或其他国家（例如，越南、墨西哥等国家）进行规避。

另一方面，由于跨国公司需要全球采购，海外地缘政治事件引发的位于全球供应链其他节点的风险，例如区域性的物流受阻、生产中断等，也会间接影响国内企业的供应链。此外，全球地缘政治事件频发以及全球供应链"牵一发而动全身"的特性，将促使一些跨国企业自发将供应链链条向本国收缩，以降低地缘政治风险，减少对华供应链的依赖，减少在华采购或生产。

（三）全球产业链供应链在升级方向上趋于数字化、智能化

数字技术正不断加速全球产业链供应链分工合作格局的演变。一方面，那些较难开展贸易且具备较强地域属性的传统服务，在数字技术的赋能下转变为几乎不受地理限制的贸易产品。另一方面，数字技术的迅猛发展与广泛使用降低了全球产业链供应链各个环节的互联互通成本，从而帮助更多企业参与其中。同时，新冠疫情使得人民生活、国际贸易、社会发展等多个方面出现了显著的数字化变革，加速了全球产业链供应链数字化转型趋势。

（四）全球产业链供应链在转型方向上趋于绿色化、低碳化

应对气候变化、推进绿色发展已经成为全球共识，绿色化正在成为全球产业链供应链转型升级的新方向。此外，乌克兰危机进一步加速全球产业链供应链绿色化转型。2022年初至今，乌克兰危机导致传统化石能源供给的不确定性增强。绿色转型使跨国公司对供应链设计和供应商管理有更高要求，部分不符合环保标准、响应能力弱的供应商或将被移除。

专栏2-2

苹果公司供应链"去碳化"实践

自2020年4月起，苹果公司在全球的运营已经全面实现100%碳中和。苹果公司在发布的《2020年环境进展报告》中提到，会在设计低碳产品、提高性能、推进可再生资源利用（自身及供应链伙伴）及工艺、材料创新等方面投入更多资源以降低碳排放。2022年10月25日，苹果公司美国官网发布倡议称，公司将呼吁其全球供应链采取行动，在2030年前全面实现去碳化。从具体措施来看，苹果公司将推动整个供应链在生产运营中实现去碳化，包括100%使用可再生能源供电，

并每年追踪进展。苹果公司计划在 2030 年实现所有产品和供应 100% 碳中和。而在 2030 年前，苹果公司要把碳排放减少 75%，同时为剩余的 25% 综合碳足迹开发"创新性碳清除解决方案"。

从全球范围来看，已经有超过 200 家苹果供应商承诺，将在 2030 年前使用 100% 清洁能源为苹果公司制造产品。苹果公司发布的第六份《Apple 中国企业社会责任报告》显示，截至 2022 年 4 月，已有 55 家中国供应商承诺使用 100% 可再生能源为苹果公司进行产品制造，其中包括了京东方、蓝思科技、欣旺达、领益智造、立讯精密等上市公司。京东方作为苹果公司重要的供应商，从 2016 年开始就在为苹果公司生产显示面板产品过程中推进碳中和，主要是利用太阳能、储能技术、地源热泵等来实现工厂低碳排放。而欣旺达、蓝思科技、伯恩光学、可成科技等中国供应商，早在 2017 年就向苹果公司承诺，2018 年底前在苹果相关产品的生产制造中采用 100% 可再生能源。

（五）服务业在全球产业链供应链的地位凸显

当前，服务业已深度嵌入生产制造活动中，构成非常重要的中间投入。跨国公司在研发、设计、营销、专业人才、供应链管理等方面的投入日益增多，不仅创造了更高的产品附加值，也让全球价值链的知识密集度越来越高。一方面，跨国公司加大对上游研发设计等环节的投入力度，不断提升产品的技术复杂度，推动产业的生产要素从有形实物向无形服务转变。另一方面，跨国公司向产品售后服务等价值链下游环节延伸，整合企业内外部资源，拓宽营销渠道，提升用户服务体验，通过增加服务要素投入来实现价值创造模式的转变。总体而言，服务作为新的生产要素嵌入生产制造过程中，成为重要的产品增值来源，促进了全球产业链供应链的服务化趋势。

第二节　跨国公司参与国际分工合作的主要模式

一、资源控制型

为了实现控制全球石油及其他自然资源的开采、加工及运输等基本战略目标，资源开发型跨国公司通过扩张性投资方式获取在东道国的资源开采权，有时不惜动用国家机器来确保其权益。如在 20 世纪 70 年代初，世界最大的 10 家跨国公司中有 4 家是石油公司（埃克森、壳牌、莫比尔及德士古），它们控制着全球一半的石油开采。在此基础上，再向产业链供应链的中下游延伸，逐步掌控全产业链。

二、技术聚焦型

跨国公司通过直接投资在国外设立子公司或分公司的方式，渗透世界各个产业领域，并通过卓越的技术能力控制产品生产中技术密集度高或附加值较高的环节，达到有效控制全球生产的目的。这类跨国公司主要从事技术及产品的研究与开发，如 IBM、微软，它们为了更早收回高昂的研发成本和保护技术垄断优势，需要在一定时期通过对外直接投资的方式设立独资子公司，并把开发的技术及产品部分转让给国外子公司，在跨国经营中实现垄断利润最大化的目标。

三、成本驱动型

这类跨国公司主要分布在汽车、电子等行业，它们为了最大限度地扩大生产规模及降低生产成本，积极推进产品内国际分工，并将生产过程细分且配置在世界上许多国家，形成全球价值链生产。对这类跨国公司来说，其跨国经营中的重要一环是如何确保中间产品的稳定供应及降低国际物流成本。

四、市场控制型

跨国公司利用其较强的营销技术，提高在国际市场上的占有率，实现控制全球销售市场的战略目标。这类跨国公司主要在世界上许多国家从事特定专业领域的差异化产品的生产和销售，如可口可乐、麦当劳、香奈儿，为了降低营销成本，在全世界控制生产和销售渠道，并采用统一标准化的营销方式。

第三节　跨国公司参与国际分工合作的典型案例

一、钢铁产业：安米集团的并购整合延伸

钢铁产业的效率和竞争力主要来源于规模经济。世界钢铁强国的实践经验表明，企业生产规模的扩大有助于推动专业化分工，提高原材料采购中的议价能力，同时能够充分利用营销网络。进入21世纪以来，全球钢铁公司并购活跃，许多钢铁公司都由过去单打独斗的竞争模式逐步向集团联盟的合作形态发展。

以全球最大的钢铁制造集团——安赛乐米塔尔钢铁集团（Arcelor Mittal，简称"安米集团"）为例，该集团由米塔尔在2006年通过并购安赛乐而成立。根据其官网信息[①]，截至2023年底，安米集团拥有约126756名员工，在全球15个国家拥有钢铁制造基地，客户遍布全球140个国家。2023年铁矿石开采量为4200万吨，粗钢产量5810万吨，商标产品超过200个。从并购完成至今，安米集团围绕钢铁产业链上游的矿业领域进行了多项投资布局，在资源开采控制、业务多元化拓展等方面都颇有建树，现已成为全球龙头铁矿石生产商。安米集团最早涉足上游矿业资源的历史可以追溯到米塔尔1994年收购加拿大的多斯科，并间接控制了其旗下的矿

---

① https://corporate.arcelormittal.com/about

山资源；在安米合并之前，米塔尔通过收购钢铁联合企业，在美国、墨西哥、南非、哈萨克斯坦、乌克兰等国家控制了若干个小型成熟矿山项目。从 2007 年开始，安米集团改变策略，开始投资单一矿山类项目，涵盖绿地投资、成立合资公司、股权收购等多种形式。例如，在 2007 年，开发利比里亚铁矿项目，出资 4.32 亿美元与南非 Kalagadi 成立矿业合资公司等。2010 年，出资 3.6 亿美元与 Nunavut Iron 联合收购加拿大 Baffinland 93% 的股权。

二、汽车产业：丰田汽车的精益供应链体系

丰田汽车公司（Toyota Motor Corporation）是日本最大的汽车生产企业，创立于 1937 年，是全球最具影响力与竞争力的汽车制造商之一。丰田汽车以高品质、高性价比和遍布全球的生产销售网络而闻名，2023 年丰田汽车的销量达到 1123 万辆，同比增长 10.89%，是 2023 年唯一一家销量突破千万的车企。

丰田汽车公司主导构建的生产网络，其最大的特点在于独特的供应商模式。从横向来看，丰田一般选择参股供应商，而非欧美那种纯粹的客户采购模式，从而拥有对供应链更强的控制力。丰田按照零部件重要性，将供应商分为核心部件、特征部件和商品部件供应商三类，并通过供应商组织（协丰会和荣丰会）建立间接指导关系。丰田持有协丰会超过 30% 的股份，协丰会的成员主要是核心部件供应商；丰田持有荣丰会 10% 左右的股份，荣丰会成员则主要是特征部件供应商。对于商品部件供应商，丰田一般不与其建立资产关联关系。从纵向来看，丰田公司通常把供应商企业划分为一级、二级、三级三个等级，上一级控制下一级，层层转包。各级别供应商企业生产的零部件最后集中到整车企业进行组装。通过上述纵横交织的分工合作体系，丰田公司建立了一条由核心企业主导并统领的精益化供应链。链上企业之间分工协作、优势互补，一方面确保零部件与整车高度匹配，另一方面也便于丰田汽车控制零部件成本，从而成为其核心竞争

力的重要来源。

此外，从全球视角来看，丰田也在不断优化升级其产业链供应链体系。丰田在 2012 年推出 TNGA（Toyota New Global Architecture）全球化生产模式。TNGA 是一个包含汽车研发、设计、生产、采购等全产业链供应链在内的创新体系，是丰田汽车公司开创的全新"造车理念"[①]。TNGA 计划有如下主要特征：一是在全球范围内建立包含汽车生产制造上中下游的全产业链开放体系；二是全球搭台，择优而从，吸纳汇聚汽车技术研发和生产制造的顶级智慧与优质资源；三是全球采购，择低而从，筛选、打造高性价比、安全可靠的全球供应链体系，概括起来就是扩产量、聚资源、降成本。依托遍布全球 20 多个国家（地区）的数十家研发、生产基地，丰田的 TNGA 计划取得了巨大成功，帮助丰田汽车在 2020 年一举超越大众汽车，重登世界销量第一的宝座，并一直保持到了 2023 年，追平了大众汽车连续 4 年世界销量第一的纪录。

三、电子产业：苹果公司的强大供应链网络

（一）苹果公司供应链的纵向延伸

以苹果手机为例，纵向来看，苹果手机产业链供应链主要由研发设计、原材料采购、中间品（零部件）制造、制成品组装、分销零售等环节构成，在每个主要环节下又进一步细分成多层复杂的子环节。在生产组织方式上，苹果公司是"无工厂"企业的典型代表，其自身专注于高附加值环节，如上游的技术创新、产品设计、标准制定，下游的市场销售，不从事任何具体制造活动。苹果公司通过外包方式，与供应商（代工厂）签订合同，将零部件制造、制成品组装环节全部外包，从而成功建立起以苹果公司为核心的手机产业链供应链。同时，苹果公司通过技术溢出、知识和资源共享等吸引相关行业中的优秀供应商加入其构建的全球生产网络，培

---

① http://tnga.toyota.com.cn/

育供应商快速成长，不断提升供应链效率。以客户需求为中心，依托强大的技术创新、品牌建设、标准制定能力，苹果公司获取价值链中超过60%的利润。

（二）苹果公司供应链的横向拓展

苹果公司供应链的横向拓展是指其与主要竞争对手之间构建的合作关系。苹果公司将原材料采购、零部件制造外包给发展中国家的企业，与其构建了紧密的分工合作关系；而在应用软件和程序开发上，苹果公司与相关程序商进行合作，共建开发平台。同时，通过大规模并购如瑞萨、Novauris、Siri、Beats、Magic等，丰富苹果公司的产品线，形成了横向发展的产业链供应链网络结构。

（三）苹果公司对供应链的强大控制力

苹果公司作为全球知名的科技公司，其供应链管理一直备受瞩目。虽然苹果公司并不自建工厂，但它的制造环节并不是简单的外包，而是通过动态管控实现对供应链的精准管理。

苹果公司不过度依赖于单一供应商，其巨大的产能和丰富的产品，会在不同的厂家之间进行调配，从而保证供应商来源的多样性和灵活性。

苹果公司在出资购买组装设备方面投入很大，每年上百亿美元的支出中，大约有75%用于购买设备和软件，而这些设备基本提供给了苹果公司指定的代工厂。为了享有独家的加工效果，苹果公司曾经购买了数控钻攻机床的全部产品，几乎"垄断"了该市场的产能。当然苹果公司也要求，企业代工生产线要单独划给苹果公司，专线专用；企业的资源规划系统（ERP）也会实时监控工厂的进展。供应商的核心制造信息如工艺、主要材料性能、质量等，都被苹果公司总部掌控。对于制造成本，苹果公司甚至比供应商计算得更精确。

第三章　中央企业参与国际分工合作的主要特征*

总体来看，中央企业作为中国参与和推进全球化的中坚力量，依循经济体制改革和对外开放战略制度的基本路径，在国际化过程中不断做大做强做优，逐渐提升了在全球分工合作中的地位。随着国际经济环境的变化，中国因势利导提出共建"一带一路"倡议，以负责任大国的姿态肩负起推动新一轮全球化的责任，中央企业再担"主力军"重任，服务国家战略，开启全球化发展新时代。

第一节　中央企业参与国际分工合作的发展历程

总体来看，中央企业参与国际分工合作先后经历了三个发展阶段。

一、中国加入世界贸易组织前，主要依靠"引进来"参与国际分工合作

改革开放前，我国国营经济通过"156项工程""43方案""78计划"三次大规模的对外经济引进提升工业体系水平，先后组建成立了鞍山钢铁等一批中央企业。新中国成立之初，通过引进钢铁、煤炭、电力、有色金

---

* 本章作者为庞超然。

属和机械制造等领域的大规模基础工业项目，为我国奠定了坚实的工业基础，提高了国家的工业产能和生产效率。此外，我国还着重对引进项目进行了技术研究和创新，提高了国内工业的技术水平和竞争力，为我国现代工业发展打下了坚实基础。

从改革开放到加入世界贸易组织之前，我国逐步通过吸引欧美发达国家投资，融入全球产业链供应链体系。1978年以来，通过"引进来"，我国积极利用巨大的国内市场和劳动力成本优势，以一系列改革开放举措推动了包括中央企业在内的各类所有制企业融入全球产业链供应链体系。其中，1979—1991年，我国从沿海开放突破，先后通过建立经济特区、推动沿海城市开放等方式，采取了由点及面的开放布局，进一步加大了我国利用外资的力度。1992—2001年，我国初步形成了全面开放的格局，不断优化完善外资法律法规体系，外资在我国国民经济中发挥着越来越重要的作用。通过与外资企业合作，中国企业逐步融入全球产业链供应链体系，同时助推了国内产业升级和结构优化。

二、中国加入世界贸易组织后，中央企业积极"走出去"，尝试主动融入全球产业链供应链分工合作体系

加入世界贸易组织前后，我国国有企业改革初见成效。一方面，这些改革有效扩大了企业自主权。通过实行利改税、利税分流，并推广厂长（经理）负责制和实施承包经营责任制，激发了国有企业的发展活力。另一方面，改革还确定了市场化发展方向，推动了国有企业重组与调整，突出了董事会的公司治理核心地位，提升了国有大中型企业对于国民经济的控制力。国有大中型骨干企业初步建立起现代企业制度，成为"自主经营、自负盈亏、自我发展、自我约束"的法人实体和市场竞争主体。截至2001年底，3322家改制的国有企业中已有3118家企业在完成清产核资、产权界定的基础上建立了企业出资人制度。改制企业出资人到位率达

到93.9%。

国有企业改革激发了中央企业市场化、法治化和国际化的发展活力，中央企业通过与外资企业合作提升了自身竞争力。2001—2012年，我国实际利用外商直接投资9305.6亿美元，2012年已有480家世界500强企业在我国开展投资活动。特别是进入21世纪之后，外资并购我国国有企业的各种限制得到明显放松，政策导向逐渐从限制转向鼓励。这一时期，中央企业开始积极学习外资企业尤其是大型跨国公司的现代公司治理体系和先进管理方式，通过合资合作和人员流动等方式，加速了自身现代企业制度的建立和管理水平的提升。在外资企业带动下，中国逐渐成长起一批在国际市场崭露头角的先进企业。

与此同时，伴随中央企业竞争力逐步加强，相关企业开始逐步"走出去"，参与全球产业链供应链分工合作。根据《2022年度中国对外直接投资统计公报》，2002年，我国企业对外投资27亿美元，主要由中央企业和地方国有企业开展；2008年，我国企业对外投资达到521.5亿美元，其中69.6%由中央企业和地方国有企业实施；2012年，我国企业对外投资达到878亿美元，其中59.8%由中央企业和地方国有企业实施。2012年末，在中国非金融类对外投资存量前30名企业中，26家为中央企业；其中，前20名企业均为中央企业。一大批中央企业海外投资逐渐发展、壮大和成熟起来，出于扩大生产经营和市场竞争空间的需要，"走出去"成为越来越多中央企业主动的长期战略诉求。

在这一过程中，中央企业主要通过以下方式参与全球分工合作：一是以对外投资开拓国际市场，带动国内商品出口和劳务输出。通过建立海外营销渠道、创立海外自主品牌等模式，将本国产品销往海外市场，有助于企业了解市场信息，避免受到渠道商的制约，从而有利于企业的国际化经营和长远发展。二是收购海外资源，增加国内关键短缺资源供给。中央企业的国际化必然肩负起服务国家战略的职能，通过海外并购能矿资源来缓解国内能源供给压力。例如，中国石油以海外并购来带动整体跨越式发展，增强了国际石油勘探开采领域的控制力。三是收购海外优质企业，获取国外先进技术与管理经验。中国高科技企业通过在欧美发达国家建立海外研发中心、海外并购或合资方式，利用海外优秀的高科技人才和先进的技术创新资源，进行技术和产品的研发工作。例如，中国化工整体并购安迪苏公司，接收海外优秀技术和管理人员，在国内建成全球产能最大、国内首套液体氨基酸一体化生产装置并迅速实现盈利。

三、党的十八大以来，中央企业更加积极主动地参与国际分工合作

2013年，习近平总书记在哈萨克斯坦、印度尼西亚分别提出了共建"一带一路"倡议，为中国下一步开放和中央企业全球化发展指明了方向。在这一期间，中央企业参与国际分工合作的能力大幅提升，国际影响力不断扩大。

（一）形成规模大、覆盖广的全球分工合作网络

中央企业在全球范围内拥有庞大的资产规模。根据国务院国资委数据，截至2021年底，中央企业海外资产总额约为8万亿元。遍布全球180多个国家和地区，涵盖了超过8000个机构和项目。这一全球化的布局带动着海外员工数量增长，已达到125万人。在"十三五"期间，中央企业在海外市场实现了令人瞩目的业绩。从2023年《财富》世界500强企业榜单来看，共有142家中国企业上榜；其中，国务院国资委出资的中央企业有46家上榜，体现了中央企业整体竞争实力的提升，这也为中央企业开展共建"一带一路"合作奠定了基础。

（二）积极推动高质量共建"一带一路"

中央企业积极参与共建"一带一路"项目，为推动我国与广大发展中国家互联互通和经济合作发挥了重要作用。在共建"一带一路"倡议的指

引下，首先，中央企业打造了一批标志性的基础设施互联互通项目，为产业链供应链分工合作奠定了坚实基础。蒙内铁路、匈塞铁路、巴西美丽山特高压输电项目、希腊比雷埃夫斯港等一批重大项目展示了中央企业在全球产业链供应链分工合作中的影响力和卓越成效。其次，中央企业还积极参与了中欧班列的建设和运营，为全球供应链的商品物流畅通提供了支持。这些班列成为贯通亚欧大陆的"钢铁驼队"，加速了中国与欧洲之间的贸易和物流往来。再次，相关通信企业也在"一带一路"共建国家扩展了服务网络，提升了信息和通信领域的合作水平，促进了数字经济的发展。最后，中央企业在"一带一路"共建国家建设的中白工业园等境外经贸合作区，有力推动了同东道国的产业合作。

（三）取得了良好的经济社会效益

盈利能力快速提高。根据国务院国资委数据，"十三五"期间，中央企业海外营业收入超过 24 万亿元，创造了接近 6000 亿元的利润总额，对外投资收益率达到了 6.7%，突显了中央企业在全球范围内的卓越业绩和国际市场的重要地位。

国际化经营能力稳步提升。一些中央企业已经取得了与跨国企业媲美的实力，使它们能够在国际竞争中站稳脚跟。一是技术实力和创新能力不断提升。一些中央企业在高技术领域具有强大的研发和创新能力，投入了大量资源来开发和改进产品，不仅在国内市场上取得了成功，还在国际市场上找到了机会。根据《中央企业高质量发展报告（2023）》，2013—2022年，中央企业累计研发经费投入约 6.2 万亿元，创新平台建设不断加快，科技人才队伍快速扩大，取得了"嫦娥"探月、北斗组网等一系列科技创新成果。二是产品质量和性能不断提升。目前，中国是全世界唯一拥有联合国产业分类中全部工业门类的国家，220 多种工业产品产量位居世界首位。2022 年，全部工业增加值突破 40 万亿元大关，占 GDP 比重达 33.2%。这其中，中央企业发挥了重要作用。以造船业为例，2022 年，中国造船完工量、新接订单量和手持订单量以载重吨计分别占全球总量的47.3%、55.2%和49%；其中，12种船型新接订单量位居全球首位，造船业国际市场份额保持世界第一。三是国际市场不断拓展。中央企业积极寻求国际市场机会，通过产品出口、对外投资、承包工程等方式来拓展业务。特别是在国际工程方面，2022年，以中央企业为主体的中国企业国际工程营业额为1179.3亿美元，占全球27.5%，几乎是第二名（法国，14.7%）、第三名（西班牙，13.9%）份额之和。四是积极参与国际标准制定。由于技术实力和市场地位的提升，一些中央企业在国际标准制定过程中发挥了更大的作用，参与制定了一些关键标准，推动了相关产业的发展与合作。

第二节 中央企业参与国际分工合作的主要模式

一、融入追随型

我国中央企业参与全球分工合作的时间不长、周期较短，很多企业主要通过出口产品、提供工程或技术服务等方式，跟随式参与全球产业链供应链。主要原因在于：

一是技术和创新能力相对薄弱。虽然一些中央企业在部分领域取得了巨大成功，但与国际先进水平相比，其技术和创新能力仍然相对较弱。2020年，中国研发经费投入规模仅相当于美国的49%。《2022年欧盟产业研发投资记分牌》数据显示，在2022年全球研发支出排名前20的企业中，11家为美国企业，瑞士、德国、中国各2家，英国、韩国、日本各1家。

二是品牌国际影响力有限。一些中央企业参与全球分工合作，主要依赖低成本劳动力和资源，而不是高附加值的创新和技术优势，其在全球供应链中的地位更多取决于成本而非价值创造，导致品牌影响力有限。由于中央企业在国际市场缺乏高知名度和有吸引力的品牌，相关产品在全球市场上的议价能力不足、市场份额偏低，进一步影响了中央企业在全球产业链供应链中的地位。

三是受国际政治经济环境和自身发展阶段的影响。一方面，美西方对华战略转向，不断对中央企业推出限制、干扰政策，导致中央企业参与全球产业链供应链分工合作受到掣肘；另一方面，部分企业国际化经验不足，难以把控和掌握复杂的全球供应链体系，只能作为融入者、追随者，参与全球产业链供应链分工合作。

二、垂直整合型

一些中央企业聚焦主责主业，通过对外直接投资方式，收购上游供应商和下游购买方（包括生产制造下游环节、分销商零售商等），通过积极整合产业链供应链上下游，延长生产运营链条、扩大企业边界，实现生产运行效率的提高和成本的降低。中央企业通过此种方式参与国际分工合作的主要考虑因素包括：

一是发挥资源协同和成本优势。垂直整合模式允许企业更好地协同和整合物资、人力、技术、资金等资源，更好地控制生产成本，节省运输、仓储、物流等方面的费用，并减少过多的中间环节。同时，垂直整合模式通常涉及大规模生产和销售，使企业能够享受规模经济的好处，如更低的单位生产成本、更高的生产效率和更好的谈判地位等。

二是提升产品质量和一致性水平。企业可以通过直接管理生产过程的各个环节，更好地控制产品和服务的质量，这有助于提供高质量的产品，提高客户信任度和满意度。此外，垂直整合模式有助于确保产品和服务在设计、生产、销售、售后服务等各个环节保持一致性，提高了客户体验感和品牌价值。

三是提升创新能力和技术领先水平。企业可以更容易地推动不同产业链供应链环节的子公司共享最新技术、最佳实践和经验，通过紧密协作和信息流通来促进技术交流与创新。

四是快速响应市场需求。垂直整合模式使企业能够更灵活地调整产品和服务以满足市场需求，有助于更快速地推出新产品、适应市场变化。

五是提高企业竞争力和市场份额。垂直整合模式可以使企业更好地掌握全产业链，更好地应对国内外竞争对手，进而在全球市场上拥有更强大的地位。此外，相关企业能够通过提供多样化的产品和服务，提供更有竞争力的价格，扩大市场份额并吸引更多客户。

> **专栏3-1**
>
> ### 中国石油上下游一体化模式分析
>
> 中国石油集团（中国石油，CNPC）在国际化发展中采取了上下游一体化的模式，这是一种综合性的石油和天然气产业经营模式，旨在整合石油和天然气资源的开采、生产、加工、运输和销售等各个环节，以实现更高的资源利用效率和经济效益。
>
> 上游：为确保资源的稳定供应，中国石油集团在国内外积极开展石油和天然气勘探与开采工作，业务涵盖陆上和海上油气田。中国石油在国内的上游活动主要集中在各个盆地上，在国外则积极参加非洲、中亚、中东等地的油气勘探和开发。中国石油也通过国际投资和并购活动来获得更多的上游资源，包括收购国际油气公司的资产、参与国际招标，以及与国际合作伙伴建立合资公司等。
>
> 中游：中国石油进行原油和天然气的加工和生产，包括炼油、天然气处理、化工生产等。公司致力于提高产品的质量和附加值，同时降低生产成本。中国石油拥有大规模的炼化产能，运营着多座大型炼油厂，生产各种石油产品，包括汽油、柴油、润滑油和化学品等。中国石油还积极拓展天然气加工业务，运营一系列天然气加工设施，包括天然气处理厂和液化天然气（LNG）装置，以满足国内外市场对天然气产品的需求。中国石油覆盖了广泛的市场领域，包括燃料、塑料、化学品、合成材料等。这些产品在国内外市场上具有较强竞争力。

> 下游：中国石油在国内外建立了广泛的销售和分销网络。在燃料零售方面，中国石油通过加油站网络，提供汽油、柴油和液化石油气（LPG）等燃料产品。在石化产品销售方面，中国石油销售各种石化产品，如化工产品、润滑油和特种油品，广泛应用于汽车、建筑、农业、工业等不同领域。
>
> 中国石油集团的上下游一体化模式，有助于提高中国石油在全球能源市场中的竞争力，也有助于实现我国能源供应的安全和可持续发展。

三、同业联盟型

一些中央企业通过组建同业联盟，搭建开放共享、互利共赢的合作平台，更好地打造产业链生态圈战略合作，在更宽领域、更深层次实现供需匹配、协同创新、成果共享、生态共建，提升企业在全球产业链供应链分工合作的能力和水平。中央企业通过此种方式参与国际分工合作的主要考虑因素包括：

一是促进知识和经验的分享。同业联盟成员可以分享各自领域的生产技术、市场洞察、管理经验，有助于合作方更好地理解行业趋势和最佳实践。此外，联盟成员可以共同投入研发项目，合作开发新技术和提供解决方案，有助于提高技术水平，推动创新，使中央企业在全球分工合作中更具竞争力。

二是实现资源共享和分工合作。同业联盟成员可以共享各自原材料、设备、人力资源和财务资本等资源，在联盟层面共同降低成本，提高资源利用率，使中央企业更具竞争力。此外，通过联盟，相关中央企业可以协助优化供应链，包括库存管理、运输和物流，提高供应链的效率和可靠性。

三是带动技术创新。企业可以共同投资研发项目，共享技术和知识，从而提高创新能力，推出更具竞争力的产品和解决方案。

四是提高防范风险能力。通过组建联盟，相关企业可以一起制定策略，共同应对诸如政策变化、竞争压力和供应链中断等风险挑战，提升了相关企业应对风险的能力和水平。

四、整零协同型

还有一些中央企业通过整机、零部件企业的协同合作，建立产业集群，提高产品质量、降低生产成本、提高生产效率和加速产品上市，实现了竞争力的提升。中央企业通过此种方式参与国际分工合作的主要考虑因素包括：

一是提高生产效率。零部件供应商可以根据整机制造商的需求精确生产零部件，减少库存和浪费，提高生产效率。

二是降低生产成本。整机企业可以更好地控制零部件的质量，确保其符合要求，降低了沟通、匹配的成本。零部件供应商通常可以通过精准匹配整机企业需求，按需生产，降低了信息不对称，实现生产成本的降低。

三是提升供应链可靠性。零部件供应商可以更快速地响应整机制造商的需求，降低供应链中断的风险。通过提升供应链可靠性，整机制造商可以通过调整零部件供应链来满足不同市场和客户的需求，相比其他整机企业更快速地响应市场需求变化。

专栏3-2

大飞机复合材料全产业链集聚发展

"十四五"时期，为加快大飞机产业化进程，打造具有全球影响力的民用航空产业集群，中国商飞公司联合上海市启动了大飞机园规划建设，实现了以中国商飞为核心，复材原材料生产、零部件制造、工装、设备、检查、回收、技术咨询等7类10家复材相关企业的全产业链条集聚，形成了以主制造商为"集聚源"、以批产提速为"集聚力"的集聚发展模式。在这种模式下，总装与配套产业"门对门"的生产关联，有针对性地支撑了大飞机复合材料攻关。

> 大飞机园充分发挥了中国商飞作为大型客机主制造商对产业链的引领和带动作用。按照"围绕总装、服务总装、保障总装"的原则，通过梳理大飞机总装制造所需的产业配套资源，以总装提速为动力，集聚融通了国内外优质航空企业、上下游配套企业，有效降低了物流成本，提高了"主—供"协同能力。同时，依托大飞机创新谷等平台，吸纳了更多航空产业链的大中小企业进入商飞体系中，打通了从应用基础研究、技术研发、产品开发到产业化的链条，通过统筹创新资源和产业资源，促进技术落地，带动产业发展。

第三节　中央企业参与国际分工合作的优势与不足

一、中央企业参与国际分工合作的优势

在推动企业参与国际分工合作的过程中，需要更好地发挥中央企业的独特优势，从而为我国产业链供应链的稳定性和韧性提供必要的支撑。

（一）中央企业拥有承担国家战略使命的优良传统和丰富经验，具备参与、引领国际分工合作的制度优势

中央企业是国家宏观调控的微观基础，是贯彻国家战略导向的"先锋队"。从国家产业链发展的薄弱环节和现实需求出发，中央企业与政府、科研机构、民营企业、社会组织等合作，通过技术、产品和服务创新为产业链现代化水平提升提供解决方案，在关键核心技术研发、重大区域发展战略、共建"一带一路"、精准扶贫、生态环境保护等国家重大议题方面承担责任。比如，中国一重通过自主创新承担了国家技术装备国产化首台（套）进口替代的特殊使命，国家能源集团在西藏因地制宜建设首例风电项目，带动地区发展。虽然一些项目施工条件艰苦、工程利润不高，但中

央企业有意愿也有能力承担这一重任。

（二）中央企业在重要行业和关键领域的影响力不断提升，具备参与、引领国际分工合作的发展优势

雄厚的物质基础是中央企业参与、引领全球产业链供应链的资源保障。近年来，中央企业的资产总额从2012年的31.4万亿元增长到2022年底的81万亿元，营业收入从22.3万亿元增长到39.6万亿元，利润总额从1.3万亿元增长到2.6万亿元；效率指标明显提升，企业全员劳动生产率从每人38.2万元增长到每人76.3万元。在2023年度《财富》世界500强排行榜中，中国共有142家公司上榜，其中中央企业有46家。中央企业庞大的资产规模和物质基础，为其参与并引领全球产业链供应链分工合作提供了有力的物质保障。

在战略性产业中居于主导地位是中央企业参与、引领全球产业链供应链分工合作的现实基础。中央企业不仅多处于关系国民经济命脉的关键领域，而且通常是该领域掌握底层技术和关键集成技术的主体。此外，中央企业不仅能够通过市场引领带动市场主体的一致行动，而且可以发挥国有企业的独特作用，有效联结产业管理部门、地方政府与产业链上下游相关配套企业、科研院所等各类创新主体，共同推动突破前沿技术、畅通创新链和产业链、保障市场稳定，有效破解产业链协同过程中的"失灵问题"。

全球化运营能力为中央企业在全球范围内整合资源、完善产业链供应链体系创造了条件。截至2020年底，中央企业在海外的资产大约8万亿元，在全球180多个国家和地区拥有机构与项目超过8000个，海外员工达到125万人。境外业务从侧重能源、矿产资源类开发逐步拓展到拥有核心技术优势的高铁、核电、特高压电网建设运营等领域。中央企业在关键领域的全球化布局与运营，提升了其在全球范围内的资源整合与调用能力。

（三）中央企业是科技攻关的"策源地"和"排头兵"，具备参与、引领国际分工合作的创新组织优势

在研发投入方面，2021年中央企业的研发经费总投入为1.03万亿元，同比增长12.5%。其中，中央工业企业的研发经费投入强度达到3.05%，是国有企业研发经费投入强度的最高值。此外，包括中央企业在内的国有企业拥有的有效专利数量也在不断增加，截至2021年底已达到101.7万项。在具有重大战略意义的技术和产品研发方面，中央企业相对于其他市场主体，表现更为突出。例如，在人工智能、5G通信、半导体等前沿领域，国有企业承担了更多的重大科技创新使命。在载人航天、高铁等领域，国有企业也积极推进技术创新和产品升级。例如，中国航天科技集团有限公司成功实现了天舟二号货运飞船与天和核心舱的自主对接，标志着中国空间站建设取得重要进展；中国南车集团公司成功研制出时速600公里高速磁浮列车原型机，成为全球首个实现时速600公里运行的高速磁浮列车。

在人力资源方面，国有企业在研发人员特别是高学历研发人员的集聚上具有优势。2019年，在我国规模以上工业企业中，平均每家国有企业拥有的研发人员数量（22名/家）是同时期民营企业（7名/家）的3倍。国有企业在研发人员的根植性上强于民营企业，2015年以来，规模以上国有企业中具备中级以上职称或博士学历人员的比重逐年稳步上升，2019年达到45.98%。近年来，国有企业改革创新薪酬分配方式，通过员工持股等模式进一步激发研发人员创新意愿。

在创新载体方面，国有企业在重点研发机构方面实力雄厚。截至2021年底，全国222家企业国家重点实验室中超过60%依托于国有企业。此外，国有企业还积极建设超过2000个双创孵化平台、500个互联网云平台以及150只创新引导基金，带动产业链上下游协同创新。可以预见，在未来的科技创新和产业升级中，国有企业将继续发挥重要作用。

二、中央企业参与国际分工合作的不足

经过多年发展，中央企业参与国际分工合作的能力持续提升，竞争力不断加强，但也存在以下问题。

（一）部分关键环节对外依赖度较高

客观来看，中央企业创新能力与我国整体创新发展水平密切相关，在具体问题上的表现也比较一致。例如，我国一些领域的关键生产设备目前仍需大量依赖进口，总对外技术依存度达60%，创新链对外依赖度，特别是对美国依赖度仍然较高。同样，中央企业整体技术对外依赖度也较高，仍存在一些"卡脖子"领域。

（二）运行效率还有较大提升空间

中央企业历史包袱较重、体制机制不够灵活、国际化程度相对有限、人才队伍建设有待完善等问题长期存在，在一定程度上制约了中央企业运行效率的提升，也导致出现"规模发展快、效率提升慢"这一结果。造成全球产业链供应链分工合作方面运行效率不高的原因，主要包括以下几点：

一是管理水平和管理能力有待提升。总体来看，首先，中央企业市场化运行能力和水平在不断提升，但作为国家经济的重要根基，在急难险重问题上仍要承担相当多的政治任务，在管理上受到相比其他企业更多的制度约束，这在一定程度上影响了中央企业的决策速度和灵活性。其次，部分企业管理层次较多、信息传递速度较慢，难以适应全球产业链供应链分工合作的复杂性。最后，还有部分企业仍存在管理不当、缺乏激励措施等问题，导致人员积极性不高，影响企业的运行效率。

二是发展方式有待转变。长期以来，部分中央企业主要依靠粗放式发展不断"做大"，但在"做强"的过程中还存在不少问题。一些企业在价值链和产业链上被"低端锁定"；一些企业在尝试向"高端攀升"的过程

中，遇到"高端挤压"受挫后，又返回到低端环节，企业发展陷入低层次的"简单化"。一些企业对工艺流程、产品质量缺乏精益求精的精神，与行业内世界一流企业的产品质量和技术含量相比仍有明显差距。一些企业依然坚持走依靠大量要素投入、大规模投资获取规模效应的发展道路，全要素生产率不高，企业可持续发展动力与能力不足。一些企业社会责任理念与意识不强，社会责任感缺失现象时有发生，给利益相关方和社会民众带来不良影响。

三是产品质量和品牌还有提升空间。目前，我国还缺少世界知名品牌。尽管已有 200 多种产品的产量位居世界第一，但具有国际竞争力的品牌却很少；尽管我国是贸易大国，但出口产品中拥有自主知识产权和自主品牌的只占约 10%。在 2023 年世界品牌 500 强榜单中，中国企业入选数量 48 个，其中国务院国资委出资的中央企业入选数量为 16 个，明显落后于中央企业入选《财富》世界 500 强的情况。

（三）风险防范能力还有待加强

近几年，部分中央企业在海外项目遭遇了政权更迭、政策变化，也有一些中央企业因过度参与资本市场投机而遭遇重大损失。这反映出中央企业认识不足，遇到风险之后的应对措施也不够充分，对策制定还不够实用，很多企业没有全面摸清风险点、隐患源，在落实应对措施方面没有做到心中有数、见微知著，风险防控工作科学化、精细化水平有待进一步提升。

第四章　中央企业参与国际分工合作的能力评估*

结合前文对中央企业参与国际分工合作能力的研究梳理和当前全球产业链供应链重构的趋势与特点，我们从市场竞争力、跨国经营能力、稳定发展能力、关键领域和环节控制力、可持续发展能力多个层面，对中央企业参与国际分工合作的能力予以系统评估，并与世界一流企业进行对比。结合定性与定量评估方法，利用调研获取的一手资料、《财富》世界500强企业财务数据、UNCTAD跨国经营指数、BvD–Osiris全球公司财务数据库以及国泰安上市公司数据库，同时以国务院国资委历年公布的中央企业公开数据为基准，对不同数据库信息予以比对筛选，以确保数据的可比性与代表性，提升评估结果的准确性。

第一节　纵向评估，中央企业总体实力显著提升

党的十八大以来，中央企业价值创造能力、创新能力、现代治理能力、国际影响力和全球竞争力均显著提升，具体表现为盈利能力、生产效率不断提升，资产负债率稳中有降，研发能力和创新能力不断增强。本节广泛搜集国务院国资委及中央企业公布的相关数据，从多个维度对党的十

---

* 本章作者为李育。

八大以来中央企业的总体实力进行评估。

一、盈利能力不断提升

盈利能力是反映中央企业价值创造能力的核心指标。近年来，国务院国资委考核体系从2019年的"两利一率"到2020年"两利三率"，再到最近的"一利五率"，利润都是贯穿始终的核心考核指标。国务院国资委数据显示，2012—2022年，除个别年份外，中央企业利润总额和营业收入利润率均稳步增长（图4-1），净利润也保持了良好的增长态势（图4-2）。这表明中央企业在百年变局叠加世纪疫情的特殊背景下，仍然保持了较好的绩效增长，成为稳定中国经济发展的重要"压舱石"。

图 4-1　2012—2022 年中央企业利润总额与利润率

数据来源：本书编写组根据国务院国资委网站信息整理计算。

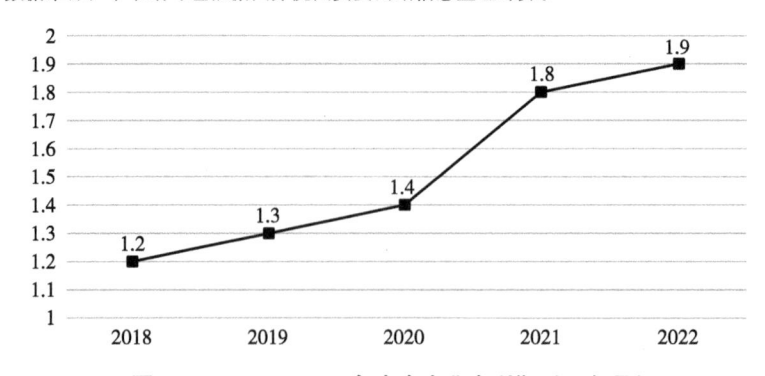

图 4-2　2018—2022 年中央企业净利润（万亿元）

数据来源：本书编写组根据国务院国资委网站信息整理计算。

二、生产率显著提高

生产率是中央企业竞争力的核心要素。近年来，随着国有企业改革深化提升行动的推进，中央企业从过去偏重规模和速度的粗放型增长向更加注重质量与效率的集约型增长转变，其中一个重要的表现就是全员劳动生产率的持续提高。如图4-3所示，近年来中央企业全员劳动生产率显著提升，2022年达到76.3万元/人，相较于2015年提高了88.9%。并且，中央企业全员劳动生产率显著高于国家统计局公布的全国全员劳动生产率水平，表明中央企业发展质量显著提升，中央企业努力向高质量发展迈进。

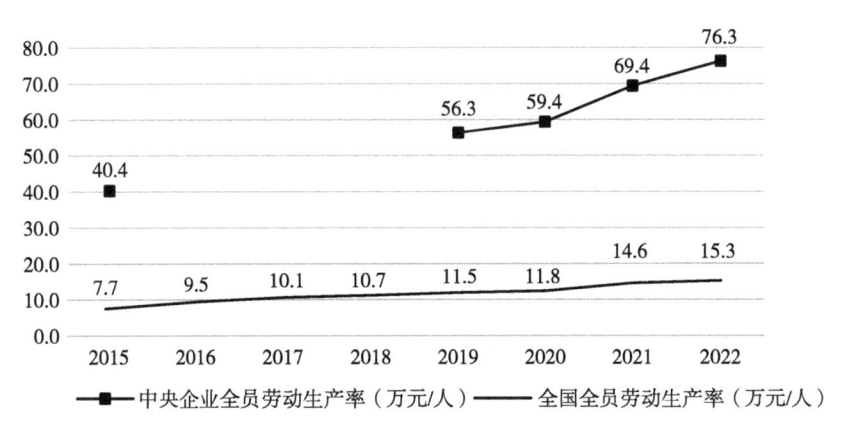

图4-3 2015—2022年中央企业与全国全员劳动生产率对比

数据来源：本书编写组根据国务院国资委网站信息和国家统计局数据整理计算。

三、资产负债率稳中有降

资产负债率代表中央企业在资本结构管理方面的谨慎性和稳健性，反映企业承担的债务风险。近年来，通过对资产负债率的分类管控、对过剩产能的化解和对"僵尸"企业、特困企业的处置，中央企业降杠杆减负债成效显著。如图4-4所示，2016年以来，中央企业资产负债率稳步下降，从2016年的66.7%降至2020年的64.5%，后在新冠疫情影响下略有上升，但仍然低于2019年之前的水平。

图 4-4　2016—2022 年中央企业资产负债率

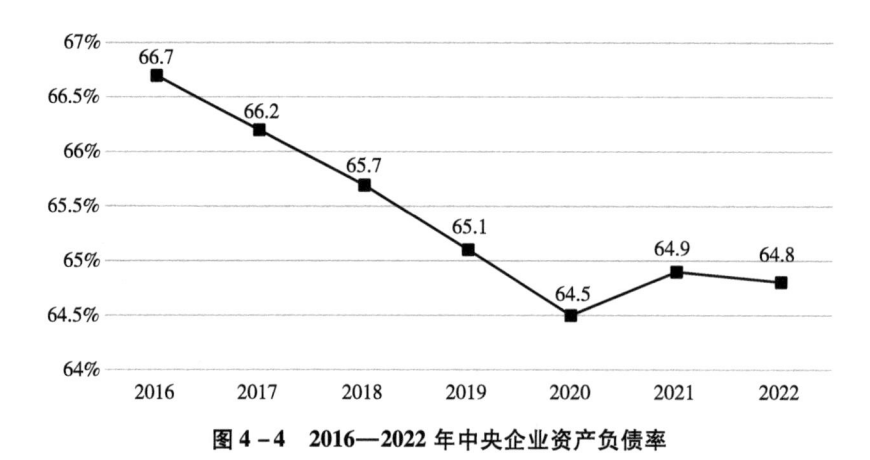

数据来源：本书编写组根据国务院国资委网站信息整理计算。

四、研发能力不断增强

研发能力是企业创新能力和核心竞争力的重要组成部分。党的十八大以来，中央企业持续加大科技创新力度，增加研发投入，科技创新能力不断增强。根据国务院国资委研究中心 2023 年 9 月发布的《中央企业高质量发展报告》，2022 年，中央企业研发投入首次突破 1 万亿元，累计建成国家级研发平台 764 个，拥有国家重点实验室 91 个。中央企业拥有专职研发人员 104.5 万人，占全国的 1/5，中国科学院、中国工程院院士 231 名，占全国的 1/7。

从专利情况来看，中央企业专利数量快速增长。根据国务院国资委发布的信息，如图 4-5 所示，截至 2022 年底，中央企业拥有有效专利数量 121.6 万项，其中发明专利 50.5 万项，较党的十八大前分别提高了 6.3 倍和 9 倍。专利质量持续提高。截至 2022 年底，有效发明专利、主要发达国家有效专利数量占拥有专利总量分别达到 41.5% 和 2.5%，较党的十八大前分别提高了 12.2 和 0.6 个百分点。转化能力有效提升。2022 年，中央企业专利对外许可、转让和作价入股合同超过 3500 项，专利运营收入超过 100 亿元，发明专利的产业转化率达到 50% 以上。

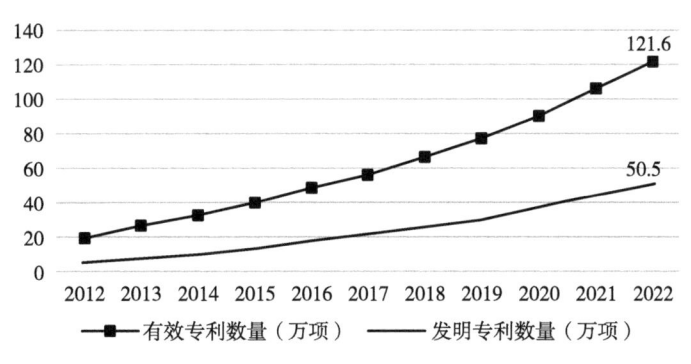

```
140                                              121.6
120
100
 80
 60
 40
 20                                               50.5
  0
    2012 2013 2014 2015 2016 2017 2018 2019 2020 2021 2022
           ─■─ 有效专利数量（万项）    ── 发明专利数量（万项）
```

图 4-5　2012—2022 年中央企业拥有专利数量

数据来源：本书编写组根据国务院国资委网站信息整理计算。

第二节　横向对比，中央企业与世界一流企业仍有差距

党的二十大明确提出"加快建设世界一流企业"的目标和任务。与世界一流企业相比，中央企业在市场竞争力、跨国经营能力、稳定发展能力和控制力、可持续发展能力等方面既有领先之处，也与世界一流企业存在一定的差距，影响了中央企业参与国际分工合作的能力。本节通过与《财富》世界 500 强企业展开对比，明确中央企业在全球产业链供应链分工合作中的短板和不足，为进一步提升中央企业参与国际分工合作能力提供参考依据。

一、市场竞争力

市场竞争力是指企业在长期发展中积累的、能够为企业带来市场竞争优势的关键能力和资源。在全球分工合作中，市场竞争力是重要的基础，它决定了企业在产业链供应链中的地位和角色，影响着整个产业链供应链的运行效率和发展效果。在这一方面，中央企业的规模体量大但盈利能力偏低。

（一）进入世界 500 强的企业数量与规模居于世界前列

从企业数量来看，2013 年以来，进入《财富》世界 500 强榜单的中央

企业数量总体保持稳定。2023年，入选世界500强的中央企业有46家，与近十年平均水平基本持平。从中央企业分布的领域来看（表4-1），能源领域13家，建筑领域7家，金属矿产领域4家，电信、军工防务、运输及物流领域各3家，航天航空、工业机械、汽车、金融领域各2家，航空服务、医药、房地产、综合商业和IT领域各1家。总体而言，中央企业入榜数量占中国入榜企业数量（含7家中国台湾地区企业）的32.4%，超过日本（41家）、德国（30家）、法国（24家）、英国（15家）等国家的全部入榜企业数量，企业数量优势明显。

表4-1　2023年《财富》世界500强企业分布情况

	上榜企业	中国企业	中央企业	地方国企	民营企业
金融	96	21	2	5	2
能源	95	24	13	7	4
IT	46	11	1	0	10
食品	41	1	0	0	1
汽车	34	9	2	3	4
医药	31	3	1	2	0
建筑	27	17	7	8	2
金属矿产	24	18	4	8	6
运输及物流	21	5	3	0	1
综合商业	18	6	1	4	1
电信	15	3	3	0	0
零售	11	1	0	0	1
工业机械	6	3	2	1	0
军工防务	6	3	3	0	0
航天航空	5	2	2	0	0
房地产	5	5	1	1	3
航空服务	5	1	1	0	0
其他	14	2	0	0	0
合计	500	135	46	39	37

数据来源：《财富》世界500强官方网站。

注：本表中国企业数量不包含中国台湾地区企业。

（二）经营业绩与世界一流企业差距较大

从经营业绩来看，中央企业与世界 500 强企业平均水平差距较大。如图 4-6 所示，在 2023 年《财富》世界 500 强企业榜单中，中央企业数量占比为 9.2%，而中央企业营业收入占比仅为 6.6%，净利润占比仅为 5.7%。这表明与世界 500 强企业相比，入榜的中央企业在经营业绩方面仍然低于入榜全体企业的平均水平。从总资产收益率来看，2023 年入选世界 500 强的 46 家中央企业平均总资产收益率为 1.7%，低于同期的世界 500 强平均总资产收益率（1.9%）。

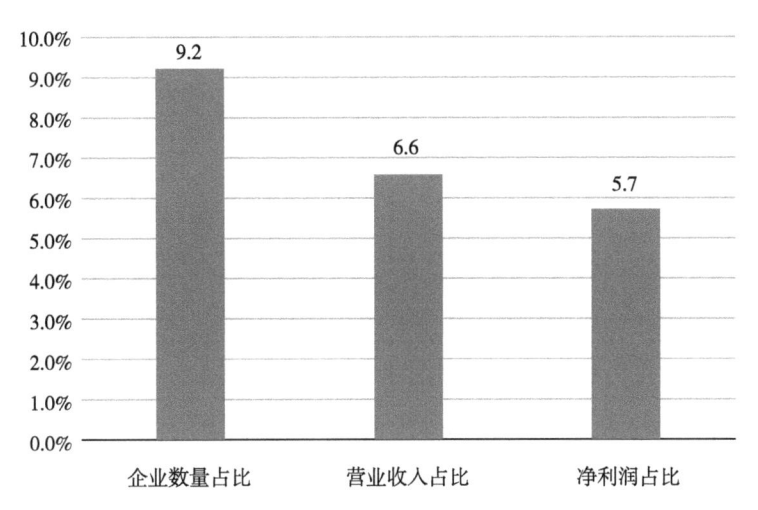

图 4-6　入选 2023 年《财富》世界 500 强中央企业的数量、营业收入和净利润占比

数据来源：本书编写组根据《财富》世界 500 强官方网站整理计算。

（三）生产效率与世界一流企业差距较大

从生产效率来看，中央企业与世界 500 强企业平均水平也有较大差距。如图 4-7 所示，在 2023 年《财富》世界 500 强企业榜单中，中央企业资产占比为 13.0%，员工人数占比为 15.8%，均高于营业收入占比（6.6%）和利润占比（5.7%）。这表明与世界一流企业相比，中央企业的资产回报率和劳动生产率处于较低水平。

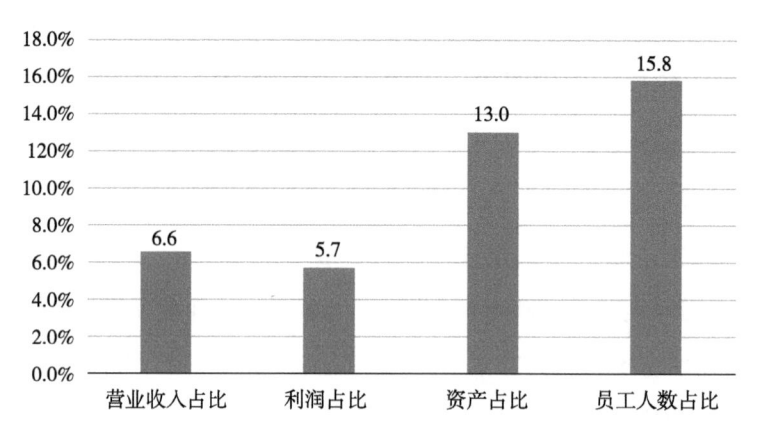

图 4-7 入选 2023 年《财富》世界 500 强中央企业营业收入、
利润、资产、员工人数占比

数据来源：本书编写组根据《财富》世界 500 强官方网站整理计算。

二、跨国经营能力

跨国经营能力为中央企业在全球范围内整合资源、完善产业链供应链体系创造了条件。通过开展跨国经营，实现与当地资源互补，强化能力基础，获得附着在企业内部的、无形且不可模仿的稀缺资源。与世界一流企业相比，国际化仍是大多数中央企业的"短板"。虽然一些中央企业"走出去"的时间并不晚，但目前主要业务仍停留在贸易、资源、工程等相对比较低端的业务领域，投融资、并购重组、总集成项目等高端经营业务涉足不多，境外经营能力普遍不高，国际化程度总体偏低，同国外同行相比差距较为明显。根据联合国贸易和发展会议（UNCTAD）发布的《世界投资报告 2023》，2022 年入选全球 100 大跨国公司榜单的中央企业仅 6 家，分别是中国石油天然气集团、中国中化控股公司、中国石油化工集团、中国远洋海运集团、中国海洋石油集团、国家电网有限公司。如图 4-8 所示，入榜的中央企业平均跨国经营指数不到 30%，低于榜单企业的平均水平（50% 左右），更远低于美国跨国公司的水平（大于 60%）。2019 年以来，入榜的中央企业平均跨国经营指数还出现了明显下降，2022 年仅为 25.3%，比 2019 年下降了 11.9 个百分点。

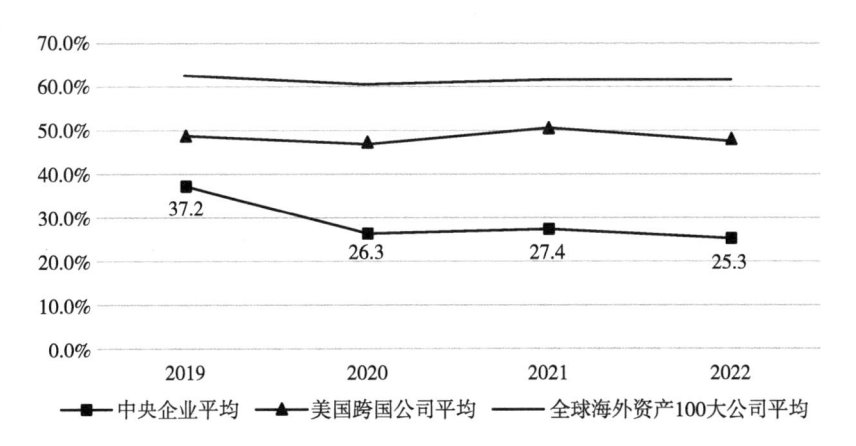

图 4-8 入选全球 100 大跨国公司的企业跨国经营指数对比

数据来源：本书编写组根据《世界投资报告 2023》数据整理计算。

三、稳定发展能力

新冠疫情对全球产业链供应链造成严重冲击，中美大国博弈也在相当程度上影响了全球产业链供应链重构。本节通过对比中央企业与世界500强企业在2020—2023年的利润、收入、利润率等指标的波动和变化，进而对中央企业在经受产业链供应链冲击时的稳定发展能力予以评估。

党的十八大以来，从入选世界500强榜单的企业数量来看（图4-9），中央企业总体保持稳定，受大型中央企业合并、行业周期等因素影响，个别年份入榜中央企业数量略有下降。这一时期，入榜的中国企业逐年增长，在2020—2022年新冠疫情期间也保持了稳定的增长态势，但在2023年却首次出现入榜企业数量的下降；美国企业则相反，2016—2021年入榜企业数量逐年下降，在2022—2023年重回增长轨道。这意味着，相较于美国企业，包括中央企业在内的中国企业在新冠疫情初期表现得更为稳定，而在后疫情时期，美国企业则更快地恢复增长。特别值得关注的是，在最新公布的2023年世界500强榜单中，美国企业排名上升数量和新上榜企业数量合计占比达到了58.1%；中国企业排名上升数量和新上榜企业数量合计占比仅为29.6%；中央企业排名上升的企业数量占比仅为 19.6%，而排名下降的企业数量占比高达 73.9%，如图 4-10 所示。

图 4-9　入选世界 500 强企业的中、美企业数量对比（含中国台湾企业）

数据来源：本书编写组根据《财富》世界 500 强官方网站整理计算。

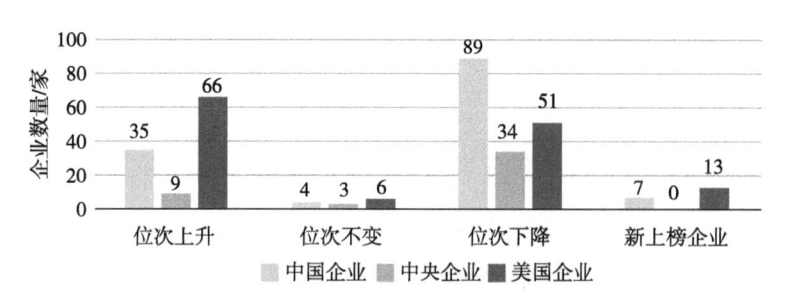

图 4-10　入选 2023 年世界 500 强企业的中、美企业排名较上年排名对比（不含中国台湾企业）

数据来源：本书编写组根据《财富》世界 500 强官方网站整理计算。

对利润率的对比也呈现出类似特征（图 4-11）。总体而言，中央企业与中国企业总体在 2020—2023 年的盈利能力较为稳定，世界 500 强企业平均的利润率以及美国企业利润率则波动明显。这表明，与其他国家相比，中国企业在应对新冠疫情等外部冲击时表现出更强的稳定性，中央企业作为国民经济"压舱石"的作用得到充分体现。但在后疫情时期，世界 500 强企业（特别是美国企业）以更快的速度回归增长轨道，中央企业也应注意及时调整策略，敏锐把握市场变化、捕捉新的市场机遇，以便在新一轮的国际竞争中保持优势、实现高质量发展。

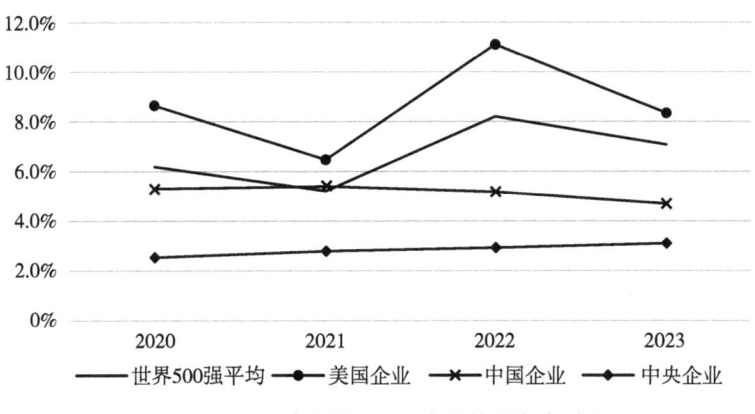

图 4-11　入选世界 500 强企业的利润率对比

数据来源：本书编写组根据《财富》世界 500 强官方网站整理计算。

四、关键领域和环节控制力

从中央企业的角色定位来看，除自身竞争力和稳定发展之外，中央企业还肩负着服务国家战略的职责。在大国博弈的背景下，加强在全球产业链供应链关键环节的控制力也是中央企业提升国际分工合作能力的重要内容。本部分选取能源资源、物流航运两个领域，评估相关中央企业在关键资源能源及通道等方面的掌控力，明确与世界 500 强企业的差距，为中央企业提升在全球产业链供应链关键领域和环节控制力提供依据。

（一）能源资源领域

从上游资源控制情况来看，中央企业在上游勘探开发力度不及国外大型油气公司。2022 年，全球勘探开发资本支出为 4993 亿美元，较 2021 年增长 1410 亿美元，增幅为 39.4%。相比之下，2022 年中国国内企业油气勘探开发资本支出约 3700 亿元，同比增长约 19%。2022 年，在全球 214 个油气发现中，共增加了油气储量 28.4 亿桶油当量，主要集中在圭亚那、纳米比亚、巴西、美国、苏里南等国家。国际石油公司发现的油气储量达 109.32 亿桶油当量，占全球发现储量的 52.7%。其中，道达尔能源表现最为突出，发现储量 54.43 亿桶油当量。与之相比，我国油气企业在海外风险勘探方面的力度还有待加大。

从中游炼化能力来看，中央企业与国际大型油气公司实力相当。一是我国炼化能力和水平在全球处于领先地位。根据美国能源信息署（EIA）数据，2022年，美国可运营的炼油能力下降到8.98亿吨/年，而中国的炼油能力提升到9.24亿吨/年，中国作为全球最大炼油国的地位更加稳固。二是在低碳转型方面，中国与欧美跨国公司总体上"齐头并进"。在净零排放目标下，炼化企业寻求整合多种脱碳技术。国际炼化公司低碳投资方向基本为原油与生物原料联合生产和绿色制氢这两项低碳技术，一批化工公司投资废塑料化学回收技术。中国炼油企业则加速与绿氢、绿电融合，着力推动炼化行业清洁生产，构建全生命周期绿色制造体系。例如，中石油下属的吉林石化项目与吉林油田风光发电项目充分联动，成为中石油首个全部使用绿电的化工项目。

从关键战略运输通道的控制来看，西方国家掌控能力更强。西方能源资源公司依托国家力量，运用军事、经济、法律、政治、外交等多种手段，对霍尔木兹海峡、马六甲海峡等关键战略运输通道施加了较强的控制力。一是施加地缘政治和军事影响力。西方国家，尤其是美国、英国和其他北约国家，拥有强大的海军力量。他们常在霍尔木兹海峡和马六甲海峡等战略海域部署军舰，保障这些海域的"自由航行"。这种军事存在不仅保护了自己的航运利益，也为其能源公司的运输活动提供了安全保障。二是施加经济影响力。西方国家在全球经济体系中占据核心地位，对贸易伙伴的政策有一定影响力。例如，美国与新加坡签署了自由贸易协定，并与马六甲海峡近邻的菲律宾、马来西亚开展大量基础设施项目合作，不断增加美国对新加坡及周边国家的经济影响力，可在必要时以"经济杠杆"影响当地政府对马六甲海峡的政策倾向。三是施加国际法和规则的影响力。西方国家在《联合国海洋法公约》等国际法和海洋法的制定过程中发挥了重要作用，通过这些国际法律框架，西方国家设立了有利于自己的海上航行和运输规则。例如，在巴拿马运河问题上，20世纪初美国与巴拿马签署协定，授予美国建造、拥有和经营巴拿马运河的永久权利。1999年巴拿马政府收回运河主权。但在此之前，美国已推动联合国通过海洋法公约，并在1996年通过联合国第40次全体会议确立了巴拿马运河的中立，由此避免了其他国家借助巴拿马反美情绪，影响美国在巴拿马运河的利益。四是直接通过政治外交进行干预。西方国家通过多边和双边关系，在国际舞台上推动了有利于自己的外交政策，这些政策常常包含确保关键海峡的安全和开放。

（二）物流航运领域

从关键港口的掌控情况来看，中央企业进步较快。中央企业不断加大对海外港口的投资力度，在"一带一路"共建国家加速构建港口网络，在苏伊士、马六甲以及亚丁湾等重要交通枢纽都建设有现代化码头，全球港口网络框架已经初步成形，虽然我国物流企业起步较晚，但在港口布局方面与国际龙头企业的差距正日益缩小。

从运输保障能力来看，中央企业实力较强。伴随我国制造业高速发展，我国造船能力不断提升，船队的运力规模持续扩大，具有专业技能的海员数量稳步增加。截至2022年底，我国海运船队运力规模达3.7亿载重吨，较十年前增长一倍，船队规模跃居世界第二。物流央企是我国海运运力的主力。据交通部统计数据显示，中远海运与招商局集团占海运总运力的比例超过76%。

从海员数量来看，中国海船船员规模持续壮大，船员管理改革有序推进。数据显示，截至2022年底，我国注册船员总数达到190万余人，其中海船船员90万人、内河船员100万人。2022年，我国外派到世界各地的船舶任职船员达到12.7万人次，为稳定国际水上物流供应链、确保国内国际双循环提供了有力支撑。

五、可持续发展能力

伴随全球市场对ESG（环境、社会和治理）理念的接纳与拥抱，ESG

在投资决策中的重要性与日俱增,越来越多的世界一流企业将ESG纳入企业发展的价值指引,并不断探索ESG的具体实践。在全球一流企业的竞争中,ESG的重要性越来越明显。从环境维度看,绿色转型已成为全球共识;从社会维度看,利益相关者权益日益受到重视;从治理维度看,合规经营成为企业治理重点。本部分选取能源资源、轨道交通两个领域,就中央企业与世界一流企业在ESG方面的实践进行对比,为提升中央企业自身绿色发展以及绿色供应链管理提供参考借鉴。

(一)能源资源领域

从环境维度来看,中央企业表现得更为积极。中国是全球最大的可再生能源市场之一,中国的能源资源公司积极投资风能、太阳能和水电等可再生能源项目。政府鼓励并支持这些投资,以减少对化石燃料的依赖,降低碳排放。国际公司在可再生能源方面也有显著投资,但这通常取决于市场和政府支持度。一些国际公司已经在全球范围内部署了大规模的可再生能源项目,以实现绿色发展目标。

从社会维度来看,中央企业与国外企业各有侧重。在雇佣员工方面,能源资源类中央企业注重为员工提供大规模的就业机会,而国际跨国公司通常更注重员工权益和多元化,积极推动包容性雇佣政策,致力于提供平等的职业机会。在社区投资方面,中国的能源资源公司表现得更为积极,包括建设基础设施、提供教育和医疗服务,以及支持贫困地区的发展。国际公司也积极参与社区投资,但通常更加注重可持续性和社会责任,经常支持环保项目、文化遗产保护和社会创新等软性项目,同时致力于建立长期的合作关系,以实现共同的社会目标。

从治理维度来看,中央企业灵活性、透明度有待进一步提升。在治理结构方面,国际跨国公司通常具有更为灵活和多元化的治理结构,董事会成员通常由股东选举,独立于公司管理层。这种结构有助于确保治理的独立性和透明度,减少了潜在的利益冲突。在透明度方面,中国能源资源公司有较大的提升空间，但相比之下，国际公司通常更积极地披露治理信息和 ESG 数据，发布详尽的年度报告，包括财务和非财务信息，以便投资者和利益相关者能够全面了解公司的表现。

（二）轨道交通领域

以中国中车和阿尔斯通为例进行对比，两家企业都将可持续发展能力视为核心竞争力，把社会责任和 ESG 理念融入企业战略中。

从环境维度来看，两家企业均坚持绿色生产、低碳环保的理念，持续加大对绿色技术创新的投入力度，将"三碳"（低碳、零碳、负碳）技术全面应用到产品研发和企业生产运营的全过程中。例如，两家企业均在积极研发氢动力"零碳车"。同时，两家企业也都把"三碳"技术应用到产业链建设和供应商评价中。

从社会维度来看，两家企业均致力于为员工构建平等、公正的就业环境，打造积极、健康、多元、包容的工作场所，提供各类培训，保护劳工权益、守护劳工健康与安全，努力成为创造价值、富有责任、备受尊敬的优秀雇主。同时，支持社区发展、加强与社区互动沟通，积极回馈社会。

从治理维度来看，两家企业均积极改善企业治理结构，依法合规经营，重视商业道德、反腐败，加强信息披露等。

但相较于国际一流企业，中央企业在 ESG 指标体系、绩效量化方面不够系统、细化，也尚未获得国际主流机构的 ESG 评级。因此中央企业自上而下在 ESG 管理、指标设立、相关数据统计、ESG 信息披露方面仍需向国际同行学习，兼顾国内与国际标准，为产业链供应链可持续发展贡献更多力量。

（三）物流航运领域

从环境维度来看，中央企业与国际一流企业在推广清洁能源使用、港口减排、强化碳排放监测管理等方面保持齐头并进的态势。在"双碳"背景下，航运业碳排放日益引起各方的关注与共识。我国物流中央企业以及马士基、达飞等国外物流龙头企业先后为自身航运业务设定了减排目标，并采取一系列措施促进航运业脱碳。中远海运、招商局以及达飞、马士基等航运巨头在推动全球航运船舶能源转型方面发挥了重要作用。

从社会维度来看，中央企业与国外大型企业均对利益相关者权益投入更多关注。在员工权益保障方面，中央企业与德迅、马士基等世界一流企业均将员工权益保障作为践行ESG战略的重要一环。德迅连续七年发布《可持续发展报告》，将员工关爱作为社会治理的重要内容进行披露。马士基将员工关爱作为公司高级战略，每年都会通过面对面的培训，强化经理层对员工关爱的理解与执行，持续强化在日常经营中企业与员工间的联系，避免出现冲突矛盾。同时，每两年通过尽职调查的方式，了解员工权益受保障情况，及时发现并整改问题。员工权益也是中外运长期以来关注的领域。例如在员工成长方面，中外运不断加大自有师资培养数量和邀请频次，输出专属设计的培养方式和独有课程，确保各层次学员学习目标清晰、关联业务实践。并通过建设"运智汇"线上学习平台，帮助员工完成职位课程体系搭建，确保系统内员工可以根据自身所在岗位序列和职级，精准学习知识技能。2022年度建设完成9个"员工之家"建设项目，有效改善了一线员工的生产、生活、文化、娱乐条件。在参与公益活动方面，丹麦得夫得斯将自身物流网络与红十字救援相结合，在全球范围内为救援行动提供应急运输服务，以保障自然灾害、人文灾难带来的伤病及时得以救治。中远海运港口在比港项目投资中，10多年来为当地直接创造工作岗位超过2500个，间接创造岗位1万多个，累计为当地带来社会贡献超12.7亿欧元，累计向社会、当地社区、教育和文化体育事业捐赠超过60万欧元，连续12年为当地贫困家庭在希腊复活节和圣诞节期间提供食物捐赠、为当地小学进行设备捐赠和改造。中外运2022年通过招商局慈善基金会投入资金700万元，用于公益项目和乡村振兴。招商局港口在斯里兰卡发起"光明行"项目，为斯里兰卡的白内障患者提供免费手术的机会，已累计帮助白内障患者逾500名。

从治理维度来看，合规经营成为中央企业和国外大型企业共同关注的治理重点。例如，德迅将合规作为企业经营的核心，在贿赂与腐败、礼物与招待、与供应商及其他第三方的交流以及公平竞争方面设立了严格的行为准则，要求领导者在其职责范围内设定优先事项并引入合规文化，所有业务活动遵循公司行为准则中所规定的道德规范，做到诚信正直，并通过设立德迅秘密举报热线（CRL）征集违反企业合规的线索，不断强化对企业合规经营的内部控制。DSV将依法依规进行税务活动作为履行商业道德的重要体现，2022年在全球纳税超50亿丹麦克朗。管理层每年会审查德迅全球纳税履行情况，以确保可以及时发现并管控风险。同时，为提升纳税情况的透明度，DSV将在2024年起以独立报告的形式对其在各国纳税情况进行披露。中外运制定了《合规手册》和《商业伙伴合规管理办法》，以规范本集团及员工在反洗钱、反腐败等方面的合规义务与行为准则，注重商业伙伴在合法经营、反腐败、反贿赂、反洗钱等方面的合规义务履行能力。招商局港口高度重视商业道德对公司自身及各利益相关方所带来的影响，在总部设立监察部作为执行及监察廉洁建设工作的职能部门，制定公司《商业行为守则》并持续保持更新修订。2022年公司及各下属单位审核、更新纪检监察制度86项。值得关注的是，在数字经济浪潮推动下，数据要素在物流活动中的重要作用日益显现，成为促进现代物流业转型升级的重要动力之一。与此同时，企业利益相关者对隐私保护与数据安全等方面要求不断升高，数字合规成为各物流企业强化企业治理的重要内容。在这方面，中外企业均作出卓有成效的努力。例如，DSV通过持续优化数据管理流程，提升数据管理的效率与透明度，不断强化对数据隐私以及安全的保障。同时通过安全操作中心（Security Operations Centre）建立起了全球数据安全监测系统，24小时全天候对不同区域以及组织进行风险识别及处理。马士基

2021年制定了企业数据管理政策，进一步确保有关数据在收集、存储及使用等流程中的合规性，并要求公司各部门定期向董事会报告数据合规情况。中远海运与中国电子科技网络信息安全有限公司达成战略合作，委托中国网安提供全系统、全方位、全天候的网络信息安全整体保障服务。

形势篇

第五章　中央企业参与国际分工合作面临的重大机遇[*]

当前，全球政治和经济秩序正在经历深度调整，中国影响力明显提升。共建"一带一路"倡议为我国构建全新的区域产业链供应链提供了新的平台，新技术革命推动全球产业链供应链转型升级，而我国国有企业则带领我国现代化产业链供应链逐步走向完善。

第一节　共建"一带一路"为参与国际分工合作拓展新空间

一、共建"一带一路"为构建新的产业分工网络提供空间

"一带一路"共建国家的工业发展程度存在显著差异。作为制造业强国，我国可以通过与这些国家和地区展开产业分工合作，满足其经济发展需求，从而形成互补、协同发展的产业链合作模式。例如，我国可以在劳动力相对丰富的老挝、越南等初级工业化阶段的国家发展劳动密集型产业；对于资源富饶的俄罗斯、印度尼西亚等国家，我国重点针对资源密集型产业开展合作；而对那些已经进入后期工业化阶段的中东欧国家，我国可以与其分享科技成果，寻求技术合作。"一带一路"共建国家将以我国

---

[*] 本章作者为沈梦溪。

产业链为主导，形成有梯度的产业分工网络，并实现产业链的整体升级。

二、境外经贸合作区成为"一带一路"共建产业链关键节点

截至2022年底，我国在"一带一路"共建国家和地区设立了131家境外经贸合作区①。这些合作区已经成为推动东道国经济发展的重要力量，也给我国企业的海外拓展提供了重要的平台。借助国内的产品制造能力和科技实力，这些合作区成为连接国内外产业链的纽带。在全球经贸结构调整的情况下，我国海外园区积极嵌入区域生产及贸易网络，影响力日益显著。合作区内的加工贸易基地带动了我国零部件和中间商品的出口，进一步扩大了我国产品的海外市场，促进我国国内产业链向世界各地拓展。同时，我国资源能源和农业企业在合作区内积极设立生产加工中心，积极打造了资源类商品的全球供应链。

三、标准协同促进"一带一路"产业网络对接互融

随着2015年《标准联通"一带一路"行动计划（2015—2017）》、2018年《标准联通共建"一带一路"行动计划（2018—2020年）》的颁布和稳步实施，我国与"一带一路"共建国家的标准联通持续推进。截至2022年底，我国已与49个"一带一路"共建国家和地区签署85份标准化合作协议，领域涉及智能制造、信息、交通、金融等②。标准的协同与合作为我国与"一带一路"共建国家产业共同发展奠定了良好基础。

第二节 新技术革命推动全球产业链供应链变革

一、我国在部分领域形成产业先发优势

新技术革命呈现多元化发展且协同进步的特点，打破了过去主要依赖

---

① 数据来自商务部网站。
② 数据来自"中国一带一路网"。

发达国家领导产业革命的规律。中国在人工智能、量子科学、太空研究、基因编码等方面取得了显著成就,并形成了一定的产业优势。信通院数据显示,在量子通信技术领域,中国的专利申请占比接近全球50%。在新一代无线电传输系统如第五代手机网络(5G)的开发过程中,中国也拥有最多的必要性专利,并已经建立了全球最庞大的5G基建设施体系。在生命科学领域,我国以专利族计算的专利申请数量已经连续多年位居全球第二。与此同时,其他新兴技术如新材料、数据处理、智能化等,正在用于对机械设备制造业及纺织服装业等传统行业进行改造,提高产品品质标准。

二、我国超大市场为前沿产业发展提供丰富的应用场景

我国拥有14亿人口,人均GDP超过1.25万美元,是全球最具消费潜力的市场。目前,我国已经超越美国成为全球最大的消费电子、新能源汽车和可再生能源市场,同时,国内药品和医疗设备的市场规模也位居全球第二。我国消费者对新产品的接受程度较高,庞大的市场规模对推动新一轮科技革命和产业变革起着重要的作用。

三、我国制造基础奠定新兴产业发展基础

我国拥有全球最完整的制造业体系,包括41个工业大类、207个中类、666个小类,涵盖联合国产业分类中所列全部制造业门类[①]。我国产能强大并且有着完备的配套能力,产业链稳定性好、韧性强,具备竞争优势。同时,随着新一代技术的不断进步,我国战略性新兴产业已经形成了一定规模,累积了较为丰富的政策、组织等各方面经验,在促进市场发展、激励企业创新等方面都发挥了积极的作用,为未来的前沿领域发展提供了坚实的保障。

---

① 数据来自工信部报告。

第三节　国内大市场提供重要支撑

一、我国经济长期向好的趋势不变

2022年，在新冠疫情冲击与全球地缘政治紧张局势的影响下，中国GDP超过121万亿元，继续保持全球第二。展望未来，我国经济长期向好的趋势不变，总体呈现稳健复苏。同时，我国经济高质量发展持续推进，新质生产力稳步提升，可持续发展、绿色发展成为重要导向。稳定向好的经济发展趋势将为我国企业构建全球产业链供应链提供有力支撑。

二、我国制造业国际竞争优势持续增强

改革开放40多年来，我国制造业在创新、合作与竞争中成长壮大。我国制造业产值在全球范围内处于领先地位，就细分品类而言，在500多种主要制造业产品品类中，我国有220多种产量位居全球第一，如钢铁、水泥、空调及电视机等，产能达到全球一半以上，确立了我国作为最大制造业国家的地位。在体量达到世界首位的同时，我国制造业国际竞争力也不断提升。从关键行业看，在高端设备方面，航天器发射系统、量子通信卫星、高速铁路、高精密数控齿轮研磨机等高端设备与科技已处于全球领先地位。在基础原材料领域，电解铝、氧化铜等的冶炼技术均达到国际一流水准[①]。从重点企业看，我国进入《财富》世界500强的企业数量自2003年的12家增加至2022年的65家，数量排名全球第二。

三、我国综合营商环境持续改善

近年来，我国高度重视营商环境建设。各级政府聚焦政府职责转换，减少市场干预、加强监管、优化服务，政府角色定位、职能及其管理方式

---

① 数据来自工信部报告。

逐渐与国际化商业环境接轨。同时，企业融资成本、税收成本、行业会费等相关费用得到了有效的控制，也减轻了企业的运营压力。根据世界银行公布的《全球营商环境报告2020》，我国营商环境排名全球第31位，比2017年提高了47位，这也是中国第一次跻身全球前40名的行列。这表明我国已经初步建立了稳健、有序、安全、包容的营商环境体系。

第四节　国有企业引领作用日益凸显

一、在重要产业技术创新、国产替代中发挥引领作用

在重要产业领域，国有企业积极推动技术创新和国产替代。根据国务院国资委信息，我国中央企业建立了多个产业协同创新平台，形成了一批高水平的创新平台，如电科芯云、航天云网等，在新能源汽车和数字化发展等领域起到了示范作用，也推动了下游配套企业的发展。在轨道交通领域，我国已经实现了技术自主，关键设备的进口率降低到5%以下。在广州、上海、深圳等地建成了全球首批智慧地铁车站。城轨核心系统也实现自主掌控，核心技术达到了国际一流甚至领先水平，部分产品具备国际竞争力。

二、积极参与部分国际标准制定

随着国内产业发展不断取得重大突破和新一轮技术革命纵深推进，中国加快参与国际标准制定步伐。根据国务院国资委报告，自2004年开始，国家电网公司与各方合作，在特高压领域取得了创新性突破。2012—2020年，国家电网公司主导编制国际标准71项，承担45个国家、行业标准化技术委员秘书处工作。这显著增强了中国在全球电力领域的地位和影响力，并借助标准的"全球化"推动我国商品和服务"走出去"。

三、在保障产业链安全中发挥"链长"作用

提升产业链供应链的稳定性和可靠性是应对外部风险、构建现代化产

业体系的关键步骤,这需要大型国有企业履行作为"链长"的责任。大量国有企业已开始承担"链长"责任,比如,中国移动从"固补强塑"四点出发,提出了"芯巢计划""筑基计划",并且在多种芯片研究上取得了重大进展;与清华等 12 所高校建立了联合创新载体,吸引了 1400 多家产业合作方,对维护我国产业链供应链安全起到了重要作用。

第六章　中央企业参与国际分工合作面临的风险挑战*

国际投资环境变化增加了我国企业主动参与国际分工的难度，欧美投资壁垒更为凸显，发达国家经济增长放缓导致消费能力趋弱，全球经贸规则调整导致产业链重组，我国国有企业参与全球分工合作的政策壁垒也在持续增加。

第一节　美西方推动产业链供应链"去中国化"

一、通过一系列手段牵制中国产业链供应链发展

通过实施出口管理、投资限制、电信和电子许可体系、签证禁令以及制裁等手段，美欧发达国家试图牵制中国产业链前进的步伐。2018年，美国颁布了《外国投资风险评估现代化法案》和《出口管制改革法案》，大幅增加了外国投资审查委员会（CFIUS）和商务部的审查权，限制中国对美国关键产业的并购。2022年9月，拜登签署行政命令，进一步扩大美国外国投资审查委员会的审查权限，使其可以阻止非股权交易，且微电子、人工智能、生物技术和生物制造、量子计算、先进清洁能源和气候适应技术产业等被列为重点审查行业。在实践操作中，CFIUS还通过长臂管辖进

---

* 本章作者为沈梦溪。

一步扩大其管辖权。2019年3月，欧盟发布了《外商投资审查条例》，随后其成员国家也相继响应，建立或完善各自的外国直接投资监管法律制度。2024年1月，欧盟委员会发布"欧洲经济安全一揽子计划"相关立法草案，在外商投资准入方面，明确要求各成员国必须设立较现行欧盟《外商投资审查条例》审查范围更广的外商投资审查制度；要求所有成员国将绿地投资、外国公司在欧盟设立的子公司在欧盟范围内的投资活动等均纳入外商投资审查范围；明确提出境外投资者的实际控制人及所属集团必须提供各项信息。此外，非欧盟投资人在任一欧盟成员国的投资还有可能面临所有欧盟成员国和欧盟委员会的"审查"。

针对所谓"强制技术转让""国家补贴"等问题，美国特朗普政府启动了301调查，并决定大幅度加收关税。根据产品的征收名单来看，美国的目标主要是"中国制造2025"，其产品涵盖范围广泛且多样化，包含微电子器件、引擎系统及自动化机器人的研发应用等诸多内容，旨在阻止我国在新兴高端科技创新领域的发展。拜登任总统后，并未取消大部分关税措施。此外，拜登还针对中国产业补贴等问题，组建了供应链贸易行动团队。2022年6月，"新疆棉"问题不断发酵，美国政府签署了所谓《维吾尔强迫劳动预防法案》，并开始执行一系列与新疆相关的禁令规定，致使我国新疆纺织、光伏能源和农业行业都受到影响。2024年以来，美欧又抛出"中国产能过剩论"等负面言论，试图打压我国"新三样"产业发展。

二、制定国家产业基础设施战略，推动自身核心产业发展

2021年11月，美国通过了《基础设施投资和就业法案》，该法案涉及对新能源、信息技术设施和人力基础设施的投资，以提升国家竞争力。《基础设施投资和就业法案》为能源部的清洁示范办公室提供了215亿美元用于投资各类绿色能源初创公司的基金，80亿美元用于清洁氢项目，90亿美元用于电网平衡技术，60亿美元用于提升美国电池生产能力。2022年

2月，美国众议院投票通过了《2022年美国竞争力法案》，其中包含了资助半导体技术研发和生产的拨款计划。2022年8月，美国总统拜登签字生效的《2022年芯片与科学法案》保留了众议院提出的《2022年美国竞争力法案》中关于半导体的内容，并且设置了25%的税收抵扣来鼓励美国半导体行业的研究、创新和生产。美国还在2022年通过了《通胀削减法案》，依据该法案，美国将在接下来的十年内在环保和可再生能源领域投入大约3700亿美元，资金主要流向美国或在美国经营的企业。

2023年3月，欧盟委员会公布《净零工业法案》，通过优化管理制度，完善投资环境，截至2030年欧盟在战略性净零技术上的产能接近或达到年需求至少40%的目标。2023年8月，欧洲《芯片法案》得到批准并开始实施，该计划预计调动超过430亿欧元公私资金投入其中，其主要目的是在未来十年内借助增加投资及扩大生产规模等手段，使欧盟在全球芯片市场的占比由目前的10%提升至20%。

三、加强与盟友和合作伙伴的经济联系，推动供应链多样化

拜登执政团队重视盟友及伙伴支持的作用，除通过联盟成员和合作方来创建可靠的供应链并协同制定技术准则和标准外，也与"理念相近的伙伴"建立了关键原料联合储备和购买机制。2021年10月，拜登在G20峰会举办"全球供应链弹性和韧性高峰会议"，鼓励盟友共建美国领导的全球供应链，以实现所谓的"去中国化"的目标。此外，拜登政府还推动组建新的盟友间自由贸易和投资协议，意图共同降低对中国的供应链依存度。2022年4月，美国发布美欧贸易和技术委员会供应链工作通告，呼吁提升包括半导体、太阳能光伏、稀土磁铁和锂电池等关键矿物质材料、药物等供应链的弹性，进而塑造基于盟友关系的供应链模式。2023年5月，美国正式宣布启动"印度—太平洋繁荣经济框架"（IPEF），同年9月7日，美国商务部公布"IPEF项下首个成果——供应链协议文本"，就各协议国提高供应链的透明度、多样性、安全性和可持续性提出数项措施，以

使其更具弹性、稳健性与整合性。

第二节　全球经济下行压力削弱产业链稳定性

一、乌克兰危机对全球的原材料供应链运作产生不利影响

乌克兰危机下，美国及其盟友采取的一系列贸易禁运及制裁措施造成了多种物资的短缺，石油供应中断导致燃料成本上升，农产品市场价格也发生了大幅波动。战争导致乌克兰原本用于农业生产的地区无法再继续耕种作物，同时钾盐出口也受到影响。这种状况又进一步加大了主要食品消费国家的负担，并使其面临着更加严重的食物不足问题。在能源方面，欧盟部分国家的能源价格大幅上升，导致部分能源需求较高的制造业企业生产停滞。2023年10月以来，巴以冲突不断，继续对全球能源市场产生影响。

二、全球市场需求深度下滑，产品销售持续减少

在美元升值背景下，发达经济体和新兴经济体消费与商业支出下降，全球消费者信心降幅远超历次经济衰退。低收入国家货币对美元大幅贬值，食品、燃料和药品等民生必需品的进口价格大幅上升，导致尼日利亚、索马里等国饥荒问题加剧。

美国供应管理协会（ISM）于2023年8月1日发布的数据显示，其7月制造业采购经理指数（PMI）仅为46.4%，已经连续九个多月跌破了50%的荣枯分界点，创下了自2009年来持续收缩的最长时间纪录。此外，对工厂就业情况的评估也进一步降低，由6月的48.1%降到了44.4%，是自2020年7月以来的最低数值。据报道，由于市场需求低迷，美国工厂在7月加大了裁员力度。这些信息表明美国制造业正处于低迷阶段。受通货膨胀压力的影响，美国民众在商品方面的开支依然有限。

消费疲弱导致欧元区经济复苏乏力。欧盟经济在2023年前两个季度出

现环比负增长，表明其正在进入深度和持续性下滑阶段。具体来说，消费支出的下滑是主要原因。高通胀使得居民实际可支配收入下降，进而导致消费乏力；同时，乌克兰危机、信贷收紧等因素也导致居民储蓄比例增加，消费支出下降。

第三节　全球经贸规则调整导致全球产业链趋向碎片化

国际竞争的焦点正从"经济之争"转向"规则之争"。以美国为首的发达国家利用规则制定权主导全球经济和国际秩序，越过多边体系，达成双边、区域、诸边经贸协定，加快经贸规则朝有利于自身的方向升级。

一、各国贸易及投资规则变动，割裂我国部分重要产业链

在贸易保护主义和单边主义等逆全球化思想的推动下，各国政府对经济活动进行了更大范围的干预，导致商品、资本以及劳动力等生产要素在全球流通过程中遇到了障碍。

随着国际贸易规则的收紧，我国部分重要产业链受到影响。自2018年3月中美贸易摩擦加剧以来，为了规避因征收关税而产生的经济成本，许多企业选择从我国国内市场转向其他国家的供应商，如越南或泰国；这些企业的制造基地也逐渐迁移至海外地区以适应新的贸易规则要求。此外，美欧也利用出口管制政策来限制我国的高端设备、核心配件组件等重要产品获取途径，从而切断了我国产业链上游的部分供货渠道，使得下游生产也受到很大影响。

同时，许多发展中国家为吸引外资，持续降低外资准入门槛，并出台诸多优惠政策，鼓励外资企业持续加大投入力度，巩固并提升本国在全球产业链供应链中的地位。例如，越南实施了外商投资负面清单制度。除清单中明确禁止的25个行业和59个需要附加条件的行业外，其他行业的外资企业享受国民待遇，并减少了行政审批步骤，这极大地提升了外商投资

的透明度和自由度。印度、泰国、柬埔寨等国家放开外资企业持股比例限制，允许外资在金融、国防等特定领域甚至全产业实现100%持股，进一步提升对外资企业的吸引力。

发达经济体推动产业链近岸化、友岸化、在岸化的种种举措，加上部分发展中国家较大力度的税收优惠政策和其他支持措施，致使我国产业链供应链面临高端环节向发达国家转移、中低端环节向发展中国家转移的"双重压力"。

二、各国抢占数字经济、绿色经济规则制高点，深化产业链市场竞争

各国纷纷抢占数字经济规则的制高点。美国发布《2019年数据经纪商法案》《美国全球数字经济大战略》，欧盟发布《欧洲数字议程》《欧洲数据战略》等文件和报告，积极构建全球数字治理框架。2023年8月，欧盟《数字服务法》正式实施，对社交媒体与电商平台加强监管，要求微软、亚马逊、苹果、谷歌、Meta Platforms等在内的多家大型科技公司必须在8月底前按照新规完成整改，否则或将面临高额经济处罚。我国也发布了《全球数据安全倡议》及《数据安全法》等多项倡议和法律。《美墨加协定》设立了"数字贸易"专章。《区域全面经济伙伴关系协定》（RCEP）的各缔结方也就电信服务、跨境电商等领域的开放进行了明确约定。

在绿色规则方面，欧盟于2023年5月开始实施碳边境调节机制（CBAM），并设立2023—2026年的过渡期。在这一过渡期内，申报企业只需提交报告，到2026年，欧盟将正式启动"碳关税"征收。2023年8月，《欧盟电池和废电池法规》开始实施，对所有投放欧盟市场的电池（除军事、航天、核能用途电池外）提出了一系列强制性要求，包括可持续性、安全性、标签、信息、尽职调查、电池护照和废旧电池管理等事项。同时，该法规详细规定了电池以及含电池产品的制造商、进口商、分销商的责任和义务，并制定了符合性评估程序和市场监管要求。2022年6月，美

国发布《清洁竞争法案》（CCA）草案，旨在评估所有进口商品及本国商品的碳排放量，对于超过基准的商品征收碳税。2023 年，G7 国家组建了"气候俱乐部"，意图通过它们在经济与贸易领域的强大影响力，推动发达国家主导的绿色贸易规则及相关标准成为普遍规则。

数字经济和绿色经济领域的规则竞争进一步深化了企业在国际市场的竞争，降低了我国现有的成本比较优势，增加了生产活动转移到其他国家的可能性，加大了我国制造业实现产业链升级的难度。

三、区域贸易协定持续涌现，推动全球产业链重组

全球经济秩序正朝着区域化的方向快速推进。世界贸易组织数据显示，自 2008 年以来，各成员提交的区域贸易协议数量一直在上升。截至 2022 年底，已经有 572 个各类区域贸易协定签署并开始实施。

贸易规则的区域化通过贸易转移效应和投资转移，影响全球产业链的空间布局。美国积极牵头制定的《美墨加协定》（USMCA）等一系列自贸协定都力图将中国排除在产业链之外。例如，USMCA 的"毒丸条款"规定：如果缔约方之一与非市场经济国家签订自由贸易协定，其他各方有权终止现有协定，并达成另一双边贸易协定替代 USMCA。原产地规则也通过贸易转移效应冲击中国和其他非成员国的正常经贸活动。苛刻的原产地规则将增加非成员国的非关税壁垒，提高其交易成本，导致贸易从过去的非成员国进口转向成员国，在区域内外形成明显的分工边界，非成员国将难以参与区域内的产业链分工。"准入前国民待遇和最惠国待遇＋负面清单"等投资便利化规则增加了成员国之间的外资吸引力，将原本对非成员国的投资吸引到成员国，这将进一步削弱中国和其他非成员国在该区域的竞争力。

四、议题持续深化，提升我国产业链合规成本

与原有的世界贸易组织规则相比，发达国家最近谈判和签订的区域贸

易协定在市场准入、投资及贸易便利化等规则制定方面标准更高。部分区域性贸易协议也开始探讨前沿性议题，如知识产权、劳工条件和竞争平等。例如，CPTPP强化了知识产权保护客体范围的广度和深度，增加了权利相关内容，延长了知识产权保护期。USMCA则提升了劳工保护标准，扩大了劳动争议救济措施的适用范畴，增加了预防暴力伤害工人和消除职业性别歧视的规定。

国际投资对环境、社会和治理（ESG）的要求也持续提高。两家机构的ESG规则在全球范围内具有较大影响力：一个是金融稳定委员会（FSB）在G20框架下制定的金融企业与气候变化相关的指导原则；另一个是国际证监会组织（IOSCO）制定的全球上市企业的环境和社会治理指导原则。资产持有者和管理机构在进行投资时，越来越倾向于将ESG融入决策和实践中；保险、银行、社保基金等机构的投资者也在积极完善ESG领域的投资相关制度。

我国现有行业法规及政策与上述国际规则新议题相比，仍存在较大差异。为满足发达国家自贸协定的高标准要求，我国企业可能需要承担额外成本，并且这种负担会转移到最终用户身上，从而导致商品价格上涨。这给主要依赖低成本竞争优势的我国部分制造业企业带来挑战。如果盈利空间被压缩至无利可图，那么企业可能从原有产业链中脱链。

第四节　我国产业链供应链自主可控能力尚待提升

我国在全球产业链中占据重要地位，但在增强产业链供应链的自主可控能力方面，还存在一些不足。

一、产业链关键环节存在短板

我国作为全球最大的制造业国家，绝大多数产业处于国际市场价值链的中低端地位，较高比例的核心装备及配件依靠外国进口。根据工信部调研数据，国内高端数控机床几乎全部从海外进口，2022年进口比例超过90%，汽车芯片进口比例达到90%，而家用电器芯片的进口比例达到95%。此外，核心工业软件的本土化率也较低，高度依赖进口。目前我国关键基础材料的对外依存度也达到52%。在农业领域，85%的大豆依赖进口，畜牧业种源的对外依存度也较高。核心环节和关键原材料、关键物资的对外依赖可能增加产业链的断链风险。

二、创新链与产业链缺乏联动

尽管我国已经取得了许多科技创新成就，但还没有建立起创新链和产业链相互融合的格局。一方面，我国的科技服务机构数量有限且效率不高，使得很多优秀的科研成果难以快速转化为产品；另一方面，一些科学发现没有找到合适的市场环境来推动其实现商业化。因此，供需两方之间的创新链并未完全衔接，造成大量创新资源的浪费。同时，当前我国创新能力还不够强，对产业链的支持力度也不够大。我国在基础研究方面的投资依然偏少，2022年仅占全国总研发经费的6.3%，相较于发达国家普遍超过10%的比例还有很大的提升空间。同时，我国也缺少全球领先的创新平台及机构，大部分情况下通过技术进口方式获取技术，这种做法很难解决关键核心技术问题。

三、要素市场发展相对滞后

近些年来，我国优化了要素市场环境，监管和治理能力也明显提升。但部分要素市场竞争不充分，土地、劳动力、资本和数据等要素市场发展相对缓慢。我国工业用地使用效率不高，闲置问题较为突出。劳动力需求和供给之间存在结构性差距，技能型人才数量相对较少。资本要素市场供给渠道单一，中小型金融机构的融资服务能力有限，使得资本要素的流动不畅通。数据要素市场的发展也落后于实际需要，数据的价格机制尚不明朗，确权定价也面临挑战。当前的数据资产管理体制还不健全，产业链内各环节数据整合和交流的难度较大,成本也较高。要素市场的不健全导致要素资源的闲置或错配,降低了我国产业链的资源利用效率。

四、产业链重点企业国际化经营能力尚待提升

部分企业整体国际化战略较为模糊。作为新兴工业大国,我国企业国际化起步晚、根基薄弱,部分重点企业的国际化战略不明确,在制定全球化的整体规划时考虑得不全面,对目标市场实际情况及特性了解不足,也未能制定有效的针对性措施。

部分企业的资金及风险承受力有限,难以满足国际化战略需求。部分企业的产品、技术和服务尚不能与世界知名品牌相比,尤其在美欧发达国家和具有多元文化的受众群体中,其品牌的影响力和认可度相对较低;部分企业在全球产业链的资源整合能力和资源配置效率还有待提升,尤其是需要更多具备国际视野、跨文化管理技能的人才。

部分企业在海外形成同质竞争。我国企业在"走出去"过程中,往往由于多个企业的同质商品或服务进入同一个目的地,形成激烈的竞争。由于许多企业产品的性能相近,企业在国外很难获得独特的竞争优势,也难以形成合力来与其他国家的产品竞争。因此,许多国内知名度高的品牌在海外被视为廉价、低质产品。少数企业为了争夺市场份额,在海外进行价格战,不但引发了我国企业内部恶性竞争,对我国形象也产生了严重的负面影响。

第五节 国有企业构建全球产业链供应链的政策壁垒增加

伴随着国有企业对外投资的地区分布日益广泛,经营领域日益扩展,其面临的各类风险也逐渐增加。发达国家提出的"竞争中立"规则对国有企业的限制愈发严格,我国国有企业在境外的并购活动也受到更加严格精

准的审查。

一、"竞争中立"规则成为国有企业构建跨境产业链的最大障碍

"竞争中立"规则起源于发达国家的国有企业管理制度研究。外国政府认为中国国有企业享有特殊优势，不符合"竞争中立"原则，从而对其国家或地区的企业构成不公平竞争，因此应该对中国国有企业进行政策限制。从2011年开始，美国积极推动在多个国际组织内构建及推行"竞争中立"框架，推动将其变成具备约束力的国际通行规则。美国目前签订的多双边协议均强调要创建平等的竞争环境。经济合作与发展组织自2009年起逐步将"竞争中立"规则纳入其政策制定。目前，这一规则已成为欧美国家的通用政策原则。

二、各国外资审查机构对中国国有企业投资加大审查力度

各国的外资审查力度正在不断加大，尤其是对于拥有国有企业背景的外资更为重视。美国2020年初发布的《外国投资风险审查现代化法案》实施细则中要求，如果一家外国投资企业的股权被外国政府控制超过一定百分比，就必须主动上报信息给相关部门。该法案还规定CFIUS应每年向国会递交一份关于来自中国的投资情况的详细报告。值得注意的是，近年来，美国CFIUS因担忧国家安全问题而不予批准的投资案例数目持续攀升，涉及中国公司的收购行为更是如此。德国于2017年发布了新投资法规，扩大了其对非欧盟国家的投资审查范畴；澳大利亚于2016年进一步强化对外国投资的限制措施，特别是在关键基础建设领域，当国内公司要将其卖给境外投资者时，必须要经过专门的外国投资管理部门（FIRB）的全面评估，以此保障国家的安全利益。

三、国有企业因处于特殊行业而受到额外的跨境投资限制

在部分关键行业与领域，如国防、重大基础建设及重要自然资源、高

新技术等领域,我国国有企业往往起主导作用。然而,当特殊行业国有企业通过跨境投资活动来建立全球供应链时,其他国家政府可能会以国家安全为由对其进行审查,限制了我国国有企业在海外市场的拓展。

欧盟限制外国国有企业进入其能源行业。2009年,欧盟通过第三轮能源改革法案,要求各成员国将其输配电网络及天然气管线的生产和供应服务进行分离。"第三国条款"被纳入这个法案之中:如果一家来自非欧盟国家的企业购买欧盟内的能源设施(如管网),需要获得设施所在国家监管部门的许可。

加拿大限制外国国有企业参与其油砂矿项目投资。在2012年中海油公司并购尼克森(Nexen)公司后,加拿大修改了国内《投资法》中的相关条款,以规范外国国有企业对本地油田的控股行为。按照新的法规,只有在特殊条件下,加拿大才会接受外国国有企业控制加拿大油砂矿项目的情况发生。

建议篇

第七章　发达国家推动企业参与国际分工合作的经验做法[*]

从国际经验来看，美、德、日、韩等发达国家在政府层面多措并举推动本国企业"走出去"参与国际分工合作，提升对全球产业链供应链的掌控能力，为本国企业参与国际分工合作创造有利的环境。发达国家的企业重点致力于加强研发创新、上中下游合作，加快开展全球市场布局，增强全球资源配置能力。

第一节　政府层面

一、构建较为完善的法律制度环境

发达国家高度重视为企业"走出去"参与国际分工合作提供稳定有力的法律保障。例如，构建较为完备的对外投资法律体系，为企业以海外投资方式参与国际分工合作保驾护航。在国内立法层面，美国对外投资管理体制是以《对外援助法》为中心而形成的多层次、多领域管辖的法律体系。自1948年该法案通过以来，虽然经过多次修订，但支持和保护美国私有企业海外投资的目的始终不变。

在双（多）边层面，美国通过与其他国家签订双边或多边经贸协定，为

---

[*] 本章作者为薛蕊、武芳。

本国企业海外投资创造有利的外部环境，降低投资风险。同样，德国已和130多个国家（地区）签订了双边投资保护协定，为企业"走出去"参与国际分工合作提供最直接和有效的法律保障。2009年《里斯本条约》生效后，欧盟成员国不再单独与第三国缔结双边投资协定。德国政府通过积极参与欧盟对外谈判，确保德国在欧盟缔结协定时的发言权。欧美国家签署的投资协定旨在保护本国企业在对方国家境内投资可享受国民待遇和最惠国待遇；保证资本和盈利的自由汇出；通过法律途径对本国企业或公民私有财产进行保护；投资者与所在国发生争议时可提交国际仲裁法庭解决等[①]。

二、提供完善的财税激励

税收优惠一直是发达国家政府鼓励和支持本国企业开展海外直接投资、参与国际分工合作的重要举措，主要包括税收抵免、税收延付、关税优惠等。

在税收抵免方面，美国的做法最具代表性。美国采用不区分国别的综合限额税收抵免制度，以消除国际重复征税。美国规定多层抵免的范围最远可以追溯到第六层海外下属公司，在海外纳税额超出抵免限额的部分，可向前结转2年，或向后结转5年抵免。日本也采用综合抵免限额制度，并且规定企业如在某国投资经营发生亏损，则亏损额可排除在外，这无形中又增加了抵免限额，进一步减轻企业税负。当企业在海外纳税额超出抵免限额时，允许向后结转3年继续抵免。法国、瑞士、荷兰等欧洲国家实行免税政策，优惠措施更直接，力度也更大。

在税收延付方面，日本的企业所得税法允许在一定条件下对海外子公司未汇回的利润实施税收延付。只要海外利润留在国外并用于再投资，企业可以延迟在日本国内缴纳税款。这既防止在投资国的应纳税款流失，也减轻了企业的税负。美国历史上也曾实行税收延付制度（Deferral of

---

① http：//de.mofcom.gov.cn/article/ztdy/201810/20181002796345.shtml

Taxation），允许美国企业对其海外子公司的未分配利润（即未汇回美国的海外投资收入）暂时不予征税，直到这部分利润被汇回美国。这一政策减轻了企业的即时税收负担，使其能更灵活地运用海外资金。不过，2017 年的《减税与就业法案》（TCJA）引入了全球无形资产低税所得规则（Global Intangible Low–Taxed Income，GILTI），对某些海外收入即使不汇回也要征税。

在关税优惠方面，发达国家政府为鼓励本国企业前往劳动力成本低廉的国家进行投资、建设生产基地，规定在满足一定条件下，制成品再重新进口时可享受关税减免。以美国为例，若美国企业使用美国本土的原材料或部件（如飞机部件、内燃机部件、办公设备、无线电装备及零部件、照相器材等）在海外进行加工制造和装配，然后将制成品再进口回美国，根据美国的海关法律和规定，这些产品有资格享受减免关税或延迟纳税的待遇，只对这些产品在国外的价值增值部分征收进口关税。

三、提供多元金融支持

欧美国家、日本等都为企业"走出去"参与国际分工合作提供长期贷款、担保、保险等方面的金融支持。例如，美国企业开展海外投资一方面依靠公司自有资金，另一方面美国进出口银行和美国国际开发金融公司①等政府机构提供的金融支持也发挥了重要作用。

美国进出口银行（EXIM）主要是促进美国产品和服务的出口，通过向购买美国产品和服务的外国进口商提供融资便利（如买方/卖方信贷），提高美国产品和服务在国际市场的竞争力。近年来，EXIM 优先考虑为绿色项目和清洁能源制造业提供融资。美国国际开发金融公司（DFC）作为

---

① 美国国际开发金融公司（DFC）于 2019 年底成立，整合了原海外私人投资公司（Overseas Private Investment Corporation，OPIC）和其他美国政府开发金融能力。它是一个发展金融机构，旨在通过提供贷款、政治风险保险、股权融资等工具，鼓励美国私营部门在发展中国家和新兴市场投资。

政府的一个独立机构，拥有强大的财政支持和政府信誉背书，这使得它能够为推动私营部门参与国际分工合作、开拓海外市场，特别是在发展中国家参与高风险但具有重大影响力的海外投资项目，提供大规模的资金支持，融资上限从OPIC的290亿美元大幅提高至600亿美元。DFC拥有广泛的金融工具，包括直接贷款、政治风险保险、股权融资以及担保等，为企业提供综合性金融服务，灵活地支持各种规模和发展阶段的项目。

德国政府通过德国复兴信贷银行（KFW）、德国投资银行为企业提供灵活、有效、多样的官方信贷支持，商业领域由AKA银行提供专门服务。德国联邦经济合作与发展部也为企业在发展中国家投资提供不同的支持政策，包括融资、咨询及其他配套措施。德国企业还可通过区域性和国际性组织，如欧洲发展基金会、世界银行、区域发展银行等以招标方式在发展中国家获得融资服务。此外，德国政府提供对外直接投资担保，并与无约束贷款担保等形成混合担保，为本国企业"走出去"整合利用全球创新资源创造有利的国际投资环境。

日本政府通过官方金融机构，如日本国际协力银行、海外贸易开发协会、中小企业金融公库等，为境外投资企业提供长期低息贷款。

四、开展经济外交助力出口

从欧美国家的经验来看，企业参与国际分工合作，将产品、服务及技术等"卖出去"，看似商业行为，其背后更是一场商业与政治的"联姻"。近年来，欧美国家元首、外交官员在重大外交场合，纷纷担当优势出口产品的"促销员"和"咨询员"，高层外交促成的"贸易大单"金额超过数百亿美元，涉及航空、船舶、医疗设备等多个重大技术装备领域。以"飞机外交"为例，2006年10月，时任法国总统希拉克访问中国，在中法两国领导人的推动和见证下，中方签署了从空客订购150架A320系列飞机的框架协议和订购20架A350宽体飞机的意向书，总价值超过100亿美元，这不仅是空客进入中国市场20年来获得的最大一笔飞机订单，也是当时中国民航史上签署的最大一笔飞机订单。这次外交访问还达成了另一项重要的合作协议，空客与中国相关方签署了在天津共建 A320 系列飞机总装生产线的协议，这是当时空客在欧洲以外的第一条生产线，希拉克称之为中欧的"战略联姻"，而他本人也因此获得了空客"超级推销员"的称号。

五、引领国际标准制定

推动本国标准上升为国际标准，占据产业竞争制高点是发达国家保持国际分工合作竞争优势的重要手段。欧美国家在政府层面高度重视标准的制定、转化与推广，标准化整体水平处于世界领先地位。以欧盟标准化工作开展最好的德国和法国为例，德国是世界工业标准化的发源地，约有 2/3 的国际机械制造标准来自"德国标准化学会（DIN）标准"。德国标准化学会包括一系列专业委员会，如机械制造标准委员会（NAM）、机床标准委员会（NWM）、电工委员会（DKE）、技术监督协会（TÜV）等。目前，德国和法国共计承担了国际标准化组织（ISO）和国际电工委员会（IEC）80 多个标准化技术委员会与 270 多个分技术委员会、550 多个工作组的工作。德国和法国每年参与制定的国际标准占到当年新制定国际标准总量的 40% 左右，每年参与制定的欧盟标准占到当年新制定欧盟标准总数的 42%。由欧盟国家承担的 ISO 和 IEC 的秘书工作分别占 68% 与 56%。

专栏7-1

日本标准突破欧美重围，实现弯道超车

日本作为后发国家，面对欧洲标准在国际市场上的巨大影响力，在标准国际化方面突破重围，实现弯道超车。以日本轨道交通行业为例，日本铁道综合技术研究所（RTRI）于 2010 年成立铁道国际标准中心，由此正式迈出了铁路技术标准国际化的步伐。

主要经验做法包括：（1）构建以政府为核心的技术标准国际化体系，政府、企业、协会、院校、专业机构职责分工明确，协同推进。（2）在国际标准化组织里担任要职，增强话语权，减少国际标准为日本带来的不利影响。（3）政府力推优势技术进入国际标准。日本在注重与欧洲标准接轨的同时，也十分注重力推优势技术进入国际标准。例如，依托具有雄厚技术实力的铁路机车车辆制造企业，从标准的研发和审议阶段就及早介入和干预，避免日本技术受到排斥。为了考虑与自身技术标准的兼容性和安全性，日本还力求使国际标准能够贴近本国实际。（4）缩短日本企业标准上升至国际标准的时间。为了抓住有利时机，日本政府出台了龙头企业标准"快速审议"制度，周期由原来的2~3年，缩减至2~3个月，并对企业给予专项经费支持。

六、重视专业人才培养

欧美国家政府高度重视高端技术人才培养，特别是先进制造业领域的职业教育发展。2018年美国科技委员会发布《先进制造业领导战略》，将吸引和发展未来的制造业劳动力提上议程，优先发展STEM[①]教育。美国先进制造业的雇员需接受面向高端制造业的STEM教育，联邦政府为工人提供先进技能培训，并设立奖励金。2022年10月，在白宫发布的《国家先进制造业战略》（NSAM）中，"壮大先进制造业劳动力队伍"是三大战略目标之一，计划通过与技术创新同步的培训系统培训提升工人的技能，通过加强跨机构的联邦政策协调及地方的政策导向，最大限度地增加制造业劳动力。德国制定了完善的法律体系来保障职业教育的发展，大量高技能人才培养归功于享誉世界的"双元制"职业教育制度，即由企业和学校联合培养

---

① 即 Science, Technology, Engineering and Mathematics。

技能人才。二战以后，日本政府就认识到高技能人才培养对恢复日本经济的重要性，通过一系列的立法和经济扶持来推动高技能人才的培养。政府立法规定了企业对其员工进行职业培训的义务和责任，对提供职业培训或深入参与职业教育的企业给予资金补助、税收和信贷方面的优惠。

七、提供全方位信息技术服务

欧美国家不仅通过官方途径为企业提供大量信息咨询服务，还与民间商协会组织相互配合、相互补充，为企业参与国际分工合作构建了全方位的信息服务网络。例如，美国政府通过创办全国性对外投资咨询中心、成立协调各机构合作网络的倡导中心、建立美国对外直接投资企业的数据库等方式，辅助企业进行投资机会与可行性分析，为本国企业提供诸如准备法律文书、改进技术以适应东道国的特殊要求等方面的技术援助。通过在驻外使馆设立经济商业情报中心，为国内企业扩展海外市场提供新闻通讯、专题报道等信息支持；帮助企业进行海外直接投资经验的分享与交流，提供投资咨询服务。

德国政府与以德国工商大会为代表的民间商协会分工协作。德国工商大会依法代表着德国企业利益（强制缴纳会费），在全球 90 多个国家设有 130 多个海外商会及代表处，此外还有德国各行业协会、德国中心以及地方政府。德国官方机构和民间商协会组织相互配合，相互补充，构建了全方位的信息服务网络，为企业"走出去"参与国际分工合作提供的服务范围包括驻在国市场及产品分析、商务咨询、公司研究、展览代理、项目咨询及跟踪、法律和关税咨询等。

第二节　企业层面

一、注重核心资源的整合

美国、德国、日本、韩国企业开展海外并购时，在尽职调查阶段就借力外部资源，聘用经验丰富的大型投行协助对目标方进行充分分析与客观判断，以便匹配科学的并购策略。例如，美国的通用电气公司、德国戴姆勒公司都将技术并购作为创新战略的核心组成部分，通过配备专业顾问团队，搜寻新兴技术的目标企业，把握整合策略，实现协同创新。部分大型跨国公司成立相对独立的部门，专门负责识别、整合海外创新资源。例如，西门子成立独立投资部门"next 47"，在全球范围内设立办事处，专门负责在全球范围内投资高科技企业。

二、整合促进技术创新

获取创新资源是欧美企业"走出去"参与国际分工合作的重要原动力。例如，美国和德国的企业拥有广阔的信息渠道与丰富的信息资源，注重整合、利用企业网络和海外研发分支机构进行情报反馈，以及在海外并购中双方的技术互补融合，从而汇聚全球前沿技术，实现进一步创新，奠定在全球行业领域的龙头地位。

三、大中小企业紧密合作，推动产业链"走出去"

欧美国家行业内龙头企业"出海"往往会带着提供配套服务的中小企业一同出去，位于产业链不同位置的大中小企业长期合作，形成了"利益共同体"，推动产业链"走出去"。例如，德国与日本拥有大量中小型隐形冠军企业，主要集中在制造业，以家族企业为主要形态，普遍拥有数十年甚至上百年历史，在细分市场领域占据全球大部分市场份额，在经营中十分重视研发费用投入，以持续保持行业领先地位。供应链上各类企业在龙头大企业的扶持下各司其职，大型企业拥有强大的品牌效应和全球市场开拓能力，同时形成了自己的标准和体系，这既为供应链上的中小企业创造订单，也对其生产经营进行规范和指导。大中小企业紧密合作，共同开拓海外市场。

四、实施本土化经营策略

欧美跨国公司巨头能够成功拓展国际市场，秘诀之一是与东道国合作伙伴之间的通力合作以及分享先进的技术，积极开展本土化经营，根据目标国的需求定制服务。以法国阿尔斯通为例，在进入中国市场时，把全球领先的轨道交通装备技术转让到与中国企业共同成立的合资公司，并且大力扶持其在中国进行新产品的技术研发。同时，提高原材料、零部件在当地的采购比例，从而提高国产化率水平，降低生产成本和产品价格，拓展本地营销渠道，从而提高市场占有率，增强综合竞争实力，并快速适应中国的产业环境和发展要求，提供定制服务。此外，利用母公司在业界声誉与全球销售网络，合资公司将低成本、高质量的产品从中国出口到海外市场。

第八章　中央企业参与国际分工合作的总体思路*

从中央企业参与国际分工合作面临的国内外形势和所处的历史方位出发，结合中央企业在全球产业链供应链当中的现有发展基础、优势和不足，提出中央企业参与国际分工合作的指导思想和基本原则。

第一节　指导思想

坚持以习近平新时代中国特色社会主义思想为指导，全面贯彻落实党的二十大精神和党的二十届二中全会精神，完整、准确、全面贯彻新发展理念，以高质量共建"一带一路"为统领，统筹国内国际两个大局，深度参与全球产业链供应链分工和合作。强化中央企业国际化经营能力，以科技、效率、人才和品牌为抓手，持续融入发达国家主导的高端产业链供应链；强化全球价值链掌控力，逐步成为"全球南方"国家产业链供应链发展的引领者。增强主动运用、积极引领塑造国际规则的能力，不断向全球产业链价值链中高端迈进。高效探索合作新领域、合作新方式，提高合作精准度、稳定性和多元化；支持国内战略储备保障优化，维护油气管道等跨国通道安全，扩大海外优质资源权益。

---

* 本章作者为武芳（第一节）和张爽（第二节）。

完善面向全球的生产服务网络，带动中国产品、技术、标准及服务的输出推广，促进资金、资源、技术、人才等优质要素加速回流。切实维护与现代化建设相适应的产业链供应链安全，加快发展新质生产力，在关系国家安全的领域和节点构建自主可控、安全可靠的国内生产供应体系，不断提高我国产业链供应链稳定性和竞争力。更好地发挥中央企业"科技创新、产业控制和安全支撑"作用，为建设现代化产业体系、构建新发展格局发挥更大作用，为全面建设社会主义现代化国家作出更大贡献。

第二节 基本原则

一、坚持市场原则、企业主体，稳步提升中央企业国际分工合作能力

一是要充分尊重市场经济规律，坚持市场化导向。社会主义市场经济体制是中国特色社会主义的重大理论和实践创新，是社会主义基本经济制度的重要组成部分。要在社会主义市场经济体制改革方向的指引下，以市场化的方式优化国有经济布局和结构调整，增强中央企业的创新力、竞争力、控制力、影响力和抗风险能力。

二是要始终坚持中央企业的市场主体地位，发挥企业自身的主观能动性和创造性。企业是产业链供应链的微观主体，要充分发挥国资中央企业的带动作用，重点掌控产业链供应链中战略意义强、技术含量高的关键环节，引导产业链供应链重点企业制订供应链风险预警和应对方案，提升其节点支撑能力。构建龙头企业或关键环节主导企业牵头，联合产业链上下游企业、横向同类企业，以协同提高产业创新能力、供应链畅通能力、市场拓展能力等为目标的新型产业组织形态。

二、坚持底线思维、确保安全，稳步推进自主可控的国际产业安全合作

从保障我国产业安全和国家安全的角度出发，深入分析和准确把握外部环境的深刻变化与我国改革发展稳定面临的新情况新问题新挑战，在积极参与国际产业分工合作的同时，增强忧患意识，提高防控能力，防范化解重大风险隐患，守住不发生系统性风险的底线，着力打造自主可靠、安全可控、优质高效的产业链供应链体系。

一方面，要进一步提升传统优势产业在全球产业链分工中的地位和竞争力，维护好现有国际产业格局；另一方面，要着力补强产业链供应链的薄弱环节，找准关键核心技术和零部件短板，集中优势资源合力攻关，力争在部分产业链成为"链长"，在"非链长"行业控制好关键环节，确保我国产业链供应链安全稳定运行，产业体系自主可控、安全可靠，国民经济循环畅通。

三、服务新发展格局，以开放安全的全球合作更好地服务国内经济社会发展大局

坚决服务党和国家事业发展大局，完整、准确、全面贯彻新发展理念，明确新形势下中央企业的发展优势和约束条件，自觉追求从党和国家事业全局找定位、抓落实、谋发展，找准中央企业在国内大循环和国内国际双循环中的位置与比较优势，切实肩负起中央企业在经济、政治和社会等方面的责任，在加快科技自立自强、培育完善内需体系、维护好现有国际产业分工格局的同时，勇担推动我国产业链供应链优化升级、推进高水平对外开放等重任，当好构建新发展格局的主力军，充分利用共建"一带一路"倡议、区域全面经济伙伴关系协定等重大开放合作机制，以开放破围堵、促安全，着力提升中央企业在全球产业链供应链中的引领能力、控制能力，在更高开放水平上动态维护国家经济安全，牢牢把握开放和安全的主动权，以高质量发展全面推进中国式现代化，服务双循环新发展格局。

第九章　面向政府部门的建议[*]

为支持中央企业积极参与全球产业链供应链重构，我国政府部门应强化顶层设计，加强多双边政府间合作，提升公共服务水平，并通过大力推动专业机构和中介组织"走出去"，为中央企业参与国际分工合作打造良好的内外部环境。

第一节　强化顶层设计

一、加强统筹规划

指导中央企业有选择、有重点、有计划、有步骤地开展跨境产业链的合理有序布局。在周边地区，引导对我国友好国家开展投资，努力形成"以我为主"的区域产业链供应链体系；在2023年6月第七轮中德政府磋商达成多项双边合作协议的基础上，稳步推动与欧洲发达国家高端产业链联系；把握好北美自贸区、拉美国家市场机遇，间接实现与美"挂钩"。

二、加强对中央企业对外投资的分析监测和全生命周期管理

完善对中央企业海外投资的数据监测，全面掌握中央企业投资障碍和海外利益情况，做好境外安全风险研判和预警工作，建立投资、安全、环境等方面的常态化风险监管机制。一旦发现趋势性、苗头性问题，及时给

---

[*] 本章作者为武芳、张哲。

出风险提示，保障国有资产保值增值。

三、优化中央企业经营指标体系和业绩考核体系

增加企业在资源能源储量、可持续发展、产业链供应链控制力、供应商多元化、带动国内产业链升级等方面的考核指标和内容。引导中央企业特别是能源类企业开展长周期投资，以永续经营、可持续经营为目标，稳步提升资源储量。考核机制还应体现一定包容性，对于项目失败的原因，准确识别是正常经营风险还是投机导致的风险，并分别加以处置。

第二节 加强政府间合作

一、积极参与多边合作机制

坚定维护以世界贸易组织为核心、以规则为基础的多边贸易体制。积极参与世界贸易组织改革，加大对电子商务、国内规制等议题的谈判力度，积极参与知识产权、国有企业、产能合作等问题的磋商探讨。着力推动将《投资便利化协定》纳入世界贸易组织法律框架，维护境外中资企业的投资利益。维护以联合国为核心的国际体系，提升贸易投资、发展合作等领域合作水平。充分发挥二十国集团、亚太经济合作组织、金砖国家等经济治理平台作用，完善上海合作组织元首峰会、总理会晤、经贸部长会议等机制，争取在中央企业优势领域的贸易投资政策协调与合作方面实现突破。

二、深化双边政府间合作

加快与"一带一路"共建国家及其他重点国家在电力、轨道交通、能源、石油化工、船舶等中央企业的优势领域签署备忘录和合作协议，帮助对方国家完善基础设施建设、绿色低碳发展、互联互通建设、制造业发展等领域的中长期规划、资源勘查评估、产业政策咨询、环境风险评估等，

为中央企业参与全球合作拓展空间。在市场准入壁垒较为严苛，且中央企业不具备先发优势的领域，如航空领域，适时采取市场换市场策略，稳步拓展对外航权开放的范围并加大力度，积极扩大第五航权开放，试点推广第七航权开放，以天空开放争取飞机出口订单，降低国际适航取证难度。

推进双边政府间投资合作协调机制建设，与重点国家建立交流平台。充分发挥双边经贸联（混）委会、贸易投资合作工作组机制等政府间机制作用，与重点国家在优化营商环境、标准互认、服务贸易、劳务合作等方面建立长效稳定的沟通协调机制。对双方关注的投资合作项目做出机制性安排，明确项目确定方式、招投标、项目融资、人员流动及相关设备进出口等环节的流程和要求，推动对方政府将重大项目中的优惠与支持政策以法律形式固定下来，避免因政府变动导致政策变动和投资合作受阻。

三、升级和完善多双边协定

推动自由贸易协定、双边投资保护协定、避免双重征税协定等的签署和更新。积极参考最新的国际投资规则和成果，在更高水平上完善与重点国家的投资保护协定，提升我国国际投资规则引领能力。推动签署范围更广、层次更高的多双边自由贸易协定，不断优化重要国家（地区）投资准入环境。继续修订和签订更多避免双重征税协定，重点考虑制定双向税收减让制度。

四、积极对接高标准国际经贸规则

例如，在加入 CPTPP 的磋商过程中，力争在非商业援助的标准认定、过渡期、透明度要求、特定产业等方面提出切实可行的方案和应对措施，为国有企业转型和治理改善提供更为充足的缓冲时间。同时，努力规范国有企业补贴管理，提高国有企业信息披露透明度，提升企业在参与全球产业链供应链分工合作中的信誉度。

第三节　提升公共服务水平

一、完善公共信息服务平台

充分发挥政府公共服务功能，依托"走出去"公共服务平台、各省级投资促进公共服务平台、企业平台、专业平台等各类信息平台优势，整合国际贸易投资机遇和风险等各类有效信息，帮助包括中央企业在内的各类企业解决参与国际分工合作面临的政策、法律、文化等方面的困难。积极整合完善全球产业链供应链的信息化平台，集成全球市场动态、贸易投资数据、政策变化和合作机会等关键信息，为中央企业提供实时、全方位的数据、信息支持。建立全球市场应急响应机制，将中央企业纳入机制成员单位，监控全球产业链供应链重大事件，并及时通知相关企业，防范化解潜在风险，保障企业海内外业务稳定运行。

二、扩展公共信息服务渠道

全面整合各方信息资源，完善信息共享机制，构筑由政府、企业、专业团体联合组成的信息收集、研究、咨询网络。成立由智库、行业专家组成的顾问团队，为中央企业参与全球产业链供应链分工合作提供定制化咨询服务，包括但不限于市场分析、政策解读和战略规划等。鼓励中央企业与智库、高校等教育机构合作，面向中央企业员工开发专业培训课程，帮助企业员工提升国际化经营能力。

三、多种形式加强舆论宣传

鼓励各方积极探索，总结、提炼、宣传中央企业参与国际分工合作的优秀经验和成熟做法。鼓励企业定期总结并分享案例，由研究机构与行业协会编制成优秀案例集、故事集，评选企业国际化经营的最佳实践样板。推动搭建优秀案例推广平台，为企业的海外战略布局提供启发与支持。支持智库、行业协会等社会组织定期召开主题论坛，高水平搭建国际化交流平台，推动国内外领先企业与专家共同探讨相关成果案例及未来趋势等。

注重发挥境外智库、媒体作用，加强国际合作，强调互学互鉴、互利共赢、共同发展。淡化中国标签，建立国际化媒体平台，推动各国媒体合作，通过引入第三方平台等方式开展相关报道，破除西方媒体的歪曲解读。同时，主动回应存在的问题，敢于主动、率先发布消息，恰当把握时机，并针对问题做出客观解读。

第四节 推动中介组织"走出去"

一、鼓励行业协会加强与国际组织合作

鼓励相关行业协会、产业联盟大力加强与国际组织的合作，研究国际组织的热点问题，与各专业领域学术权威和技术专家开展密切互动，开展多种形式的学术和人员交流，建立高水平的合作关系。深化绿色低碳、数字治理、南南合作等重要前沿议题的国际合作，为中央企业获取国际行业动态、利用全球创新资源搭建平台、畅通渠道，推动构建开放、安全的国际合作环境。

二、支持行业协会加强海外服务

支持行业协会通过制定行业标准、促进价格协调、调整行业投资等方式，引导中央企业理性开展对外贸易和投资合作，规范企业经营行为。强化境外中资企业商（协）会在会员资质认定、信用评价和纠纷解决等方面的职能，建立黑名单制度，有效避免恶性竞争，切实维护中央企业的合法权益。支持境外中资企业商（协）会为中国企业展示公众形象提供机会，树立起一批能够代表中国形象和中央企业担当的正面典型，维护中资企业整体形象。

鼓励相关行业协会建立全球行业信息定期发布制度和行业预警制度，研究收集国际市场需求信息、国际标准和相关境外标准及相关产品的认证流程，为中央企业"走出去"参与国际分工合作，提供市场引导、商务培训等服务性工作。

支持境外中资企业商（协）会建立公共外交协调和调解机制，维护包括中央企业在内的境外中资企业合法权益。鼓励境外中资企业商（协）会借鉴中国美国商会、中国欧盟商会、中国日本商会等在华活跃商会的成熟经验。一方面，协助当地中资企业开展商业签证办理、平台搭建和信息沟通活动；另一方面，在具备条件的国家（地区）适时设立重点产业专题论坛或专业委员会，提供专业服务，并与中国及东道国双方政府有关部门积极合作，商议解决中资企业在营商环境、投资政策等方面遇到的困难，提出诉求和建议。

三、引导专业服务机构参与境外项目

顺应中央企业参与国际分工合作的需要，积极引导和推动国内有条件、有实力的会计、税务、法律、评估等专业服务机构加快"走出去"步伐，通过多种方式参与对外设计咨询项目，联合开拓境外市场，为包括中央企业在内的中资企业提供切实有效的经济信息、市场预测、技术指导、金融服务等，提升企业参与国际分工合作的质量和效益。

鼓励对外设计咨询企业开展国际化经营，积极参与境外勘察、规划、咨询、设计、造价、监理、项目管理和运营维护等设计咨询项目，加快与国际接轨，不断提升国际竞争力，发挥全过程咨询对中国技术和标准"走出去"的引领作用。

鼓励境外中资专业服务机构与所在国开展生产性服务业相关准则的等效互认。通过资质互认、探索资质自动化认证等方式，提升专业人员跨境服务的便利化水平，解决包括中央企业在内的中资企业参与国际分工合作过程中在咨询设计、财务、法律等衔接方面的困难。

第五节　优化财政金融支持

一、开展精准支持

一是研究设立专项资金，用于支持中央企业"卡脖子"技术突破、国际化人才培养以及中介组织"走出去"等。支持中央企业开展产业链供应链重点环节的中间品贸易，鼓励通过境外新型加工贸易、境外经贸合作区等创新方式，进一步强化产业链供应链联系，服务高质量共建"一带一路"。

二是鼓励政策性银行、商业银行等金融机构进一步创新优化与国际业务相关的金融产品，如多币种结算、跨境融资、对外投资保险等，降低企业国际化财务风险。研究设立创新基金，为中央企业创新型国际项目提供资金支持，推动企业技术创新。

二、优化供应链融资

一是鼓励金融机构创新供应链金融服务。鼓励金融机构根据中央企业参与国际产业链供应链分工合作的实际需求，为其量身定制融资解决方案，包括订单贷款、库存融资、应收账款融资等多种方式，满足中央企业不同发展阶段的资金需求。鼓励金融机构运用区块链、大数据、人工智能等先进技术，提升供应链融资结算自动化、智能化水平，降低操作成本和风险。推动金融机构发展供应链金融业务，为中央企业提供基于供应链的融资、结算、风险管理等一站式金融服务。

二是改善配套型中小企业融资环境。鼓励金融机构加大对与中央企业有紧密合作的中小企业的信贷支持力度，简化审批流程，提高审批效率，降低融资成本。研究出台相关政策，支持中小企业通过参与中央企业的全球供应链网络，提升自身技术和管理水平，增强产业链供应链整体国际竞争力。

三、推广绿色金融

一是构建绿色金融支持体系。政府可设立专门用于支持绿色金融发展的基金,为包括中央企业在内的各类市场主体提供低成本的绿色融资支持,降低企业绿色转型成本。对参与绿色金融项目的企业,可给予一定的税收优惠,如减免绿色债券利息所得税、绿色贷款利息税前扣除等,激励企业积极参与绿色金融项目。

二是加强绿色金融产品和服务创新。鼓励金融机构创新绿色金融产品和服务,如绿色债券、绿色基金、绿色保险等,满足包括中央企业在内的各类市场主体在绿色转型过程中的多样化融资需求。金融机构可根据企业参与国际分工合作的实际需求,提供定制化的绿色金融服务,如绿色供应链金融、绿色并购融资等,支持企业绿色转型。

第十章　面向中央企业的建议*

为了进一步提升中央企业参与全球产业链供应链分工合作的深度和广度，推动实现更高质量、更可持续的发展，中央企业应巩固既有基础、明确重点发展领域、布局重点区域、充分利用外部资源、抓住绿色化数字化发展趋势，从而更好地适应国际市场环境变化，优化资源配置，提升国际竞争力，在全球产业链供应链格局中迈向新高度。

第一节　巩固既有基础，夯实分工合作能力

一、巩固现有产业链供应链优势

中央企业应深入分析现有产业链供应链，精准识别并强化具有比较优势的关键环节，提升这些关键环节的自主控制水平，确保在全球产业链供应链中具备较强竞争力。进一步优化现有供应商网络，加强与核心供应商的合作关系，通过长期合作、共同研发等方式，确保关键材料的稳定供应。积极探索多元化供应商策略，降低对单一供应商的依赖，提高供应链韧性。继续加大技术研发投入力度，推动新技术、新工艺和新产品的研发应用，通过技术创新提升中央企业核心竞争力，进一步巩固在全球产业链供应链中的领先地位。

---

* 本章作者为张哲、武芳。

二、强化产业链供应链引领作用

发挥中央企业"链主"作用，通过构建"有为"供应链（为供应商制定严格的标准、规范的技术参数、丰富的应用场景并与供应商保持深度、密切合作，实现对本土供应链的培养和控制）、"智能"供应链（汇聚产业信息、金融资讯和商业情报，并具备相应数据和信息分析能力的供应链系统，在突发情况下，能够排查对于全球供应链的潜在风险并及时生成应对供应链风险的行动预案）、"集成"供应链（带动国内上下游配套企业联合"出海"，加强金融、咨询、法律、物流、商贸等信息服务共同"走出去"）等方式，提升"以我为主"的产业链供应链的国际竞争力。

三、提高内部管理水平

中央企业在参与全球产业链供应链分工合作过程中，应积极探索引入先进管理方法和工具，如大数据分析、人工智能（AI）和云计算等，实施精细化管理，降低运营成本，提高运营效率。要注重加强员工培训，除提升员工在产业链供应链等领域的专业能力外，还要加强培养员工国际视野和跨文化沟通能力。还应优化内部管理结构，建立跨部门协作机制，打破部门壁垒，实现信息共享与资源整合，提高整个企业的协同执行能力。

四、加大资源投入力度

鼓励中央企业设立专项创新基金，支持企业内部具有市场潜力与技术突破的创新型项目。鼓励中央企业与产业链供应链上下游合作伙伴、高校、科研机构等的创新性合作，共同推进技术创新。在产业链供应链的关键环节和关键技术上，中央企业应继续加大资源投入力度，确保这些领域的研发、生产能力达到或超过国际先进水平。

第二节　明确重点领域，提升分工合作水平

一、明确产业链供应链关键环节

中央企业应深入分析全球产业链供应链发展趋势，关注对企业发展至关重要的关键技术、设备、原材料等环节。在识别长板和短板的基础上，聚焦具有战略意义和竞争优势的关键环节，集中力量进行突破。同时，结合国家发展战略和国内外市场需求，制定针对性发展战略，确保在全球产业链供应链中占据有利地位。

二、加强全球合作伙伴关系

为加强与全球合作伙伴的关系，中央企业应与全球关键技术提供商、设备制造商、材料供应商及服务提供商建立长期合作机制，共同分享行业信息，实现资源共享与优势互补。中央企业还可以考虑与全球合作伙伴开展联合研发计划，共同投入研发资源，推动技术创新，促进产业升级，加速成果转化，提高合作各方在行业中的竞争力。

三、把战略性新兴产业和未来产业摆在突出位置

在新能源汽车、新材料、高端装备、信息技术、生物医药等战略性新兴产业加大投资力度，在类脑智能、量子信息、可控核聚变增强等领域提前布局，加强对产业链供应链关键核心技术的控制力。加强在能源开发、原材料供应等领域的全球合作，提高资源控制能力，保障产业链供应链资源稳定供给。在海外仓储物流、轨道交通等基础设施领域深化合作，提升全球产业链供应链整体效率。

第三节　布局重点区域，分类施策开展合作

一、识别和确定重点区域

妥善应对美西方对我国战略围堵，综合考虑中央企业国际化经营目的国及所在区域与我国友好关系、政治形势、宏观经济、营商环境、产业发展水平及潜力等因素，重点关注快速崛起的新兴市场和技术创新中心，以及未来可能成为生产和物流枢纽的区域，本着因国施策、精准施策的原则，确定重点区域和国别，以点建线、以线带面，逐步构建起适应新发展格局的多元化布局。

二、在不同市场分类施策

根据不同区域的市场特点和需求，采取定制化发展策略。在技术研发合作方面，要与发达国家高科技企业建立合作关系，共同推进技术创新和研发。在技术领先区域建立研发中心，提升自身技术水平和创新能力。在生产制造合作方面，要与发展中国家制造业企业合作，提高生产效率和产品质量。在制造业配套较为完整的区域布局生产基地，降低生产成本，提升供应链效率。在资源开采合作方面，要与资源富裕国家企业合作，确保关键原材料稳定供应。加大对资源开采领域的投资力度，加强对产业链供应链关键资源的控制和利用。

三、重点布局"一带一路"共建国家

中央企业应发挥全球产业链供应链优势，积极参与"一带一路"共建国家基础设施建设，推动区域基础设施互联互通。在共建国家建立产业链供应链节点，如通过设立境外园区方式推动产业"走出去"，同时带动资源"引回来"，保障国内供应链稳定。在合作中引入国内先进技术标准和管理经验，带动中国标准"走出去"。

四、构建网络化协同体系

在重点区域完善产业链供应链体系布局,引入上中下游合作伙伴,打造区域产业生态圈。发挥不同区域产业链供应链独特优势,推动资源跨区域流动,实现产业链供应链有机结合。利用第三方市场合作模式,与其他发达国家领军企业共同进入第三方市场,实现优势互补。还应积极寻求与各方利益的契合点,形成互利共赢的合作模式,推动全球产业链供应链分工合作的融合发展。

第四节 利用外部资源,创新分工合作方式

一、加强与科研机构、高等院校、头部民营企业和创新型民营企业合作

中央企业作为"链主"企业,应发挥引领支撑作用,主动提供产业链供应链公共产品,建设共性技术创新平台。应将民营企业特别是"专精特新"企业融入中央企业全球产业链供应链体系,发挥民营企业灵活性优势,通过与民营企业开展"技术合作+股权投资"等创新方式,有效整合创新资源,提升产业链控制力。

二、积极参与、主导国际标准制定

积极加入国际标准化组织(ISO)、国际电工委员会(IEC)等国际标准制定机构,参与相关领域的国际标准制定。通过提出创新性标准提案,并参与标准草案的讨论和修订,确保新标准能够反映中央企业的技术优势和市场需求。与行业领军企业合作,共同制定行业内技术、质量标准,并通过国际分工合作,推动相关标准的全球应用。

三、加强跨领域合作

除传统合作方式外,中央企业应进一步拓宽视野,规划跨领域合作,

积极寻求与互联网、大数据、人工智能等新兴行业企业的合作，共同完成国际合作项目。构建以中央企业为核心的产供链生态系统，整合来自不同行业和领域的企业，形成更加紧密和高效的合作关系，发挥各自比较优势，各方协同工作，共同开拓市场，推动产供链全球化布局。

第五节　顺应发展趋势，加快绿色数字转型

一、推动全球产业链供应链绿色化转型

一是加强绿色环保技术的应用。加大对节能减排、循环利用等环保技术的研发投入力度，同时对现有高耗能、高排放生产环节进行技术改造，降低产业链供应链对生态环境的影响。二是完善ESG体系建设。定期发布环境、社会和公司治理（ESG）专项报告与财务报告。将ESG融入产业链供应链各环节，确保各环节符合可持续发展的标准要求。三是建立绿色供应链。制定严格绿色采购标准，评估供应商环境绩效，要求供应链各环节遵守各地环保法规。发挥对上下游企业的带动作用，主动实施减碳排放措施，推动供应商、合作企业共同履行环保责任，共同构建绿色供应链。

二、推动全球产业链供应链数字化转型

一是提升数字化能力，加强与数字技术公司合作，共同开发适合自身发展需要的数字技术、平台和服务，提升中央企业信息化、智能化水平，实现项目全流程管理、溯源追踪、供应链协作等，降低运营成本、提升生产效率。二是应用数字化工具，打造智慧化全球产业链供应链管理体系。一方面，积极利用全球产业链供应链信息化平台，实现项目数据采集、传输和应用的全生命周期管理，提升企业经营管理智能化水平。另一方面，要积极利用大数据、人工智能、区块链等前沿信息技术，赋能产业链供应链关键环节，实现智能化升级。

领域篇

第十一章　能源资源领域[*]

能源资源行业在一国社会生产体系中处于前端位置，是各类中间产品和最终产品关键的物质基础。保障能源和关键矿产供应安全直接决定着我国经济发展的底色、韧性和成色，是经济社会发展的基础和动力源泉。

当前，能源资源领域中央企业在全球产业链供应链分工合作中总体上处于优势地位。中央企业作为该领域的支柱性企业，近年来在全球产业链供应链分工合作中能力不断提升，在海外具备了数量可观、品质较优的权益产量，为保障国内能源资源供给发挥了积极作用。但与西方跨国公司相比，中央企业体量大、盈利弱、国际化程度不高，上游勘探和下游运输环节发展相对不足，开发技术存有弱项。从发展形势看，全球能源资源格局持续调整，供需情况发生深刻变化，技术创新和绿色发展成为主导行业变革的重要力量，中国能源资源行业发展仍面临较大压力。

对此，我们建议：要统筹好政府和企业的力量、借鉴全球化发展经验，中央企业要发挥好保障国家安全的"主力军"作用。在政府层面，出台海外能源资源勘探开发中长期规划，谋划重点区域、重点能源资源品种；优化中央企业考核机制，引导中央企业开展长周期投资，以永续经营、可持续经营为目标，稳步提升资源储量；加大"走出去"支持力度，考虑重启海外资源勘探开发资金，安排懂资源的外交官。在中央企业层面，加快开拓海外资源，稳步推动绿色转型，坚持创新驱动，构建富有韧

---

[*] 本章作者为庞超然，专栏 11-1 作者为郭语。

性、坚强可靠的能源资源供应链，筑牢能源资源安全保障根基。

第一节　中央企业参与国际分工合作的现状

能源资源是经济社会发展的基础和动力源泉，对国家繁荣发展、人民生活改善和社会长治久安等都有重要的意义。从能源资源产业链供应链发展的自身情况看，行业规模大、环节链条长、覆盖领域广、带动效应强，是国民经济的重要支柱之一。受资源的有限性、地域的集中性以及资本的密集性等因素的影响，全球能源资源领域龙头企业具有自然垄断的特点，资本投资支出规模大、全球化经营程度高、技术水平较为领先、产业链供应链垂直整合程度大、产品政治属性与金融属性较强。

我国能源资源领域中央企业作为国民经济支柱性企业，通过吸收国际先进技术、积极"走出去"等方式，参与了全球能源资源产业链供应链分工合作，取得了一系列积极的成效。特别是在近年来全球经济绿色转型的阶段，新能源领域已经成为中国企业构建全球产业链供应链分工合作新格局的重要突破口。但同时也要认识到，未来一段时期，传统能源保供和新能源发展仍面临较大压力，仍需要稳妥应对能源资源消费需求的刚性增长，必须加快构建富有韧性、坚固可靠的能源资源供应链，筑牢能源资源安全保障根基。

一、能源资源领域产业链供应链基本情况

能源资源产业链供应链是一个庞大而复杂的系统。从能源分类来看，既有煤炭、原油、天然气等传统化石能源，也包括太阳能、风能、水能、海洋能、地热能、生物质能等清洁能源（非化石能源）。目前，学术界尚未对能源资源产业链供应链形成统一定义，但大多数研究普遍认为产业链供应链由上游供应商、中游生产部门以及下游消费和销售部门构成。能源资源领域产业链供应链主要环节及具体内容见表11-1。

第十一章 能源资源领域

表11-1 能源资源领域产业链供应链主要环节及具体内容

主要环节	具体内容
能源资源勘探和发现	产业链供应链的起始点是资源的勘探和发现。这包括对石油、天然气、煤炭、矿产等能源资源的地质勘探。勘探和发现的结果将决定后续的开采活动
能源资源开采	在勘探之后，资源进入开采阶段。这包括石油和天然气的钻探、煤炭的开采、矿石的提取等。这一阶段通常需要大规模的设备和资金投入
能源资源加工和生产	采集到的原始能源资源需要经过加工和生产过程，变成可用的能源形式。这包括炼油、天然气处理、矿物加工、发电等
能源资源储运	加工后的能源需要通过管道、船舶、铁路或卡车等运输工具进行储运。这一环节包括原油和天然气的输送、煤炭及其他矿产的运输等
能源资源分销	以能源为例，进入市场后，需要进行分销。这包括将电力输送到城市和乡村、将燃气供应到家庭和企业，以及将燃料输送到加油站等
最终用户和消费	能源最终被用于满足工业、商业和家庭等各个领域的需求。这包括电力用于照明和电器、燃料用于交通和取暖等
能源技术和服务	产业链还涉及能源技术和服务的开发与提供。这包括可再生能源技术、能源效率改进、智能电网等领域的创新

资料来源：本书编写组整理。

传统的能源产业链供应主要包括资源开采、加工等环节。以原油化工产业链为例，该产业链从原油的勘探和开采开始，经过炼油和分馏等加工过程，得到各种石化产品，如石油化学原料、塑料、合成纤维等。这些产品在化工生产中发挥关键作用，进入下游行业，如塑料制品、化肥、涂料和医药品等。原油化工产业链还包括能源储运、化工产品分销和最终用户的消费，形成一个全面的生产、供应和消费网络。在这个链条中，石化公司、化肥厂、塑料生产商等各类企业都扮演着重要的角色，整个产业链的协调发展对于满足全球对化工产品的需求具有重要意义。

以光伏、风电为代表的新能源产业链增加了制造环节，体现了能源从资源密集型产业向制造、材料密集型产业转变的趋势。以光伏产业链为例，光伏产业链是一个涵盖广泛的系统，从太阳能硅材料的生产开始，通过硅片加工、电池组装和光伏模块制造等环节，最终形成太阳能发电系统。太阳能硅材料的制备通常包括对硅原料的提炼和纯化，而硅片加工则涉及对硅块的切割和抛光。电池组装环节包括对硅片的光伏电池化处理，而光伏模块制造阶段则将电池组装成最终的太阳能电池板。在整个产业链中，还包括太阳能逆变器、支架系统、电网连接器等周边设备的生产，以及工程设计、施工和运维等服务，光伏产业链供应链图谱见图11-1。从原材料提取到最终太阳能电力的发放，光伏产业链体现了一个清洁能源系统的完整生命周期，而其中多个环节的技术创新和产业协同对于提高光伏发电效率、降低成本具有关键性的作用。

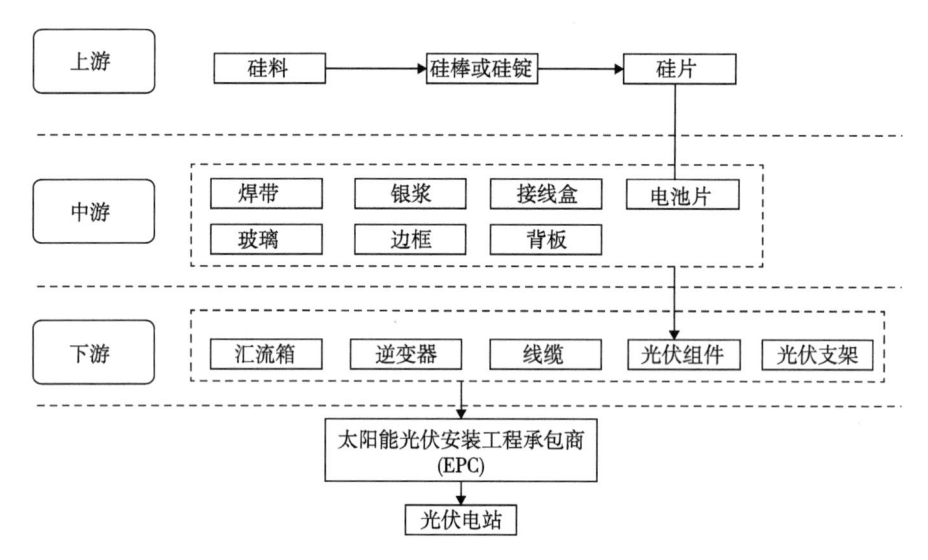

```
上游 ┌─────┐    ┌─────────┐    ┌─────┐
     │ 硅料 │───▶│硅棒或硅锭│───▶│ 硅片 │
     └─────┘    └─────────┘    └─────┘

中游   ┌────┐  ┌────┐  ┌────┐  ┌─────┐
       │焊带│  │银浆│  │接线盒│  │电池片│
       └────┘  └────┘  └────┘  └─────┘
       ┌────┐  ┌────┐  ┌────┐
       │玻璃│  │边框│  │背板│
       └────┘  └────┘  └────┘

下游   ┌─────┐ ┌─────┐ ┌────┐ ┌──────┐ ┌──────┐
       │汇流箱│ │逆变器│ │线缆│ │光伏组件│ │光伏支架│
       └─────┘ └─────┘ └────┘ └──────┘ └──────┘

            ┌──────────────────────┐
            │太阳能光伏安装工程承包商│
            │       (EPC)          │
            └──────────────────────┘
                       │
                   ┌───────┐
                   │光伏电站│
                   └───────┘
```

图11-1 光伏产业链供应链图谱

资料来源：本书编写组根据网络公开信息整理。

矿产产业链供应链基本情况与传统能源相似，主要包括上游采掘、中游加工和下游销售等环节。伴随着全球绿色转型加速，锂钴镍等新型能矿资源重要性提升，其作为电池的基本材料受到各国的高度关注。这也导致锂矿等资源产业链与电池等制成品产业链密切关联。以锂电池产业链为例，始于锂矿提取和加工，随后进入正负极材料制备、电池组装和电池包装等环节，最终形成电池应用于电动车辆、便携设备和储能系统等领域。锂矿提取包括从矿石中提取锂的步骤，正负极材料制备涉及对正极材料（如钴酸锂、磷酸铁锂等）和负极材料（如石墨、锂钛酸锂等）的制备与涂覆，电池组装环节包括将正负极材料与电解液封装成电池芯，最后进行电池包装形成最终产品。整个产业链中还包括电池管理系统、电池回收等附属产业，而不同环节的技术创新和效率提升对于锂电池的性能、寿命和成本有着关键影响。随着电动交通和可再生能源的推动，锂电池产业链在全球范围内逐步成为支撑清洁能源转型的核心组成部分。

二、能源资源领域国际分工合作的特征与规律

能源资源领域产业链供应链分工合作既包括其他领域和行业分工合作的一般规律，也有自身的特殊之处。一般性和特殊性的结合，形成了相对独立的产业链供应链分工合作理论。

（一）能源资源领域的行业特征

与其他行业相比，能源资源领域较为独特，主要表现在以下几个方面：

一是该领域具备自然垄断特征。一些关键的能源资源如石油、天然气等在特定地区集中分布，这导致少数大型企业在资源勘探、开采和生产领域占据主导地位，形成了相对封闭的市场结构，具有自然垄断的特征。

二是该领域和全球地缘政治形势强相关。能源资源产业链供应链可能涉及多个国家，企业需要处理国际市场、政治稳定性、贸易政策等因素，国际地缘政治的变化也可能对产业链供应链产生重大影响。

三是该领域投入和发展具有长周期与高风险特点。能源资源行业的投资通常需要巨额的资本和长周期，例如，油田的勘探、开发和生产可能需要几年甚至十年以上。这种长周期和高风险特点使得供应链合作和投资决策更加复杂。

四是该领域容易受到政府干预和监管。在这一领域，市场和政府的联

系紧密、界限模糊，能源资源政治化的倾向在近几年进一步加强，不少国家通过调控能源资源，力图实现在全球层面的政治外交目标。传统上，能源资源对于国家的经济、安全和地缘政治都有重要影响，能源资源的争夺是国际地缘政治冲突的一个重要导火索。部分国家将能源资源作为外交工具，通过中断能源供应、提供能源援助等能源对外政策，来对他国施加影响或提升自身在全球的地位。目前，伴随国际政治经济关系复杂化程度加深，能源资源政治化属性进一步加强，中东原油输出国、南美锂矿富集国等都在加强合作，对其能源资源进行政治干预，从而在国际博弈和政治外交中获得更多有利筹码。

五是该领域面临较大的环境和社会责任。勘探、开采和生产活动可能对环境产生不良影响，而社会对可持续性和环保的要求逐渐增强。因此，供应链中的企业需要更加注重可持续发展和社会责任，与各方协作以实现更环保的生产和运营。

六是该领域还会受到国家安全相关政策的影响。能源资源被认为是国家安全的重要组成部分。因此，产业链合作需要在国家层面更多地考虑战略和安全因素，以确保可靠的能源供应。

（二）能源资源领域分工合作的主要规律

大型企业倾向于垂直整合发展。垂直整合是企业在产业链上下游进行的一种整合，即一个企业参与产业链上多个环节的生产和经营，甚至包括全产业链经营。一些大型能源企业通常涉足从资源勘探到能源利用的整个产业链，通过垂直整合实现资源的一体化开发和利用。这种垂直整合可以降低企业的交易成本，提高整个产业链的效率。Graaff 研究表明，20 世纪 90 年代以来，非西方的国有石油公司快速崛起，主要通过垂直整合的方式获得了超过西方跨国公司的竞争力。Gao 等人也认为，能源资源行业龙头企业倾向于跨国整合，但非西方的国有石油公司借此收购当地自然资源的意向更为明显。

第十一章
能源资源领域

专业型公司倾向于聚焦价值链高附加值环节。按照市场分工的基本规律，随着企业的不断发展，其将更加专注于附加值最高、利润最大的发展环节。能源产业链供应链体系也可以视为一个价值链，企业可以更好地选择合适的价值链环节，并选择与其他企业进行合作，实现优势互补。例如，在能源开采环节，企业可以通过技术创新提高资源开采效率，从而在价值链中创造更高的附加值，进而可以剥离出其他低附加值部分，集中于高附加值环节。Barrera-Rey 研究显示，过度的上下游一体化会导致规模不经济、多元化不足等问题，进而降低了能源资源企业的运行效率，油气行业的整合度并未线性上升。特别是在和平时期，能源资源行业的跨国公司倾向于专注细分领域。Borenstein 等人针对美国电力行业整合情况进行分析，发现垂直整合并不必然带来生产效率的提升，更多横向收购行为的目的是提升企业在市场上的影响力。

跨国公司倾向于构建战略联盟。战略联盟是指在一定时期内，两个或两个以上的企业为了实现共同的战略目标而进行的合作。在能源资源领域，企业可以通过战略联盟形式，在特定环节与其他企业建立战略性的合作伙伴关系，共同应对市场风险、技术挑战等问题。特别值得注意的是，考虑到能源资源的政治属性明显，不少国家干预程度较高，OPEC 等组织就是在企业层面之上，由国家参与的战略联盟，目的是更好地协调原油生产，获得相对于能源消费国更高的议价权。

各国政府更加重视该领域的安全合作。全球产业链供应链加速重构，能源资源领域供应链的安全性成为各国政府高度关注的重要内容。在传统能源安全方面，Maull 将能源的经济安全和使用安全作为能源安全的核心内容，其中经济安全包括稳定的能源供给和合理的能源价格。在使用安全方面，秦晓将能源通道的运输安全认定为安全中的重要方面之一。樊纲和马蔚华认为，中国构建的现代能源安全体系应包含安全高效的能源利用体系，布局结构合理的能源储备体系，具有清洁生产、安全稳定发展的能源利用体系，以及较为完善的预警应急响应体系和协同保障体系等。在新型能源安全方面，各国政府普遍认识到关键矿产资源供给安全在确保经济产业绿色转型上的重要性。Finkelman等人指出，对于关键矿产资源的博弈将成为未来技术与资源竞争发展的集中点和重要方面。IEA系统梳理了能源转型背景下，风力涡轮发动机、光伏电池组、电动汽车锂电池等关键部件所需矿物情况，指出了锂钴镍以及石墨、锰等对于清洁能源技术的重要性，并建议各相关企业开展合作。

三、全球龙头企业参与国际分工合作的主要方式

（一）产业链供应链合作型

从近几年的发展情况看，国际能源资源领域的龙头企业之间展开多层次、多领域的分工合作，以优化资源配置、降低成本、提高效率。主要包括：

一是联合勘探和开发。不同国际能源企业常常在资源丰富的区域展开联合勘探和开发项目，通过共同投资、共享技术和经验，分担勘探和开发过程中的风险与成本，提高勘探成功率和降低项目投资风险。例如，壳牌公司和埃克森美孚在一些项目上展开了合作，共同探明和开发油气资源。

二是技术创新和研发合作。国际能源企业通过在勘探技术、生产工艺、清洁能源技术等方面的合作，共同推动行业技术的发展，借此共享研发成果、降低研发成本，并加速新技术的商业应用。例如，BP与美国能源创新公司合作，共同推动生物能源技术的研发。

三是能源交易和供应链合作。国际能源企业往往通过合作建立全球性的能源交易和供应链体系，包括长期能源供应合同、燃料采购协议等方式，借此实现资源的有序流动，提升能源供应的稳定性，并在全球范围内优化资源配置。例如，乌克兰危机后，美国天然气公司与欧洲的能源公司签署了长期天然气供应合同。再如，在铁矿石供应方面，淡水河谷等巨头倾向于通过长期协议的方式对外提供铁矿石资源。

四是投资和资本合作。国际能源企业经常开展投资和资本合作，通过共同投资新的能源项目、并购、股权合作等，相互参与项目、扩大业务规模、分散投资风险，实现共赢。例如，法国能源公司道达尔和阿联酋阿布扎比国家石油公司（ADNOC）在阿布扎比建立了合资企业，通过共同投资，实现油气勘探和生产，进一步深化了双方在中东地区的业务合作。

（二）产业链供应链聚焦型

在以合作方式拓展横向业务领域的同时，部分国际龙头能源资源企业还不断剥离非核心业务，聚焦产业链供应链关键环节，这里面既有战略层面的考虑，也有经营的实际需要。

一是战略调整与核心业务集中，目的是降低经营成本、提高运行效率。一些企业可能通过剥离非核心业务，将注意力集中在其最具竞争优势和战略关键的领域上。这有助于提高企业的专注度，更有效地利用资源，应对市场的挑战。例如，英荷壳牌集团（Shell）曾于 2016 年宣布剥离 30 亿美元的石油和天然气资产，以专注于核心业务和高附加值项目。

二是加快应对市场需求变化，目的是促进企业自身转型发展。伴随着能源市场不断变化，可再生能源和清洁技术等加快发展，一些企业能通过剥离传统石油和天然气业务，转向可再生能源和低碳解决方案，以适应市场需求的变化。例如，BP 于 2020 年宣布计划在 2030 年之前剥离其石油和天然气生产业务，转向更为清洁的能源。这样做，也有助于更好地应对公众对环境转型的呼吁，减轻政府部门给予企业的压力。

（三）资源国联盟型

考虑到能源资源的政治属性，政府对行业的干预和参与程度较深。部分资源国通过联盟等方式，为本国能源资源行业发展争取更为有利的国际环境。二战后，民族国家掀起独立浪潮，这也导致曾经以西方跨国公司为主导的全球能源格局被逐步打破，新独立国家组建的国家能源公司逐步迈上世界的舞台。在这一时期，为了避免自身力量薄弱，实现"抱团取暖"，新兴能源国家开始加强联合，形成"生产端合作、对抗销售端"的发展模式，有助于增加谈判筹码和话语权，这也奠定了当前能源资源领域国际分工合作的基础。1960年9月，欧佩克（OPEC）在巴格达宣告成立，主要联合了中东原油开采国来抗衡美欧发达国家石油跨国公司的垄断和剥削，维护更加公平合理的世界原油价格。1974年11月，国际能源署宣告成立，美国在其中发挥了核心作用，主要目的是制衡OPEC，维护消费国、进口国的能源需求安全。同时期，部分区域性组织相继成立，如1968年1月阿拉伯石油输出国组织成立，1973年11月拉丁美洲能源组织成立。

四、中央企业参与国际分工合作的历程与主要方式

在不同历史发展阶段，我国能源资源企业根据自身能力、发展条件、国家战略等要求，形成了不同形式的分工合作方式。

（一）发展历程

第一阶段：1978—1992年，主要通过"引进来"促进供给能力提升，逐步融入国际能源市场。

改革开放初期，我国能源资源领域技术发展水平不高，开展国际能源资源领域分工合作，主要目的是引进国外的先进技术和人才，提升国内能源资源的开采量，同时推动能源资源领域工业化发展。伴随先进技术的引进，我国能源资源开采能力和水平大幅提升。20世纪80年代中期，石油出口一度成为我国创汇的主要来源。1985年，我国原油产量从1978年的全球第八大产油国提升到全球第六大产油国，石油出口创汇占全国出口创汇总额的26.9%。

图 11－2 中国原油产量情况

资料来源：中国统计年鉴。

第二阶段：1993—2012 年，主要通过"走出去"开发国外资源，探索能源资源安全合作发展新机遇。

伴随我国经济实力的增强、龙头企业国际化能力的提升以及国内能源资源需求的增长，能源资源领域国际分工合作从"引进来"开展技术吸收，逐步转为"走出去"拓展海外合作空间。1993 年，中国成为成品油净进口国，1996 年成为原油净进口国。尤其在 1993 年《中华人民共和国对外合作开采陆上石油资源条例》颁布之后，能源企业在政策方面获得了开展海外业务、对外投资石油领域的权利。当年，中石油成功完成中国首单海外石油开采，中标泰国原油区块项目。此外，我国政府也积极与国际组织开展合作，1996 年 10 月我国正式与国际能源署建立官方关系，2001 年正式成为能源宪章的观察员。实施能源资源领域"走出去"战略，为我国能源安全保障提供了支持。1999 年我国海外份额油 300 万吨，2001 年增加到 831 万吨。

这期间，中国能源资源消耗量快速增加，2002 年成为仅次于美国的全球第二大石油消费国，2010 年我国一次能源消费总量超过美国，2012 年天然气需求三分之一依靠进口，而 2007 年还是净出口国。与此同时，国内能源资源开采量逐步饱和，环境约束达到上限，亟需在技术创新、节约利用和海外合作等领域推动变革。在企业"走出去"过程中，2005 年中国石油集团收购哈萨克斯坦 PK 石油公司，标志着我国企业从合作开发进入独立开发阶段。这期间，不少能源资源企业通过创新合作方式，例如通过"石油换贷款"等，不断拓展海外能源资源合作空间。在国际能源制度合作方面，2006年我国提出了"互利合作、多元发展、协同保障"的新能源安全观；2008年全球金融危机爆发后，我国开始积极倡导在G20框架下推行能源国际合作机制；2012年，《中国的能源政策》白皮书首次将参与全球能源治理纳入能源合作进程。

第三阶段：2013年以来，我国能源资源企业全球产业链供应链分工合作进入新时代。

在此期间，我国能源资源领域对外依赖度大幅上升。2013年，我国超越美国成为全球第一的石油进口国；2022年原油进口量超过5亿吨，未来还有可能进一步扩大。国内开采原油2亿吨左右，只能满足40%左右的国内需求。这期间，我国能源合作对外开放持续推进。我国充分发挥能源外交积极作用，先后与50多个国家和地区建立政府间能源合作机制，与30多个能源类国际组织和多边机制建立合作关系，与100多个国家和地区开展绿色能源项目合作，能源国际合作的广度和深度大幅增加。在此阶段，我国新能源产业加速发展，可再生能源发电的总装机量相对于之前增长了大概3倍，风电、水电以及生物质发电和核电在建规模常年位居全球首位，同时非化石能源所占消费比重由9.7%提升到2022年的17.5%，以年均不到3%的能源消费比重增速实现了经济增长年均超过6%的发展奇迹。此外，我国还从人类命运共同体的高度，积极参与全球能源治理机制重构，包括深入推进共建"一带一路"倡议，促进国际产能合作，加强能源基础设施建设，打造"能源+"合作新模式等。

（二）主要方式

一是带动系统内服务企业发展。中石油等能源类中央企业一般是集油气勘探开发、炼油化工、销售贸易、管道储运、工程技术、工程建设、装备制造、金融服务于一体的综合性国际能源公司。在选择供应商时，一般优先在系统内选择包括工程公司、油服公司等在内的配套企业。与国际领先公司如埃尼、埃克森美孚拥有成熟的供应商数据库,主要通过全球采购中心,以成本、质量作为优先选择标准,在全球范围内选择供应商的做法相比,还未达到在全球优化配置资源的水平。

二是带动国内其他企业"走出去"。中央企业在与国内企业合作出海方面取得一定成效。例如,中央企业勘探开发往往会带动装备制造企业如三一重工的设备"走出去"。同时,中央企业也会选择与同行合作联合"走出去"。例如,中石油在厄瓜多尔和中石化合作,在亚马尔与中海油合作。但总体来看,目前中石油、中石化、中海油等中央企业均采用"内部一体化"的发展方式,带动集团内部油服公司等供应链配套企业成长壮大。在系统之外,中央企业与配套原材料、零部件、设备等本土供应商的联系和合作不深,还未形成共享知识、技术和标准的环境,对国内产业链优化升级的带动作用有待加强。

三是与西方公司联合经营。油气勘探开发行业具有投资大、建设期长、技术门槛高以及风险高的特征,为了降低风险,"联合经营"(联合作业)由此应运而生,并被行业内的公司普遍采用。目前除了一些资源国的石油公司,包括大型石油公司、独立石油公司等在内的绝大多数石油公司均采用联合经营的模式进行石油资源的勘探开发。在联合作业当中,参股最大或实力最强的公司往往会担任"作业者"(即领导者)。但2012年以来,中央企业获取的国际大型油气项目(一般指中方初始进入费10亿美元以上,后续累计投资50亿美元以上的项目),只有中海油因完成尼克森公司的整体收购而成为新东家,而其他的都是"大投资、小股比、非作业者"项目。以某石油中央企业最近几年参与的巴西海上、俄罗斯北极等大型特大型油气项目为例,均是"大小非"项目:合同期内中方权益投资动辄数十亿美元;中方权益份额偏小,通常只有10%左右,是典型的"小股东";同时,"非作业者"的配角身份明显,通常在项目联合体里关键岗位的"卡位"很少,在项目重大运营决策事项等方面的话语权很小。

五、中外企业参与国际分工合作能力对比

(一) 市场竞争力

1. 传统油气行业

从收入情况看,中国油气领域主要企业(中国石油、中国石化和中国海油)均在世界500强榜单之中,特别是中国石油、中国石化在收入规模上,分列全球第5名、第6名,明显高于美欧国际石油公司和发展中国家国有石油公司。

从利润情况看,2022年美欧国际石油公司利润情况明显好于中央企业和发展中国家国有石油公司。如表11-2所示,埃克森美孚、壳牌公司2022年利润总额分别达到557.40亿美元和423.09亿美元,位列世界500强炼油行业前2位。中国石油2022年实现利润210.80亿美元,中国石化2022年实现利润96.57亿美元,分列世界500强炼油行业第6位、第12位。值得注意的是,2022年受乌克兰危机影响,全球油气价格大幅上涨,油气公司整体利润情况得到明显改善。世界500强炼油行业企业利润平均上升1.5倍;相比之下,中国石油利润上升1.2倍、中国石化利润上升16.1%,低于全球平均水平。

从资产收益率情况看,2022年世界500强炼油行业资产收益率平均水平为7.5%,欧美国际石油公司情况明显好于发展中国家国有石油公司。相比之下,中国石油资产收益率为3.31%、中国石化资产收益率为2.62%,低于全球平均水平。

表11-2 中外主要油气公司2022年度经营业绩对比

企业名称	国别	收入/亿美元	利润/亿美元	资产/亿美元	收入变化/%(同比)	利润变化/%(同比)	资产收益率/%
中国石油天然气集团有限公司	中国	4830.19	210.80	6372.23	17.30	118.70	3.31
中国石油化工集团有限公司	中国	4711.54	96.57	3687.51	17.40	16.10	2.62

续表

企业名称	国别	收入/亿美元	利润/亿美元	资产/亿美元	收入变化/%（同比）	利润变化/%（同比）	资产收益率/%
埃克森美孚	美国	4136.80	557.40	3690.67	44.80	141.90	15.10
壳牌公司	英国	3862.01	423.09	4430.24	41.60	110.50	9.55
道达尔能源公司	法国	2633.10	205.26	3038.64	42.60	28.00	6.75
英国石油公司	英国	2488.91	-24.87	2881.20	51.60	-132.90	-0.86
雪佛龙	美国	2462.52	354.65	2577.09	51.60	127.00	13.76
马拉松原油公司	美国	1800.12	145.16	899.04	27.60	49.10	16.15
Phillips 66 公司	美国	1757.02	110.24	764.42	53.00	737.10	14.42
瓦莱罗能源公司	美国	1711.89	115.28	609.82	58.00	1139.60	18.90
Equinor 公司	挪威	1508.06	287.46	1580.21	65.90	235.70	18.19
埃尼石油公司	意大利	1406.07	146.06	1623.23	52.90	112.20	9.00
巴西国家石油公司	巴西	1244.74	366.23	1871.91	48.20	84.30	19.56
信实工业公司	印度	1095.23	83.07	2087.10	16.50	1.90	3.98
SK 集团	韩国	1059.59	8.51	1546.20	20.30	-50.60	0.55
印度石油公司	印度	1053.49	12.19	538.08	32.40	-63.80	2.27
泰国国家石油有限公司	泰国	961.62	26.04	988.32	36.10	-23.20	2.63
引能仕株式会社	日本	914.37	10.62	749.93	14.10	-77.80	1.42
印度尼西亚国家石油公司	印度尼西亚	848.88	38.07	878.11	47.60	86.10	4.34
雷普索尔公司	西班牙	725.36	44.71	639.82	38.60	51.30	6.99
奥地利石油天然气集团	奥地利	655.23	38.97	602.10	55.90	50.70	6.47
波兰国营石油公司	波兰	623.26	75.20	620.60	83.20	161.00	12.12
日本出光兴产株式会社	日本	614.24	18.74	366.53	17.40	-24.70	5.11
巴拉特石油公司	印度	591.14	2.65	229.12	26.10	-83.10	1.16
Raízen 公司	巴西	477.21	4.74	220.01	33.10	-19.70	2.15
HD 现代公司	韩国	471.38	10.91	521.25	91.60	—	2.09
PBF Energy 公司	美国	468.30	28.77	135.49	71.80	1145.40	21.23
GS 加德士	韩国	453.43	21.61	206.99	50.20	135.10	10.44
森科能源公司	加拿大	449.28	69.75	624.63	44.00	112.30	11.17
台湾中油股份有限公司	中国	394.27	-62.99	317.02	31.30	—	-19.87
HF Sinclair 公司	美国	382.05	29.23	181.26	107.80	423.50	16.13
Vibra Energia 公司	巴西	351.55	2.98	77.77	45.70	-35.70	3.83

资料来源：本书编写组根据《财富》世界500强榜单整理。

在资产负债率方面，本书编写组根据各主要公司年报情况进行汇总，发现中国石油、中国石化资产负债率基本与美欧国际石油公司情况相当，总体经营水平较为稳健。

此外，本书编写组还对油气公司资产详细情况进行盘点，发现中国石油、中国石化在2022年油气产量方面，总体规模排名靠前；但在油气储备，特别是2022年剩余油气可采量方面落后于BP、雪佛龙等国际石油公司，见表11-3。

表11-3 中外主要油气公司分工合作能力对比

油气公司	2022年油气产量/亿吨油当量	2022年剩余可采储量/亿吨油当量	资产负债率/%
BP	1.21	9.90	71.2
雪佛龙	1.53	15.72	37.8
埃尼	0.77	8.66	63.4
艾奎诺	0.97	7.03	65.8
埃克森美孚	1.91	24.83	45.1
壳牌	1.44	13.18	56.1
道达尔	1.35	12.94	62.3
中石油	2.34	3.99	42.5
中石化	0.68	2.00	51.9
中海油	0.17	—	71.0

资料来源：本书编写组根据相关公司年报整理。

2. 矿产行业

从收入情况看，中国矿产领域主要企业（宝武、五矿、中铝等）均位居世界500强榜单，特别是中国宝武、中国五矿在收入规模上，分别位列全球第44名、第65名，明显高于美欧国际矿业公司和发展中国家国有矿业公司情况。

从利润情况看，2022年美欧国际矿业公司利润情况明显好于中央企业和发展中国家国有矿业公司。如表11-4所示，安赛乐米塔尔、纽柯和日本制铁集团公司2022年利润总额分别达到93.02亿美元、76.07亿美元和51.27亿美元，位列世界500强矿产行业前3位。地方国有企业紫金矿业2022年利润29.79亿美元，中国宝武2022年利润24.93亿美元，分别位列世界500强矿业行业第4位、第5位。值得注意的是，2022年受美联储加息、全球需求放缓以及地缘政治干扰等因素影响，全球矿业价格大幅下降，矿业公司整体利润水平下降。世界500强矿业行业企业利润平均下降28.4%；相比之下，中国主要钢铁企业（涉足铁矿石业务）利润大幅下降，有色金属行业总体利润上升。

从资产收益率情况看，2022年世界500强矿业行业资产收益率平均水平为3.9%，欧美国际矿业公司情况明显好于发展中国家国有矿业公司。相比之下，受锂钴镍等新能矿价格上升的影响，中国民营企业上海青山矿业资产收益率为7.23%、正威国际（主要经营铜矿业务）资产收益率为4.70%，排名靠前；中国铝业、中国宝武资产收益率分别为1.87%、1.39%，在中央企业中排名靠前。

表11-4 中外主要矿产公司2022年度经营业绩对比

企业名称	国别	收入/亿美元	利润/亿美元	资产/亿美元	收入变化/%	利润变化/%	资产收益率/%
中国宝武钢铁集团有限公司	中国	1616.98	24.93	1797.60	7.30	-16.80	1.39
中国五矿集团有限公司	中国	1335.41	8.77	1531.55	1.30	42.20	0.57
正威国际集团有限公司	中国	904.98	14.97	318.35	-19.20	-25.60	4.70
安赛乐米塔尔	卢森堡	798.44	93.02	945.47	4.30	-37.80	9.84
中国铝业集团有限公司	中国	769.46	16.98	906.19	-4.30	21.30	1.87
江西铜业集团有限公司	中国	749.27	4.64	303.96	5.70	-0.10	1.53
浦项制铁控股公司	韩国	658.50	24.46	787.16	-0.90	-57.60	3.11
河钢集团有限公司	中国	595.63	0.50	782.29	-10.00	-77.50	0.06
日本制铁集团公司	日本	589.23	51.27	720.74	-2.80	-9.60	7.11
青山控股集团有限公司	中国	547.11	14.57	201.39	0.30	-38.90	7.23
鞍钢集团有限公司	中国	500.41	6.08	697.40	-15.80	-46.70	0.87

续表

企业名称	国别	收入/亿美元	利润/亿美元	资产/亿美元	收入变化/%	利润变化/%	资产收益率/%
金川集团股份有限公司	中国	494.67	11.13	208.62	20.80	15.30	5.34
敬业集团有限公司	中国	457.05	3.29	125.87	23.90	−63.00	2.61
蒂森克虏伯	德国	445.02	12.29	366.71	9.50	—	3.35
江苏沙钢集团有限公司	中国	427.84	5.58	499.03	−9.10	−75.50	1.12
纽柯	美国	415.13	76.07	324.79	13.80	11.40	23.42
紫金矿业集团股份有限公司	中国	401.87	29.79	443.72	15.20	22.60	6.71
日本钢铁工程控股公司	日本	389.25	12.01	416.16	0.20	−53.10	2.89
首钢集团公司	中国	368.53	1.89	752.25	−12.40	−10.30	0.25
杭州钢铁集团有限公司	中国	368.18	2.46	119.39	−10.20	−29.70	2.06
铜陵有色金属集团控股有限公司	中国	345.90	0.05	146.46	−2.60	−90.00	0.03
上海德龙钢铁集团有限公司	中国	335.34	2.53	210.03	10.50	−67.80	1.20
北京建龙重工集团有限公司	中国	328.78	2.29	253.37	−14.30	−58.80	0.90
湖南钢铁公司	中国	327.23	11.76	227.72	−3.90	−7.30	5.16

资料来源：本书编写组根据《财富》世界500强榜单整理。

（二）跨国经营能力

跨国经营能力主要基于联合国贸发会议公布的跨国公司指数进行分析，主要包括境外资产占总资产比重、境外销售占总销售比重和境外人员占总人员比重三项指标。

1. 境外资产占总资产比重情况

中国三大石油公司上榜，其他中国国内能源资源公司没有上榜，这意味着这些企业的资产分布在国内。从排名情况来看，在能源资源领域17家企业中，上榜的3家公司分别位列第13位、第15位和第16位。境外资产占比较高的主要是欧美能源资源公司，包括力拓（境外资产占比为99.81%，全球化程度最高）、安赛乐米尔塔（境外资产占比为96.52%）、英美资源集团（境外资产占比为94.41%）、壳牌（境外资产占比为

91.63%)、道达尔（境外资产占比为90.59%），见表11-5。

2. 境外销售占总销售比重情况

中国三大石油公司上榜，其他中国国内能源资源公司没有上榜，这意味着这些企业的市场集中在国内。从排名情况来看，在能源资源领域17家企业中，上榜的3家公司分别位列第10位、第14位和第16位。境外销售占比较高的主要是欧美能源资源公司，包括力拓（境外销售占比为99.67%，全球化程度最高）、英美资源集团（境外销售占比为95.98%）、安赛乐米尔塔（境外销售占比为92.05%）、壳牌（境外销售占比为86.83%）、BP（境外销售占比为84.86%），见表11-5。

3. 境外人员占总人员比重情况

中国三大石油公司上榜，其他中国国内能源资源公司没有上榜，这意味着这些企业的人员分布在国内。从排名情况来看，在能源资源领域17家企业中，上榜的3家公司分别位列第15位、第16位和第17位。境外人员占比较高的主要是欧美能源资源公司，包括力拓（境外人员占比为99.62%，全球化程度最高）、英美资源集团（境外人员占比为95.16%）、嘉能可（境外人员占比为80.59%）、OMV（境外人员占比为73.62%）、壳牌（境外人员占比为67.74%），见表11-5。

从三项指标情况来看（表11-5），其他国家企业境外资产占比总体上高于境外销售占比，而后者高于境外人员占比。中国企业境外销售占比高于境外资产占比，反映出产品国际化程度要高于投资国际化程度；而比值最低的是境外人员占比，这主要是由我国国有企业历史上办社会职责所导致的，拉低了这个比值。

表11-5 中外主要能源资源公司跨国经营能力对比

企业	国别	境外资产占比/%	境外销售占比/%	境外人员占比/%
力拓	英国	99.81	99.67	99.62
安赛乐米塔尔	卢森堡	96.52	92.05	60.28
英美资源集团	英国	94.41	95.98	95.16

续表

企业	国别	境外资产占比/%	境外销售占比/%	境外人员占比/%
壳牌	英国	91.63	86.83	67.74
道达尔	法国	90.59	79.21	65.50
BP	英国	83.39	84.86	19.61
嘉能可	瑞士	80.59	65.75	80.59
OMV	奥地利	80.00	76.07	73.62
埃尼集团	意大利	71.00	54.65	34.76
雪佛龙	美国	61.78	54.45	54.44
Equinor	挪威	48.39	14.57	13.01
埃克森美孚公司	美国	47.75	48.01	60.00
中海油	中国	35.59	58.41	5.05
马来西亚国家石油公司	马来西亚	30.39	69.00	15.50
中国石化	中国	24.83	26.56	6.04
中国石油	中国	20.98	44.90	10.42
沙特阿美	沙特阿拉伯	13.44	35.57	13.44

资料来源：本书编写组根据联合国贸发会议公布指数整理。

（三）关键节点控制能力

1. 上游资源控制情况

从上游资源控制情况看，全球主要油气公司加大了上游勘探开发力度，跨国公司加大了海外油气资源的布局调整力度。

一是油气勘探支出继续保持增长，北美地区增幅最大。2022年，在乌克兰危机、经济复苏乏力、减排压力上升等负面因素影响下，全球石油公司资本支出规模继续保持增长，对勘探开发的投资大幅提升，加大了上游资源获取的力度。2022年全球石油勘探开发的资本支出高达4993亿美元，相对于2021年显著增加了1410亿美元，增幅高达39.4%。其中，亚太、北美以及拉美地区石油勘探新增资本支出分别超过100亿美元、613亿美元、100亿美元，增幅均超过了30%，分别达到了45.0%、53.1%以及34.2%。

二是油气勘探成效较为明显，国际油公司占主导。全球214个油气发现增加了油气储量28.4亿桶油当量，主要集中在圭亚那、纳米比亚、巴西、美国、苏里南等国家。这些油气的勘探主要由国际油公司来实现，其中国际石油公司发现的油气储量达109.32亿桶油当量，占全球发现储量的52.7%。其中，道达尔能源表现最为突出，发现储量54.43亿桶油当量；埃克森美孚发现储量38.0亿桶油当量。与之相比，我国油气企业在海外风险勘探方面的力度还有待加大。

三是国际油公司上游储量布局调整步伐加快。一方面，受乌克兰危机等因素影响，相关发达国家跨国公司被迫退出俄罗斯市场。由此使得壳牌、Equinor等跨国公司在当地的资产减值分别达到41.7亿美元、10.8亿美元。同时，不少油公司退出参股公司，例如道达尔能源已经确认减值的金额高达148亿美元，同时计提了Novatek 19.4%的股份损失，并且准备出售Terneftegas权益，在产项目仅剩下YamaI液化天然气20%的权益。另一方面，这些油公司积极"去油增气"，实现上游储量布局的调整。如道达尔公司已开展了原料气工业—液化—再气化的一体化LNG产业链业务。此外，大多数石油公司还准备推动天然气生产装置及先进技术的深入发展，例如北美油公司天然气全产业链引进了CCUS技术。

2. 中游炼化能力

全球炼化产能主要集中在亚洲和中东地区，我国炼化能力和水平在全球处于领先地位。

一是全球炼化和炼油产能重心向东移的趋势更加明显。2022年，全球石油炼化产能持续增加，亚太和中东地区贡献了80%的新增炼化能力，总能力达51.2亿吨/年。同时，全球的烯烃、芳烃和下游产品产能持续增加，其中，乙烯的产能增加了约5%，总产能达到了2.2亿吨/年，亚洲地区成为全球乙烯增长最为快速的地区，占全球新增产能的73%，北美地区的乙烯增长占全球新增产能的27%。此外，全球合成树脂的产能增加了将近

7.4%，80%的新增产能均来自亚洲地区。与此同时，炼油能力的重心也持续向东转移，2022年亚太和中东地区炼油能力合计占比提升到46.4%，继续保持增长。根据EIA数据，美国可运营的炼油能力下降到8.98亿吨/年，中国的炼油能力提升到9.24亿吨/年，中国作为全球最大的炼油国，地位更加稳固。

二是在低碳转型方面，中国与欧美跨国公司总体上"齐头并进"。在净零排放目标下，炼化企业寻求整合多种脱碳技术。国际炼化公司低碳投资方向基本为原油与生物原料联合生产和绿色制氢这两项低碳技术，一批化工公司投资废塑料化学回收技术。中国炼油企业则加速与绿氢、绿电融合，着力推动炼化行业清洁生产，构建全生命周期绿色制造体系。例如，中石油下属的吉林石化项目与吉林油田风光电发电项目充分联动，成为中石油首个全部使用绿电的化工项目。

3. 关键通道控制能力

西方能源资源公司依托国家力量，对霍尔木兹海峡、马六甲海峡等关键战略运输通道有较强的控制力。西方能源资源公司时常依托国家力量对霍尔木兹海峡、马六甲海峡等关键物流运输通道有较强的控制力，主要表现在：

一是施加地缘政治和军事影响力。西方国家，尤其是美国、英国和其他北约国家，拥有强大的海军力量。他们常在霍尔木兹海峡和马六甲海峡等战略海域部署军舰，保障这些海域的"自由航行"。这种军事存在不仅保护了自己的航运利益，也为其能源公司的运输活动提供了安全保障。

二是施加经济影响力。西方国家在全球经济体系中占据核心地位，对贸易伙伴的政策有一定影响力。例如，美国与新加坡签署了自由贸易协定，并与马六甲海峡近邻的菲律宾、马来西亚开展大量基础设施项目合作，不断增加美国对新加坡及周边国家的经济影响力，可在必要时以"经济杠杆"影响当地政府对马六甲海峡的政策倾向。

第十一章
能源资源领域

三是施加国际法和规则的影响力。西方国家在《联合国海洋法公约》等国际法和海洋法的制定过程中发挥了重要作用，通过这些国际法律框架，西方国家设立了有利于自己的海上航行和运输规则。例如，在巴拿马运河问题上，20世纪初美国与巴拿马签署协定，授予美国建造、拥有和经营巴拿马运河的永久权利。1999年巴拿马政府收回运河主权。但在此之前，美国已推动联合国通过海洋法公约，并在1996年通过联合国第40次全体会议确立了巴拿马运河的中立，由此避免了其他国家借助巴拿马反美情绪，影响美国在巴拿马运河的利益。

四是直接通过政治外交进行干预。西方国家通过多边和双边关系，在国际舞台上推动了有利于自己的外交政策，这些政策常常包含确保关键海峡的安全和开放。

（四）稳产保供能力

1. 开辟能源资源供给新渠道方面

能源领域稳产保供能力主要体现在深水油气资源和新能矿资源开发领域。

在深水油气方面，西方跨国公司布局较早。主要表现在：一是未来深水油气资源是增储上产的主力，未来全球10%的油气供应量来自深水。二是深水油气资源主要集中在环大西洋周边国家，西方跨国能源资源公司占据地理上的优势地位。三是巴西国家石油公司和西方跨国公司对该领域资源开采进行垄断。

在新能矿方面，中国企业起步较早但也面临西方公司的激烈竞争。主要表现在：一是部分西方企业抢占力度大。例如，在锂资源开发方面，经过多年的全球资源整合，美国Albemarle、Livent、FMC、Rockwood，澳大利亚的Talison、Galaxy、Orocobre和德国Chell已经成为全球最主要的锂矿企业，把控着全球规模最大、品位最高的锂矿资源。二是美日等金融机构通过持股矿业巨头获得矿产权益。例如，在必和必拓与力拓公司的股权结构中，美国金融机构持股均在40%以上。三是相比之下，我国企业开采海外新型能矿资源还面临较多风险挑战。例如，近年来，全球主要新能矿富集国不断收紧外国企业收购开发本国矿产政策，当地对外国企业采矿引发的环境破坏和利益分布不均等问题也更为敏感，这增加了我国企业并购相关国家新能矿的难度，也给我国企业已掌握权益矿产的开采和经营带来困难。

2. 通过提升技术提高采掘效率方面

总体来看，通过技术改造和升级，中国的采掘效率显著提高，但在高端技术应用和精准开采方面需要进一步提升，特别是关键装备、材料、零部件和专用软件进口依赖度较高。根据国家发展改革委、国家能源局《"十四五"现代能源体系规划》报告，在提升采掘数字化、智能化方面，中国的高端工程技术及装备与国际先进水平存在代差；复杂地质环境下采掘所需要的耐高温高压传感器、数字检波器等需要进口。在精准开采油气资源所需要的油藏数值模拟技术方面，美欧拥有多项核心技术和专利，中国国产化软件较西方主流软件的适用性、准确性方面还有一定的差距。

（五）可持续发展能力

本部分主要围绕 ESG 开展中外能源资源企业情况对比。

从环境维度来看，中央企业表现得更为积极。中国是全球最大的可再生能源市场之一，中国的能源资源公司积极投资风能、太阳能和水电等可再生能源项目。政府鼓励并支持这些投资，以减少对化石燃料的依赖，降低碳排放。国际公司在可再生能源方面也有显著投资，但这通常取决于市场和政府支持度。一些国际公司已经在全球范围内部署了大规模的可再生能源项目，以实现绿色发展目标。

从社会维度来看，中央企业与国外企业各有侧重。在雇佣员工方面，能源资源类中央企业注重提供大规模的就业机会，而国际跨国公司通常更注重员工权益和多元化，积极推动包容性雇佣政策，致力于提供平等的职业机会。在社区投资方面，中国的能源资源公司表现得更为积极，包括建设基础设施、提供教育和医疗服务，以及支持贫困地区的发展。国际公司也积极参与社区投资，但通常更加注重可持续性和社会责任，经常支持环保项目、文化遗产保护和社会创新等软性项目，同时致力于建立长期的合作关系，以实现共同的社会目标。

从治理维度来看，中央企业灵活性、透明度有待进一步提升。在治理结构方面，国际跨国公司通常具有更为灵活和多元化的治理结构，董事会成员通常由股东选举，独立于公司管理层。这种结构有助于确保治理的独立性和透明度，减少了潜在的利益冲突。在透明度方面，中国能源资源公司有较大的提升空间，但相比之下，国际公司通常更积极地披露治理信息和 ESG 数据，发布详尽的年度报告，包括财务和非财务信息，以便投资者和利益相关者能够全面了解公司的表现。

第二节　中央企业参与国际分工合作面临的形势

当前，百年变局加速演进，国际形势复杂多变，全球经济仍在低速发展中艰难前行，各国绿色转型共识进一步加强，"双碳"目标给生产生活带来新的影响，全球能源资源行业面临深度调整，产业链供应链稳定风险不断增加，全球分工合作面临新的挑战和机遇。

一、全球能源资源行业总体发展形势

（一）全球经济增速放缓，下行压力持续增加

联合国 2024 年 1 月发布的《2024 年世界经济形势与展望》报告指出，利率持续高企，冲突进一步升级，国际贸易疲软，气候灾害增多，给全球增长带来巨大挑战。报告预计，全球经济增长将从 2023 年的 2.7% 放缓至 2024 年的 2.4%，低于新冠疫情前 3% 的增长率。同时，全

球消费需求疲软、融资成本高企等将继续影响全球跨境投资复苏前景。经济增长的疲弱，意味着全球能源资源领域需求偏弱的总体格局将长期存在。

（二）地缘政治风险凸显，重点国家脱碳进程出现"开倒车"

地缘政治长期是全球油气行业的重要影响因素，近年来表现更为明显。特别是，美国对伊朗制裁、乌克兰危机、巴以冲突等地缘政治事件给油气开发带来了一系列负面影响。一方面，美西方制裁导致了原油供应格局的改变，传统上俄罗斯对欧盟的原油供应逐步转变为向亚太供应；另一方面，这些地缘政治事件给油气价格波动带来了严重冲击。乌克兰危机期间，布伦特原油价格上涨近1倍，增加了全球能源消费的负担。

此外，值得注意的是，乌克兰危机爆发后，以美国为首的西方不断加大对俄制裁力度，俄罗斯对欧洲天然气断供，让欧洲各国面临能源危机，西方多个国家已经在"碳中和"目标上"开倒车"，碳中和约束放宽，电动化步伐放缓。2022年8月，德国下议院撤销了"在2035年之前，能源行业实现温室气体排放中和"的法案，允许可再生能源、天然气进口以及燃煤和燃油发电机组一起进入电力市场。2023年，英国推迟了燃油车禁售令，德国结束了对电动车的购买补贴。

（三）全球制造业格局加速转变，产业链供应链重新配置

自中国2009年成为全球制造业第一大国，2010年成为全球第二大经济体以来，欧美等发达经济体快速推进制造业回流和升级。近年来，美国供应链安全战略不断升级，力图重构以自身为主体的全球供应链体系。2022年5月，"印太经济框架"启动，包括美国、日本、澳大利亚、韩国、印度在内的多个国家加入，该框架计划建立一个供应链预警系统，增强原材料、半导体、关键矿物和清洁能源技术等关键领域供应链的可追溯性，

与参加国合作推进生产的多元化布局。2022年8月，美国先后出台《芯片与科学法案》和《通胀削减法案》，试图通过高额补贴推动芯片制造业和电动汽车及其他绿色技术在美国本土的生产与应用。这意味着，能源资源供给格局将随着制造业格局重构发生变化，更多能源资源产品将流向制造业增长地区。

二、能源资源领域中央企业参与国际分工合作形势

（一）从地缘政治格局看分工合作形势

大国博弈扰乱能源资源供应格局。世界格局与局势发生重大变化，阵营对抗格局若隐若现。美国以意识形态为主导，加速构建"小圈子"，对中、俄等进行限制打压。作为全球原油和天然气生产大国，俄罗斯遭遇美西方阵营打压力度最大。美欧在战略定位上将俄罗斯视为"重大威胁"，并在国际舞台对俄罗斯实行了十分严格的"孤立"政策，将俄罗斯从多个国际组织和机制中踢出，并在联合国的体系中将俄罗斯彻底孤立。尤其是在经济领域中采取的对俄罗斯能源资源出口的"禁令"、冻结及没收俄罗斯的境外资金和将俄罗斯相关银行踢出国际金融系统等措施，使得欧洲与俄罗斯能源资源出现了"断链"。

能源资源武器化、工具化、政治化特点更加明显。历史上，中东地区多次以石油出口为武器，对美西方阵营进行反制。近几年，俄罗斯也采用了类似的措施，将天然气作为武器，分别对欧洲多个"不友好国家"、对乌克兰危机期间拒绝"卢布结算令"的波兰、保加利亚等国和对以检修名义将"北溪－1"管道气量减至40％的德国采取断供、减供的措施进行反制。美国也多次以限制能源贸易美元结算为工具，对委内瑞拉、伊朗等国家进行制裁，进而维护自身在全球的霸权地位。特别是在乌克兰危机之后，美国以天然气对欧盟的供应为保证，倒逼欧盟加速推出对俄制裁措施，进而实现其对俄地缘政治目标。

（二）从市场供需情况看分工合作形势

美国页岩油革命深刻改变了全球能源供应格局，打破了中东在全球能源供应中一家独大的格局，逐渐形成了美国、俄罗斯与沙特阿拉伯"三足鼎立"的局面。与此同时，欧佩克与俄罗斯等都在寻求进一步加强合作的机会，以减弱美国在石油话语权方面过度侵蚀的可能性，而这使得处于劣势的传统能源出口大国"抱团取暖"常态化，加剧了全球能源市场阵营化的发展态势。

对俄罗斯制裁形成了东西两个"能源圈"。乌克兰危机之后，美西方对俄罗斯制裁导致了俄罗斯原油和天然气从"向西流动"转变为"向东流动"，俄罗斯不得不以30%以上的折扣优惠将原油销售到印度、中国、土耳其等欧洲以外的市场。而这促使两个问题的出现：一方面，欧洲国家需要在俄罗斯以外寻求1.8亿吨/年的油源；另一方面，俄罗斯也要寻找新的买家。因此，俄罗斯下一步的目标就是开拓以印度、中国为主体的亚洲市场以及其他国际市场等。预计三到五年后，全球石油贸易将会形成新的流向格局，即原本流向欧洲的石油逐渐流向中国、印度等亚洲市场，而中东、非洲和美洲的石油将会代替俄罗斯流向欧洲。在这种趋势影响下，全球将会形成新的石油供需平衡。

全球能源消费总体呈下行趋势，能源消费重心东移。从长周期看，全球能源需求总量和结构发生深刻变化，呈现以下特点：一是全球能源总需求持续下降。能源是现代社会的血液，与经济发展密切相关。世界银行发布《下行的长期增长前景：趋势、期望和政策》报告，指出全球潜在经济增长率将降至2000年以来的最低水平，2023年至2030年平均年度增长率预计为2.2%。国际能源署《2022年全球能源展望》报告显示，2010—2021年，全球能源需求年均增长1.1%，在现有政策的情形下，预计2021—2030年全球能源需求年均增长1%，总体呈现下行趋势。这意味着，2030年前全球能源增量大于GDP增量1倍以上，需求不足特点明显。二是发达国家需求占比下降，新兴经济体占比上升。国际能源署报告显示，到2030年，北美、欧洲、日本等发达国家及地区最终能源消费总额在全球所占比重将从2021年的17.6%、13.7%和2.8%下降至2030年的16.2%、11.8%与2.3%。而印度、东南亚、非洲等发展中国家及地区则从2021年的6.3%、4.5%和6.0%上升至2030年的7.7%、5.5%与6.6%，新兴经济体占比持续提升。

（三）从中国自身情况看分工合作形势

我国是人口大国，尽管资源总量较为丰富，但人均占有量偏低。随着国内工业化建设加快推进，作为工业运行的"粮食"和主要动力来源，以石油天然气以及铁矿、铜矿、钴矿等为代表的初级产品国内供应保障能力低、对外依存度偏高的问题长期存在。其中，对外依赖度长期高达70%以上的有原油、天然气、铀等，对外依赖度长期高达80%以上的有铁矿、铜矿和镍矿等，对外依赖度高达90%以上的有铬矿、钴矿和锂矿等。农产品、能源、矿产等初级产品是工业运行最为基础的部分，国际地缘政治形势变化、世界局部战争、全球性的公共卫生冲击等带来的供应链紧张都会给我国资源供给安全保障带来风险和挑战。特别是伴随着国际资源主导权争夺加剧，初级产品供应安全保障也会面临供给不稳固、外部风险高、价格剧烈震荡等问题，我国能源供给安全将长期处于高压状态。

第三节　中央企业参与国际分工合作的建议

一、对政府部门的建议

（一）加强顶层设计和制度建设

统筹国内智库、研究机构力量，出台海外能源资源勘探开发中长期规划，谋划重点区域、重点能源资源品种，有针对性地进行开采开发业务。优化中央企业考核机制，增加产业链供应链控制力、供应商多元化、带动国内产业链升级等相关内容；引导中央企业开展长周期投资，以永续经营、可持续经营为目标，稳步提升资源储量。考核机制还应体现一定包容性，对于项目失败的原因，准确识别是正常经营风险还是投机导致的风险，并分别加以处置。加大对能源资源企业"走出去"的支持力度，考虑重启海外资源勘探开发资金，在驻外使领馆中安排懂资源的外交官，帮助中央企业更好地开拓海外资源。

（二）加大金融财税支持力度

建立风险共担机制，通过与银行、保险等金融机构合作，降低企业在全球产业链分工中可能面临的不确定性和风险。制定差异化政策，加大对包括中央企业在内的市场主体技术创新、研发投入等方面的支持力度，激励企业在全球产业链中提高附加值和竞争力。推动绿色金融发展，设立专门的绿色融资项目，提供有利的融资条件，推动企业在资源利用、生产过程、产品生命周期等方面实现更加可持续的发展。

（三）完善知识产权保护机制

为了提高企业在全球产业链中的信心，政府需要完善知识产权保护机制，提供更加强有力的法律保护。这包括建立更加高效的知识产权维权机构，鼓励企业更加积极地进行技术创新和知识产权的申请与保护。

（四）完善公共服务水平

通过建立全球能源资源的预警监测平台、产业链韧性地图等途径，为中央企业提供全球市场、贸易政策、技术趋势等方面的实时信息，提高企业在全球产业链分工中的敏感性和适应性。

二、对中央企业的建议

要提升能源资源领域中央企业在全球分工合作的能力，企业需要采取一系列战略和措施，这包括加强技术创新、拓展国际合作、提升管理水平、优化资源配置等方面的努力。

（一）持续加大技术创新和研发投入力度

一是增加研发投入。中央企业应该加大对技术研发的投入力度，提高自主创新能力。通过建立研发中心、实施技术创新项目，提升企业在全球产业链中的核心竞争力。二是建设创新团队。成立跨学科的创新团队，吸引全球高水平的科学家和工程师加入。通过国际合作，共同攻克技术难题，提高企业的技术水平。三是推动开放创新。鼓励与国际龙头企业、研究机构建立联合研发中心，共享研究成果。通过开放创新，获取更广泛的技术资源，提升企业的创新效率。

（二）拓展国际合作与战略伙伴关系

一是建立全球化战略。制定全球化战略，明确全球供应链中的定位和角色。通过充分了解国际市场，选择合适的合作伙伴，提高企业在全球产业链中的竞争地位。二是加强国际合资与并购。通过合资、并购等方式，获取国外先进技术、市场渠道和管理经验。这有助于提高中央企业在全球产业链中的市场份额和竞争优势。三是参与国际产业组织。积极参与国际能源资源产业组织，分享行业信息、政策动态，并与国际同行共同制定行业标准。这有助于提高企业在国际产业链中的话语权。

（三）提升管理水平与优化组织架构

一是优化组织架构。对企业组织架构进行优化，建立灵活高效的全球团队。采用网络化组织架构，使信息和决策能够更迅速地在全球范围内传递。二是培养国际化管理团队。培养具备国际视野和跨文化沟通能力的管理团队。通过国际轮岗、培训计划，提高管理人员的国际化素养。三是建设信息化管理系统。利用信息技术建设全球信息化管理系统，实现全球范围内生产、供应、销售等各个环节的信息共享和协同。

（四）优化资源配置和供应链管理

一是构建"有为供应链"。中央企业在提高全球资源整合能力的同时，应加强对本土供应链的培养和控制。例如，摒弃"最低价中标"等采购方式，与供应商构建更平等、更紧密的合作关系。中央企业作为"链主"企业，应为供应商制定严格的标准、技术参数和明确的元器件要求，积极参与供应商的生产经营活动，甚至介入产品研发流程，推动供应商提高产品质量和研发能力，解决国内配套企业"质量不一致"和"可靠性不足"问题。再如，中央企业应充分利用系统集成能力和设计能力，将自身需求作为系统性框架进行逐级拆分，使供应商作为统一系统中的"小分队"，协同开展复杂产品开发，解决能源资源领域的"卡脖子"问题。

二是建设"智能供应链"。利用先进的物联网、大数据和人工智能技术，构建智能供应链。通过实时数据分析，提高生产计划的准确性，降低库存和运输成本。在此基础上，进一步构建汇聚产业信息、金融资讯和商业情报，并具备相应数据和信息分析能力的供应链智能系统。在突发情况下，排查对于全球供应链的潜在风险并及时生成应对供应链风险的行动预案。

三是通过"集成供应链"出海。不同于以往企业只是在海外装配制造和销售产品，当前中央企业需要将供应链能力视为一种竞争优势，通过带动国内上下游配套企业联合出海，加强金融、咨询、法律、物流、商贸等信息服务"集成"走出去，系统性地参与塑造全新供应链的格局。同时，并购或与国外公司合资，也是嵌入全球供应网络的方式。

（五）人才培养和团队建设

一是打造国际化团队。通过国际招聘和培训，打造具有国际视野和跨文化沟通能力的团队。这有助于更好地适应全球产业链的多元文化环境。二是设立全球人才培训中心。在关键地区设立培训中心，为员工提供全球化的培训课程。这有助于提升员工的专业素养和国际竞争力。三是激励全球化团队协同合作。设立全球团队绩效奖励机制，鼓励不同地区的团队合作。通过激励措施，推动全球团队更好地共同努力，实现协同效应。

（六）进行风险管理与危机应对

一是建立全球风险管理体系。针对全球产业链中可能面临的政治、经济、自然灾害等风险，建立全球风险管理体系。通过风险预测和防范，降低不确定性对企业的影响。二是制定危机应对计划。针对可能发生的危机，成立危机应对团队并制定应对计划。提前制订预案、定期演练，确保企业在面对危机时能够迅速做出应对。

专栏11-1

拉美矿产资源产业链供应链及中资企业参与情况

在百年变局下，全球政治经济格局发生深刻变化，矿产资源供需格局加快重塑，矿产资源产业链供应链安全成为确保经济高质量发展的重要方面。拉美地区矿产资源丰富，与我国能源资源格局互补性强，是我国矿产资源的重要来源地区。进一步优化中资企业尤其是中央企业在拉美矿产资源领域的供应链布局和产业分工合作，对提升我国矿产资源供应多元化、推动产业链转型升级，具有重要的现实意义。

一、拉美矿产资源总体形势

（一）拉美矿产资源丰富，能源转型加速推进

拉美地区地质上分属环太平洋、冈瓦纳和特提斯三大成矿域，是世界最主要的矿产来源地区。拉美优势矿种有铁、铜、锂、金、铝、锡、钼等，其中铁矿石储量约占世界储量18%，铜储量约占世界储量50%，锂资源量占世界68.8%，尤其是卤水锂资源约占世界储量85%。从国别来看，智利、阿根廷和玻利维亚"锂三角"国家的锂、智利铜、巴西铌储量居全球第一，巴西铁储量居全球第二，巴西镍、秘鲁铜居全球第三，古巴镍和巴西锡居全球第四，玻利维亚锡居世界第五。

近年来，拉美国家能源转型加快，普遍制定了减排政策目标，可再生能源和清洁能源快速发展。2010—2019年，巴西、墨西哥、智利对可再生能源投资分别为550亿美元、230亿美元和140亿美元，2023年上述三个国家的能源转型指数（ETI）分别位居全球第14位、第68位和第30位。2011—2021年，拉美地区可再生能源发电量从53.3太瓦时（TWH）增至229.3太瓦时，年均增长15.7%，其中委内瑞拉、阿根廷、智利、秘鲁、巴西年均增长率分别为41.7%、28.1%、19.9%、17%、15.1%。

（二）拉美矿业政策收紧，矿业联盟逐渐形成

拉美地区矿业相关的税收、环保、市场准入等政策收紧。从整体看，拉美国家矿业市场准入除墨西哥继续收紧外，其余国家基本有所放宽，但矿业政策以及与矿业相关的税收和环保政策均收紧。2017年6月，巴西政府发布"战略矿产清单"，并于同年12月在矿业与能源部下设立国家矿业署，加强对矿产资源的管理。2021年3月，巴西政府出台《战略矿产政策》，旨在确定被认为对国家有特殊利益的矿产项目以加强监管。目前，巴西政府正在制定出台《2050年国家采矿计划》

（PNM2050），取代2011年发布的PNM2030，该文件确立了巴西矿业长期发展的指导方针和目标。鉴于卢拉政府关注巴西经济的可持续复苏和社会民生发展，正在制定中的PNM2050势必会加大打击非法采矿的力度并出台更严格的矿业项目环境许可政策。除巴西外，智利于2020年2月颁布《矿业特许权使用费法案》，对年产量超过1.2万吨精铜及5万吨锂的企业征收3%的新税，所征新税用于治理矿床对所在地区的环境破坏；墨西哥参议院于2022年4月批准通过《矿业法》修订案，将锂列为战略性矿产并宣布锂矿国有化，明确规定国内外私营企业不得介入。

拉美主要矿产国家矿业政策发展趋势

国家	税收政策	矿业政策	市场准入	环保政策
巴西	放宽	收紧	放宽	收紧
智利	部分放宽	收紧	放宽	收紧
墨西哥	收紧	收紧	收紧	收紧
厄瓜多尔	无明显变化	收紧	放宽	收紧
秘鲁	收紧	收紧	无明显变化	收紧
阿根廷	收紧	无明显变化	放宽	收紧

资料来源：本书编写组根据调研资料整理绘制。

拉美主要矿产国家加速构建矿产联盟以加强政策协调。除先后于2002年、2004年、2009年及2019年加入"采掘业透明度倡议""矿业负责任联盟""能源资源治理倡议"等区域内外的矿产联盟外，近期"锂三角"国家（智利、阿根廷、玻利维亚）加快推动创建锂资源联盟"锂佩克"，巴西、秘鲁、墨西哥亦高度关注联盟进展。鉴于锂资源尚未形成全球市场定价机制，主要大国希望与拉美国家创建价格联盟，提升在全球供应链中的话语权。虽然目前"锂佩克"成立进程尚存在不确定性，可以预见的是，一旦成立将深刻影响中国关键和新兴能源供应链安全及产业布局。

（三）关键矿产供应链竞争加剧，排华倾向明显

随着高科技产业发展、清洁能源转型和低碳时代到来，世界各主要国家对矿产资源，尤其是战略性新兴产业所需关键矿产的争夺日益加剧。一方面，美国、欧盟、日本、英国、澳大利亚、印度等均发布了关键矿产或者原材料清单，围绕清单出台实施供应链安全战略，强化外资审查，增强国内供应保障能力，同时寻求国际供应来源多元化。2010年美国启动关键矿产战略，2019年美国商务部发布《确保关键矿产安全可靠供应的联邦战略》，2020年9月出台《解决依赖外国关键矿产对国内供应链构成威胁的行政命令》，2023年4月美国国家安全顾问杰克·沙利文在布鲁金斯学会"重振美国经济领导地位"讲话时将关键矿产与半导体相提并论。另一方面，抓紧推动在发达国家之间、发达国家与拉美矿产富集国家之间形成矿产联盟，密集推出"美洲增长计划""美洲经济繁荣伙伴关系"等倡议举措，加强供应链产业链伙伴关系。2022年6月，美国牵头发起被称为"金属北约"的"矿产安全伙伴关系"，加强七国集团（G7）在关键矿产领域的协作，并于2023年5月G7峰会期间提出"关键矿产俱乐部"倡议，旨在排除中国对关键矿产供应的影响。2022年12月，美国、加拿大、澳大利亚、法国、德国、日本、英国等7个国家联合发起"可持续关键矿物联盟"。2023年4月，日美宣布建立半导体等敏感供应链伙伴关系，寻求减少对中国稀土矿产的依赖。上述"小圈子"的不断形成，预示着矿产领域供应链正朝着以构建"友岸外包"理念为核心的排他性联盟演进，被美国视为最主要竞争对手的中国成为首要排斥对象。

二、拉美矿产产业链供应链合作情况

矿业在经济发展中占据重要位置，全球约有1/3的国家是重要矿业国家。拉美地区矿产资源丰富，成矿条件优越，是全球最重要的矿产资源供应地，也是矿产投资的重要目的地，美、加、日、澳等国家的

矿业巨头较早在拉美地区投资布局，拉美本土矿业公司也发展迅速，在该地区乃至全球矿产事务中拥有较大影响力。中资企业进入拉美矿业较晚，但发展稳健，合作前景可观。

（一）拉美在全球矿产供应链中的位置

拉美地区作为全球矿业生产供应方，一直以初级产品的形式向外输送矿产资源，主要供给国家有巴西、阿根廷、墨西哥、智利、秘鲁、玻利维亚、牙买加及古巴等。智利和秘鲁是全球前两大铜矿出口国，全球近一半铜矿来自智利和秘鲁。巴西是拉美地区最大的铝土矿和锡矿出口国，2018—2020年出口额占这一时期全球出口的份额分别为4.2%和6.9%，牙买加和玻利维亚仅次于巴西，分别是拉美地区铝土矿和锡矿的第二大出口国。拉美地区是全球主要金矿供应地，其中秘鲁、玻利维亚、墨西哥位居前三位。全球钼矿出口中有近一半来自拉美地区，主要集中在智利和秘鲁，分别占33.18%和13.34%。智利是拉美地区锂矿出口最大国，在全球出口总额占比4.43%。秘鲁是拉美地区最大的磷矿出口国，拉美出口份额中有9.32%来自秘鲁。

（二）拉美矿业产业链分工合作情况

拉美是全球勘查开发资金的重要目的地。2007—2015年，拉美地区勘查开发资金约占全球的16%～21.6%，总体呈上升趋势，其中2015年全球矿业勘查预算为87.71亿美元，拉美地区为18.94亿美元，占全球的21.6%。在2015年全球矿业勘查投入最多的前10个国家中，拉美占4个，分别是智利、秘鲁、巴西和哥伦比亚。标普发布的《2022年全球金属勘探趋势》报告显示，2022年拉美地区金属勘探预算增幅最大，达到32.6亿美元，增长了23%，其中智利、秘鲁、阿根廷和厄瓜多尔表现突出。具体而言，草根勘查、后期阶段、矿山建设阶段的投资基本上各占1/3，草根勘查阶段投资相对低于矿山建设、后期阶段投资最高；不同国家三个阶段的投资情况不同，秘鲁、阿根廷等矿山建设阶段的投资最高，其次为后期阶段，草根勘查投资最低；巴西、智利等后期建设阶段投资最高，其次为草根勘查，矿山建设投资最低。从投资公司类型来看，大型公司的投资占整个勘查开发投入的2/3，其次为初级勘查公司，其他类型的公司较少。

拉美是世界重要的矿产品生产地区。智利和秘鲁的铜矿产量分别位居世界第一和第三，这两个国家铜产量之和占世界铜产量的1/3。巴西是世界第二大铁矿石出口国，出口量仅次于澳大利亚。秘鲁银产量排名世界第三，玻利维亚和智利银产量位居世界前十。秘鲁、玻利维亚和巴西锡产量分别排名世界第三、第四和第五。巴西、苏里南和委内瑞拉铝土矿产量位居世界前十。智利和阿根廷是当前世界卤水锂资源最重要的生产区，玻利维亚储量最高，具有较大生产潜力。

拉美矿业领域金融合作程度较高。国际大型矿业公司高度金融化，美国、澳大利亚、加拿大、日本、巴西、英国等国家矿业公司金融机构持股比例一般在50%以上，美国、英国等金融机构在必和必拓、力拓、淡水河谷等国际大型矿业公司和拉美本土矿业公司中持股比例较高。随着人民币"走出去"成果不断显现，中国金融机构在拉美矿业领域合作深化，2020年淡水河谷、必和必拓、力拓集团全球三大铁矿石供应商首次使用人民币跨境结算，先后与宝钢股份、河钢集团、鞍钢集团等中资企业完成矿产资源进口，累计成交金额8.3亿元，折合1.2亿美元。

（三）拉美矿业公司及项目合作情况

从国际矿业公司来看，拉美地区丰富的矿产资源吸引了全球众多的国际矿业公司，必和必拓、力拓、嘉能可等全球矿业巨头在拉美拥有较多矿业项目，主要涉及铜、铁、金、锌、煤等矿种。从本土公司来看，2015年《财富》世界500强企业中，拉美地区的矿业公司上榜6家，分别是巴西国家石油公司（第71位）、墨西哥石油公司（第80位）、巴西

Raízen公司（第301位）、巴西淡水河谷公司（第332位）、哥伦比亚国家石油公司（第397位）以及巴西Vibra Energia公司（第429位），其中巴西淡水河谷公司是世界第一大铁矿石出口商，同时也是拉美最大的采矿业公司。

国际矿业公司在拉美项目情况（括号内为权益占比）

公司名称	智利	巴西	秘鲁	墨西哥	阿根廷
美国自由港麦克莫兰公司	El Abra 铜矿（51%）		Cerro Verde 铜矿（53.56%）		
美国南方铜业			Toquepala 铜矿 Cuajone 铜矿 Tia Maria 铜矿（100%）	El Arco 铜矿 El Pilar 铜矿 Angangueo 铜矿（100%）	
加拿大第一量子			Haquira 铜矿（100%）		Taca Taca 铜矿（100%）
澳大利亚必和必拓	Escondida 铜矿（57.5%） Pampa Norte 铜矿（100%）	Samarco 铁矿（50%）			
西班牙力拓	Escondida 铜矿（30%）		La Granja 铜矿（100%）		Salar del Rincon 锂矿（100%）
瑞士嘉能可	Collahuasi 铜矿（44%）		Antamina 铜矿（33.75%）		El Pachon 铜矿（100%）
英美资源集团		Barro Alto 镍矿 Codemin 镍矿（100%）			

资料来源：本书编写组综合标普全球市场财智、美国地质调查局、各公司年报等信息绘制。

三、中国在拉美矿产产业链供应链分工合作情况

中国矿业企业在拉美投资经营活动始于20世纪90年代，中拉矿业合作加强了中国矿产资源的产业链供应链安全，也促进了东道国的经济发展。中国矿产资源禀赋不足，人均探明储量为世界平均水平的58%，位居世界第53位，镍矿、铝土矿、金矿、铜矿人均探

明储量仅相当于世界平均水平的7.9%、14.2%、20.7%、28.4%。拉美地区的优势矿产资源多为我国短缺的重要战略资源，双方具有很强的互补性，能源和矿产资源一直是中拉经贸合作的最主要领域，未来一个时期仍将保持这一态势。

（一）通过贸易投资等多种途径参与分工合作

在贸易方面，主要包括铜、铝、铅、锌、锡、镍等大宗商品的进出口和第三国业务，通过贸易手段参与拉美及全球供应链网络，提升资源供给保障能力。中国对碳酸锂进口逐年攀升，智利和阿根廷几乎囊括了中国碳酸锂的全部进口，2020年中国进口碳酸锂有99.74%来自智利和阿根廷。

在投资方面，矿产资源是中资企业最早进入拉美的领域。1992年，首钢集团以1.18亿美元的价格收购秘鲁马尔科纳铁矿公司98.8%的股权，拉开了中国在拉美矿业投资的序幕。21世纪以来，随着中国"两种资源，两个市场"和"走出去"战略的实施，中铝、紫金矿业、五矿、江铜、宝钢、中信集团、武钢、铜陵有色、中铁建等国有企业以及大量民营资本先后加入拉美矿业投资的行列。2014年8月，五矿有色金属股份公司牵头，与中国国信国际投资有限公司、中信金属有限公司组成联合体，从嘉能可手中购买了拉斯邦巴斯铜矿，这是中国迄今为止最大的海外矿业项目。2016年10月，洛阳钼业以15亿美元收购英美资源集团巴西铌磷矿项目，重组设立洛钼巴西。洛钼巴西现已成为世界首要的铌出产商，磷肥出产总量位列巴西第二。中国80%的锂资源依赖进口，拉美作为世界锂资源储量最丰富的地区，现已成为中国企业锂矿投资的主要目的地，2018年以后中资企业掀起了对拉美锂矿并购和投资的热潮。2018—2020年，中国在"锂三角"的采矿项目投资约为160亿美元，其中天齐锂业于2018年以40亿美元的资金收购智利锂矿公司SQM阿塔卡玛盐湖23.7%的股份，是近年中资企业最大的一笔锂矿投资；2018年赣锋锂业收购阿根廷Cauchari–Olaroz盐湖项目，交易额达50.58亿美元；2022年赣锋锂业以9.6亿美元资金收购阿根廷Lithea公司在Pozuelos和Pastos Grandes盐湖100%的股权；2022年7月28日，藏格矿业投资2.9亿美元，与阿根廷Miner Ultra公司共同开发Laguna Verde项目。

2017—2022年中资企业在拉美矿业收购并购情况（部分）

年份	公司名称	被收购企业/项目名称	主要矿种	交易额/亿美元
2017	白银有色	Gold One Group Limited	金	24.11
2017	中金资源	Silver Eminent Group Limited	铜	1.40
2017	青岛乾运高科新材料	Assets of Rincon Project	多种	1.40
2018	赣锋锂业	Cauchari–Olaroz	多种	50.58
2018	中金资源	Value Link Developments Limited	铜	7.46
2021	强达投资经济有限公司	Guerrero Gold Belt Mine and Facilities	金	0.82
2022	紫金矿业	Rosebel Gold Mines N.V.	金	4.01

资料来源：本书编写组根据标普全球市场财智、美国地质调查局、各公司年报等信息整理绘制。

截至2016年底，中资企业在拉美共有31个矿业项目，其中秘鲁、智利各有8个，巴西6个，玻利维亚3个，厄瓜多尔3个，阿根廷2个，圭亚那1个。从中资企业投资的矿种看，依次分别是铁矿项目12个、铜矿7个、金矿4个、锂矿2个、锌矿2个以及银矿1个等。

（二）与国内企业、东道国企业及第三方企业合作加强产业布局

中国矿业企业通过与国内企业、东道国企业及第三方企业合作等多种方式开展跨国产业布局。2009年，五矿有色收购澳大利亚第三大矿业公司OZ的主要资产组建五矿资源（MMG），以MMG为主要载体在海外积极开展矿业勘探及开发。此外，五矿有色与波兰铜业公司开展电解铜长单采购合作，累计进口126万吨电解铜；与智利铜业公司开展了为期15年的电解铜采购合作，总采购量达到

68.5万吨；与美国铝业开展为期30年的氧化铝产能投资合作，迄今已累计采购氧化铝1030万吨。

中国与阿根廷、秘鲁、厄瓜多尔等矿产国家开展了丰富的地质调查、地球化学填图等领域的基础研究合作，有助于前期勘探及后期开发介入。作为拉美地球化学填图计划的组成部门，中国地质调查局拉丁美洲地球科学合作研究中心与哥伦比亚地质调查局、联合国教科文组织全球尺度地球化学国际研究中心于2018年共同举办第一届拉丁美洲地球化学填图研讨班。2022年1月，"中国—阿根廷地球科学合作中心"成立，并被纳入《中华人民共和国和阿根廷共和国关于深化中阿全面战略伙伴关系的联合声明》。2022年2月，阿根廷正式加入共建"一带一路"倡议，进一步推动中阿两国优势互补、互利共赢、深入全面务实合作，同年8月，中阿两国地质调查局共同签署了锂和地热资源评价项目与低密度地球化学填图两项合作项目协议。中国科学家于2019年提出的"深时数字地球"（DDE）国际大科学计划倡议，目前已有24个国家地质调查机构和国际组织作为创始会员加入，中国地质调查局作为该计划创始会员之一，邀请秘鲁等拉美国家地质调查机构加入该计划。

四、中资企业在拉美矿产产业链供应链分工合作面临的挑战

（一）国际环境和东道国情况趋于复杂

首先，大国对华竞争加剧。美国、俄罗斯、中国是全球主要矿业大国，三国矿产资源总产量约占全球40%。在百年变局下，矿业竞争格局叠加大国博弈态势，美国与中国在拉美矿产资源领域的地缘政治竞争不可避免，加上美国长期将拉美视为"后院"，其在拉美地区拥有重要利益，势必加大与拉美矿业国家之间的政策协调力度，通过为矿业领域设立更高的环境、社会和治理标准来限制中国在拉美矿业的投资活动，以实现美国所谓的逐顶竞争（race to the top）而不是逐底

竞争（race to the bottom）。2022年7月，美国南方司令部司令理查森（Laura Richardson）对中国在"锂三角"国家日益扩大的存在提出警告。

其次，拉美国家矿业政策存在变数。一是社区"痼疾"难以根除，拉美矿业长期存在的社区问题已成"痼疾"，且具有多发性、复杂性、长期性等特征，在一定程度上制约中拉矿产合作。二是拉美政府更迭频繁，矿业政策缺乏连续性、稳定性和可预期性。三是资源民族主义与拉美"粉红浪潮"同频共振，拉美国家在资源民族主义压力下或将进一步收紧矿业政策，加大矿产资源管控力度。

最后，环境风险和法规风险日益增加。根据世界经济论坛发布的《全球风险报告2023》，在全球面临的短期风险中，与矿产资源相关的生活成本危机、地缘经济冲突、应对气候变化、大规模环境破坏、自然资源危机分别位列第一、三、四、七和九位。根据毕马威《全球矿业展望2022》报告，环境和法律风险成为全球矿业面临的最大风险挑战，前十大风险中的第三大风险，即社区关系和社会经营许可也与环境有关，ESG（环境、社会和公司治理）议程迫在眉睫。迫于国际舆论和公众压力，淡水河谷于2020年5月宣布将投资至少20亿美元，旨在到2030年底前实现绝对排放量减少33%，到2050年底前转变为一家净零排放的公司。

（二）我国矿产资源依存度上升，国际合作缺乏统筹协调

我国矿产资源对外依存度不断攀升。21世纪以来，随着我国经济建设与社会发展加速，能源与重要矿产资源的利用强度大幅攀升，矿产国内保障程度下降，对外依存度不断攀升。2014年我国铜对外依存度为75%；2015年铁矿石对外依存度首次超过80%，达84%；近十年我国能源和矿产资源进口量约占世界贸易总量的1/3~2/3。据预测，2030年铝、铅、锌、铜、镍、铬铁矿、钾盐等大部分重要大宗矿产需求量将陆续到达消费高峰，并在高位持续运行。

我国矿产产业链供应链国际合作缺乏统筹协调。一是我国"走出去"开发矿产资源、开展国际产业链供应链合作缺乏整体战略,未能对矿产资源国际合作的方式节奏和投资布局进行提前部署。二是负责组织协调和具体执行的专门机构缺位,国家发展改革委、财政部、国土资源部、商务部、国务院国资委等政府部门都有管理海外矿产资源勘查开发工作及企业主体的相应职能,多部门分管体制导致各部门工作衔接不畅,境外矿产资源勘查开发活动存在不协调现象。三是缺少金融、保险、国际合作和技术援助等机构提供相应的配套设施与保障机制。

五、中拉矿产资源产业链供应链分工合作的政策建议

鉴于地缘政治竞争加剧和国内日益增长的资源需求,矿产领域的竞合局面将会一直存在并日益激烈,由于矿产资源具有的战略性和敏感性,其决策还会越来越多地受到政治因素的影响。我国是国际矿业领域的主要投资国、进口国和消费国,美欧国家在寻求建立矿产优势时,虽既不能忽视中国,也无法彻底与中国背离,但涉华竞争日益明显,我国亟需采取有效措施加以妥善应对并积极引导。

一是制定公布并适时更新关键矿产清单。我国已制定了《找矿突破战略行动纲要(2011—2020年)》,将24种矿物列入战略性矿产目录。接下来,需进一步延长"找矿突破战略行动",统筹紧缺矿产和优势矿产,提高矿产领域话语权和控制力。制定公布关键矿产清单是国际普遍做法,目前我国学术界和业界已就关键矿产清单提出了意见建议,我国可充分调动政府、行业、科研、金融等社会各界的力量,制定公布权威关键矿产清单,并依据清单建立关键矿产储备制度,为今后开展政策规划、产业分工、国际合作、人才培养等指明方向。

二是加强海外矿产资源勘查开发国际合作。为保护本国矿产资源,矿业国家均设立了保护门槛,例如玻利维亚严格控制锂矿开发,只允许外资企业以科学顾问的形式协助研究，最后阶段才允许外资企业以技术转让的形式参与开发，智利法律规定矿业企业只能开采新矿床，不能开发成熟矿山。鉴于此，一方面可充分发挥我国技术和资金优势，组织国内科研机构和企业参与前期基础研究，为后续介入开发奠定基础。另一方面，前期找矿风险大、周期长，单靠企业之力不可持续，需要国家提供国外风险勘查资金等多种形式支持，调动企业前期投入动力并引导后续开发。

三是加强矿产领域基础设施建设合作。拉美地区基础设施竞争力表现相对较差，位列全球中等靠后位置，在阿根廷、巴西、墨西哥、智利等11个主要能矿资源国中，智利基础设施相对较好，玻利维亚排名靠后（100名以外）。与能源相关的基础设施存在短板，巴西、阿根廷、哥伦比亚等国家均发生过大规模停电现象，电网和管道建设亟需完善，严重制约拉美能源资源领域发展。我国可发挥基础设施建设传统优势，加强与拉美国家矿产领域基建合作，与东道国基础设施建设形成协同配套，促进中拉矿业产业链融合。

拉美主要矿业国家基础设施排名（2019—2023年）

国家	2019	2020	2021	2022	2023
智利	47	45	45	47	46
巴西	54	53	52	53	55
阿根廷	51	52	56	54	56
哥伦比亚	56	56	53	56	57
墨西哥	57	57	58	58	59
秘鲁	61	60	60	59	60
委内瑞拉	63	63	64	63	64

资料来源：World Competitiveness Ranking 2023。

四是积极关注拉美矿产领域地区一体化合作进程。墨西哥是国际能源署（IEA）成员国，巴西是其联系国；委内瑞拉、厄瓜多尔是石油输出国组织（OPEC）成员国；委内瑞拉、玻利维亚、特立尼达和多巴哥是天然气输出国论坛正式成员，秘鲁是其观察员。拉美矿业国家通过多边和区域机制参与国际产业链供应链网络，并与美欧发达国家、其他地区矿业国家加强政策协调和信息交流，同时积极构建本地区新兴战略矿产联盟。我国应对拉美矿产领域地区和国际合作进程保持关注，视情形寻求建立密切联系，以便加大协调合作力度。

第十二章　装备制造领域——以轨道交通为例*

轨道交通产业是我国制造业创新驱动、绿色发展、培育和引领国际竞争新优势的典型代表。以中国中车集团（简称"中国中车"）、中国铁路通信信号集团（简称"中国通号"）为代表的中央企业在全球产业链供应链分工合作中处于非常重要的地位。

当前，轨道交通领域中央企业在全球产业链供应链分工合作中处于优势地位。但与国际同行巨头相比，在核心关键领域和环节控制力、跨国经营能力、可持续发展能力方面仍存在一定差距。从发展形势看，全球轨道交通市场展现出较为乐观的增长前景，但中央企业也面临愈加激烈的国际竞争，美欧国家和国际同行试图通过非市场化手段来遏制其影响力和竞争力。

为此，我们建议：应充分发挥中央企业引领和支撑作用，从效率、安全多维度布局全球市场，巩固和强化在全球产业链供应链分工合作中的优势地位。在政府层面，构建重大技术攻关的政产学研合作体系，完善"走出去"财税金融支持；在中央企业层面，集中优势力量带动全产业链"走出去"，打造国际化的轨道交通产业联盟，多维度完善产品认证制度，加强专业队伍培养和储备。

---

* 本章作者为薛蕊（第一、第二节）和李育（第三节），专栏 12-2 作者为武芳。

第一节　中央企业参与国际分工合作的现状

重大技术装备是关系国民经济命脉和国家战略安全的国之重器，具有技术密集、系统集成复杂、附加值高、带动性强等突出特点，轨道交通产业作为我国重大技术装备制造领域自主创新程度最高、国际竞争力最强、产业带动效应最明显的行业之一，是我国制造业创新驱动、绿色发展、培育和引领国际竞争新优势的典型代表。在这一领域，以中国中车、中国通号为代表的中央企业积极践行共建"一带一路"倡议，与中铁、中铁建、中交等工程建设中央企业携手加快"走出去"步伐，让中国轨道交通"国家名片"在世界舞台闪亮登场。研究轨道交通装备的全球产业链供应链布局，评估中央企业全球产业链供应链分工合作能力，对进一步加强中央企业在轨道交通产业链上的"链主"地位，提升轨道交通产业链供应链现代化水平，推动中国制造业做大做强、高质量发展具有重要意义。

一、轨道交通领域产业链供应链基本情况

轨道交通是一项大型系统工程，具有关联度广、带动能力强、示范作用大等特点。从产业链角度看，轨道交通产业上游包括轨道交通勘察设计、咨询、原材料等，中游包括工程建设、装备制造等，下游包括运营服务、维护检修等（图12-1）。从服务范围看，轨道交通可以分为干线铁路、城际铁路、市域（郊）铁路和城市轨道交通四大类型。

本章重点聚焦轨道交通装备制造业。轨道交通装备制造业是我国高端装备制造业的支柱产业，自主研发程度高，产业带动效应明显，是"十四五"期间重点发展的产业，反映了我国综合经济实力和技术创新能力。轨道交通装备主要包括车辆、牵引、供电、通信、制动、信号、通风与空调、给排水、环控监控、网络控制、检测设备等。其中，车辆和信号是最能直观反映轨道交通装备技术水平、最具代表性的装备。在以中国中车（车辆）、

第十二章
装备制造领域——以轨道交通为例

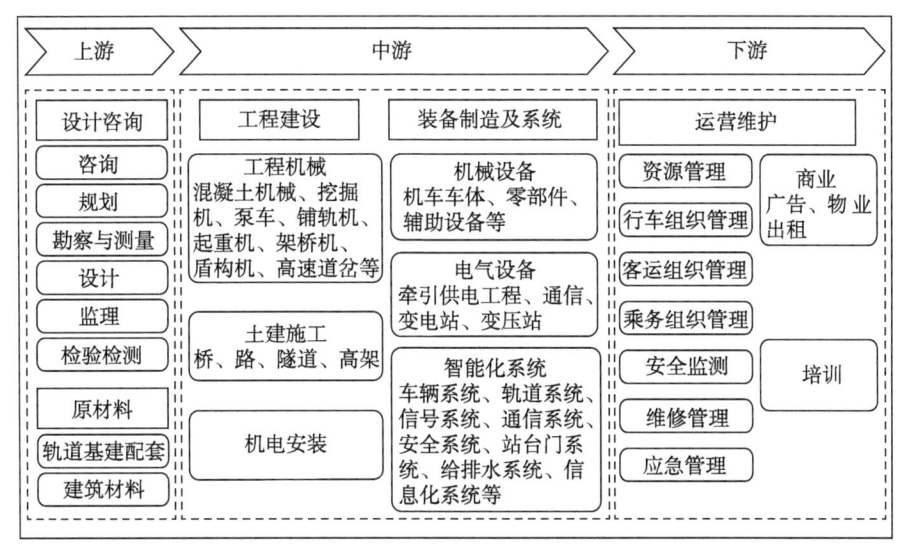

```
上游                  中游                              下游
┌─────────┐  ┌──────────────────────────────┐  ┌─────────────────────┐
│ 设计咨询 │  │ 工程建设      装备制造及系统 │  │ 运营维护            │
│ ┌─────┐ │  │ ┌──────┐    ┌──────────────┐│  │ ┌──────────┐        │
│ │ 咨询│ │  │ │工程机械│   │ 机械设备     ││  │ │ 资源管理 │ ┌────┐ │
│ └─────┘ │  │ │混凝土机│   │机车车体、零部│ │  │ └──────────┘ │商业│ │
│ ┌─────┐ │  │ │械、挖掘│   │件、辅助设备等│ │  │ ┌──────────┐ │广告│ │
│ │ 规划│ │  │ │机、泵车│   └──────────────┘│  │ │行车组织管理│ │物业│ │
│ └─────┘ │  │ │、铺轨机│   ┌──────────────┐│  │ └──────────┘ │出租│ │
│ 勘察与测量│ │ │、架桥机│   │ 电气设备     ││  │ ┌──────────┐ └────┘ │
│ ┌─────┐ │  │ │、盾构机│   │牵引供电工程、│ │  │ │客运组织管理│       │
│ │ 设计│ │  │ │、高速道│   │通信、变电站、│ │  │ └──────────┘        │
│ └─────┘ │  │ │岔等    │   │变压站        ││  │ ┌──────────┐        │
│ ┌─────┐ │  │ └──────┘    └──────────────┘│  │ │乘务组织管理│       │
│ │ 监理│ │  │ ┌──────┐    ┌──────────────┐│  │ └──────────┘        │
│ └─────┘ │  │ │土建施工│   │ 智能化系统   ││  │ ┌──────────┐ ┌────┐│
│ 检验检测 │  │ │桥、路、│   │车辆系统、轨道│ │  │ │ 安全监测 │ │培训││
│ ┌─────┐ │  │ │隧道、高│   │系统、信号系统│ │  │ └──────────┘ └────┘│
│ │原材料│ │  │ │架      │   │、通信系统、安│ │  │ ┌──────────┐       │
│ └─────┘ │  │ └──────┘    │全系统、站台门│ │  │ │ 维修管理 │        │
│轨道基建配套│ │ ┌──────┐   │系统、给排水系│ │  │ └──────────┘        │
│ ┌─────┐ │  │ │机电安装│   │统、信息化系统│ │  │ ┌──────────┐       │
│ │建筑材料││ │ └──────┘   │等            ││  │ │ 应急管理 │        │
│ └─────┘ │  │              └──────────────┘│  │ └──────────┘        │
└─────────┘  └──────────────────────────────┘  └─────────────────────┘
```

图 12－1 轨道交通产业链

资料来源：本书编写组整理。

中国通号（信号系统）为代表的行业内龙头中央企业的带动下，我国已形成了完整的轨道交通装备产业链，北京、成都、青岛、株洲、广州等城市已成为大型轨道交通产业集聚区。

从全球范围看，由于轨道交通装备制造属于资本和技术密集型行业，具有较高的技术壁垒，使得全球市场呈寡头垄断的竞争格局。全球龙头车辆制造商除中国中车外，还包括法国阿尔斯通（庞巴迪）、西班牙卡福、德国西门子、韩国现代 Rotem、日本川崎重工等。设备、系统及零部件优势企业包括德国克诺尔和美国西屋制动等（表 12－1）。我国轨道交通装备制造业的中央企业与上述全球龙头企业在国际市场上既存在激烈的竞争，也积极开展跨国分工合作。目前，中国中车处于全球行业领先地位，2022年中国中车销售规模居全球第一，全球市场份额超过 50%。

表 12－1 轨道交通车辆主要结构部件及国内外代表公司

车辆结构部件	国外代表公司	国内代表公司
整车	阿尔斯通、西门子、GE、日立、川崎重工、韩国现代	中国中车、京车装备

续表

车辆结构部件	国外代表公司	国内代表公司
信号系统	西门子、日立、阿尔斯通、泰雷兹	中国通号、北京华铁、和利时、卡斯柯、交控科技、众合科技
牵引控制系统	西门子、东芝	中车时代电气、北京纵横机电、新誉集团、江苏经纬
制动系统	克诺尔、西屋—法维莱、纳博特斯克	中车制动、北京纵横机电、天宜上佳、中车威墅堰、中车铁马、北京浦然、博深股份、瑞斯福、吉林东邦、青岛亚通达
门系统	克诺尔、西屋—法维莱、IFE—威奥轨道车辆门系统公司	康尼机电、今创集团、北京博得
车载电气设备及内装	西门子、阿尔斯通、ABB、施耐德	中国中车、鼎汉技术、今创集团、威奥股份、新誉集团

资料来源：本书编写组整理。

近年来，轨道交通装备制造业的中央企业通过产品"走出去"、服务"跟出去"、产能"走进去"、品牌"走上去"，实现了从产品到产业链的市场升级，从单一装备出口商向系统解决方案提供商转变的全新飞跃。2023 年 9 月，本书编写组前往中国中车旗下核心企业——中车株洲电力机车有限公司（简称"中车株机"）、中车株洲时代电气有限公司（简称"中车时代电气"），以及中国通号等中央企业开展深入调研。结合调研掌握的最新情况，对轨道交通装备制造业领域主要中央企业参与国际分工合作的情况进行总结评估。

二、通过贸易、投资、工程承包等多种形式参与国际分工合作

（一）产品出口：拓展多元化市场，覆盖完整产品谱系

目前，我国轨道交通行业主要中央企业的产品出口已实现"六大洲"全覆盖。1997 年，中车株机获得伊朗电力机车订单，实现了中国电力机车整车出口"零"的突破。随后，轨道交通行业中央企业作为践行国家"走出去"战略与共建"一带一路"倡议的先锋力量，获得全球多个国家和地

区的出口订单。以中车株机为例，截至2022年底，已累计获得27个国家（地区）90余个项目订单，涵盖机车、城轨、动车组、有轨电车、混合动力新能源调车机车等完整产品谱系，开创了多元化市场、多品种覆盖的局面。近年来，中车株机的轨道交通产品和服务在出口马来西亚、新加坡、土耳其、中亚、南非等传统市场的同时，通过创新商业模式陆续开拓墨西哥、菲律宾、巴西等人口过亿的新兴市场，以及德国、奥地利、匈牙利、捷克等欧洲高端市场，实现了"六大洲"全覆盖。出口产品实现了从中低端市场到高端市场的升级，从发展中国家市场向发达国家市场深入发展的转变。

又如中车时代电气，围绕成为全球轨道交通装备电气系统全面解决方案的首选供应商目标，紧抓"技术"和"市场"两个核心，利用海外业务工作平台建立起项目资源池，将产品批量出口到美国、澳大利亚、南非等20多个国家和地区。在机车方面，研制生产的牵引变流器、辅助变流器及网络控制系统等产品，广泛应用于大功率交流传动机车HXD1、HXD1B、HXD1C、HXD1D、HXN5和HXN5B等车型，大批量出口至澳大利亚、德国、埃塞俄比亚、巴西等国家和地区。在城轨方面，牵引传动产品满足城市轨道交通的所有制式（地铁、有轨电车、空轨、磁浮、智轨等），获得了美国、澳大利亚、新加坡、土耳其、中国香港等多个境外订单。机电系统集成获得加纳订单，此外，屏蔽门、工程车、供电、检测设备等出口规模也不断增长。

（二）海外投资并购：整合全球优质资源，完善全球产业链供应链布局

近年来，为进一步整合全球优质资源，也为适应"阵地战"营销需求和东道国本地化需求，轨道交通行业的中央企业海外投资并购活动较为活跃，在全球多个国家和地区建立了海外分支机构与本地化生产研发基地，获取了行业先进技术，拓宽了市场营销渠道，进一步完善了全球产业链供

应链布局。

以中车株机为例，公司先后在马来西亚、土耳其、南非、墨西哥等国家和地区建立了本地化的生产研发基地，在德国、菲律宾、印度等地成立了分支机构。2020年4月，中车株机成功并购德国福斯罗机车车辆有限公司，通过强化"株—福"市场开拓、技术研发、制造资源、供应链、运营管理等"五大协同"，大幅提升了公司自身产品在欧洲高端市场的影响力，在欧洲市场持续拿单①。又如中车时代电气②，2015年收购全球探海机器人第二大设计制造企业——英国SMD公司，进军"深蓝"领域，填补了国内深海机器人产业空白③。这次跨国资源的整合，不仅让中车时代电气在轨道交通牵引传动与控制系统的核心技术向深海高端装备领域延伸，同时也让英国SMD公司40余年的深海工程装备技术积淀"流淌"进来，在技术融合中海洋工程装备产业布局逐步呈现④。

（三）国际工程承包：创新商业模式，打造"系统+"新业态

在国际工程承包方面，轨道交通行业的中央企业以EPC总包"交钥匙"工程为依托，创新商业模式，带动国内资金、项目设计、施工建设、车辆装备和信号系统等共同"走出去"，实现从产品输出到"产品+服务+技术+资本+管理"系统方案输出的转变。这种模式已经应用于雅万高铁、亚吉铁路、蒙内铁路等多个海外铁路项目。

以印度尼西亚雅万高铁为例，该项目由中国和印度尼西亚的合资公司

---

① 2021年3月，德国北方铁路采购7台福斯罗DE18型内燃机车，6月又达成50台双动力机车框架协议。与荷兰Rail Innovators Group联合制造零排放的双动力调车机车。2022年1月，福斯罗获得德铁货运公司50台混合动力调车机车订单。

② 中车时代电气致力于被誉为列车"心脏"和"大脑"的牵引传动和控制系统自主研发及产业化，是支撑中国高铁"走出去"的核心高端装备企业，其前身及母公司是中车株洲电力机车研究所有限公司。

③ 截至目前，深海机器人（ROV）设备、海底挖沟机械以及海底采矿设备的设计、制造和销售，全球交付450多台套，全球客户超过50家。

④ 株洲新闻网，https://www.zznews.gov.cn/news/2023/0917/426417.shtml

Kereta Cepat Indonesia China（KCIC）负责建设与运营。该合资公司由原中国铁路总公司（中铁总，后更名为国家铁路集团）牵头组成的中国企业联合体与印度尼西亚维卡公司牵头的印度尼西亚国企联合组成。中方联合体主要成员包括中国中铁（设计及施工）、中国电建（土建施工）、中国中车（动车组）、中国通号（列控系统）等。雅万高铁在投融资、企业合作中创新性采用了 PPP 模式中的 BOOT（合资建设、管理、资产经营、运行移交），不需要印度尼西亚政府进行主权担保，是企业对企业（B2B）的合作经营模式，这也是我国企业能击败日本企业成功中标的重要原因。

中国中车首个海外"系统+"项目在实施过程中，再次充分体现中央企业"链主"作用，整合全球资源，实现强强联合、优势互补。2020 年 12 月，中车株机、中车香港公司联合体组建的项目公司与墨西哥城地铁局签署墨西哥城地铁 1 号线列车采购和线路升级项目的总包合同（EPC+F+M），项目周期 19 年。该项目创造了多项纪录：这是中国中车首个海外"系统+"项目，不仅包含新造列车，还包括线路整体修复施工、控制系统现代化改造及维保服务等，是中国中车向海外市场输出系统解决方案方面的重大突破。该项目也是墨西哥首次将此类项目合同授予中资企业，还是中资企业在墨西哥获得的最大基础设施合同。项目以高度的社会效益和环境效益入选联合国开发计划署"全球十大 PPP 项目经典案例"。

中车株机在全球范围内优选分包合作单位，重点补齐信号、通信、线路等专业短板。在信号系统方面，考虑技术实力与商务条件，与西门子建立合作关系。在通信系统方面，考虑国内地铁通信系统较成熟，与中国通号、华为等开展友好合作。在线路设计与施工方面，综合企业资质、项目经验、合同响应和价格，聘请墨西哥当地经验丰富的专业公司。在车辆方面，由株机本部负责设计、样车试制和整车散件供应，在墨西哥组装和调试；此外，在项目管理、法律、财税、合规经营等方面，聘请具有丰富经验的 EGIS、BBVA、德勤、品诚梅森等专业咨询顾问公司为项目提供专业服务。

再以中国通号为例，该公司充分发挥自身专业优势，深耕海外基础设施建设工程承包项目，提供定制化系统解决方案。例如，匈塞铁路是中国高铁进入欧洲的第一单，中国通号于2018年11月、2021年6月和2021年8月先后中标匈塞铁路贝旧段、旧诺段与诺苏段通信信号工程，涵盖匈塞铁路塞尔维亚境内全线弱电工程。自进入工程实施阶段以来，中国通号依托自身强大的科研设计、装备制造及工程交付能力，为匈塞铁路提供定制化的系统解决方案。为了确保技术产品满足匈塞铁路的建设标准及相关要求，中国通号积极推动通信信号设备互联互通 TSI[①] 和轨道交通功能安全EN系列标准认证，最终获得许可。

三、通过本地化经营初步实现整体产业链向海外平移

轨道交通领域中央企业在开展跨国产业链供应链布局过程中，始终坚持以客户为中心，为满足项目本地化需求，持续深化本地化制造、本地化采购、本地化用工、本地化服务、本地化营销的经营策略，初步实现了整体产业链向海外的平移。

（一）本地化制造

轨道交通领域中央企业根据重点区域市场国情、工业基础、政策法律等投资环境特点，充分考虑国家之间的需求差异性，在国别基础上管理企业价值链活动，满足特定市场的独特需求，同时也应对各国不同风险和机遇。通过合资、独资、租赁及合作等方式，建设本地化生产及服务基地，同时向基地输出"技术+管理"，帮助海外基地形成制造和服务能力。例如，中车株机对马来西亚、土耳其、墨西哥、德国等本地化生产基地授予高度的自主权，使其快速做出本地化响应。马来西亚、土耳其基地已为6

---

① TSI（Technical Specification for Interoperability）是欧盟铁路互联互通技术规范的简称，是欧盟关于铁路产品的技术法规，旨在消除欧盟国与国之间的跨国铁路运输发展障碍，进一步提高铁路运输效率。

个项目近百列列车进行了本地化制造，累计转让技术文件 3000 余份，技术培训和技术援助超过 3000 人。其中，土耳其公司可实现多种车型产品的柔性生产，并具备年制造 200 辆城轨车辆的生产制造能力。与此同时，公司开展的安卡拉不锈钢地铁车辆的本地化生产制造，还通过了国内行业协会认可，并获得了本地化生产证书。墨西哥城地铁 1 号线项目已经完成本地化制造 15 列列车。德国福斯罗机车车辆有限公司已完成 4 台车的本地化制造。

（二）本地化采购

轨道交通领域中央企业积极与项目所在地供应商开展本地化合作。如在小部件采购方面，努力在当地寻找和挑选最优本地供应商替代进口，拓宽本地采购渠道；在中部件采购方面，帮扶本地制造商实现部分零部件的本地化制造，完善轨道交通供应链，形成规模效应；在大部件采购方面，与国内供应商建立稳定持续的战略合作关系，抱团出海将国内供应链延伸至国际市场，支持产业链联盟供应商在境外开设分、子公司或者联合供应商共同在当地投资建厂。以 2023 年 6 月开工的伊斯坦布尔机场线地铁本地化制造项目为例，此项目合同要求本地化率达 60%。在开工仪式上，13 家东道国当地企业与株机—MNG 公司签订本地化采购协议，车体、头罩、空调、贯通道、座椅、乘客信息系统等零部件均为本地化采购，不仅降低了车辆采购成本，并且以此带动当地数十家配套企业发展。

（三）本地化用工

中企海外项目本地化用工普遍面临当地人力资源不足，文化差异导致沟通障碍以及团队融合等挑战。轨道交通领域中央企业以项目为依托，以海外生产基地为平台，牢固树立本地化用工理念，雇用当地员工充实基地经营管理团队；加强项目所在地员工的语言沟通、专业技能培训，提升员工素质。同时，以传统节日、公益活动为契机，增进不同文化背景的员工互相了解，建立包容性企业文化，帮助企业更好地融入当地市场，提升响应速度和运营效率。

（四）本地化服务

轨道交通领域中央企业充分挖掘客户需求，提供全生命周期的本地化服务，践行"产品走到哪里，服务就跟到哪里"的理念，形成以售后服务、维保服务为重心的服务能力。除了卖列车，还参考汽车"4S店"推出维保服务，解决海外业主的后顾之忧，并为当地带去轨道交通维保技术，增加了就业机会。以马来西亚市场为例，中车株机在2011年以马来西亚新购城际动车组为依托，开创性地在吉隆坡成立中国首个海外轨道交通4S店，专注于当地列车的维护保养，为客户提供维修保养、技术咨询、培训、劳务输出、配件支持等全生命周期服务。这一系统解决方案在实践中获得了成功，得到马方的极大认同。又如中车浦镇公司，在境外成立了新加坡子公司、印度子公司、中国香港分公司及多个办事处和项目办公室，布局海外制造基地和维保中心，以铁路客车、城市轨道车辆及其备件进出口等主营业务为主线，同时积极推动业务模式延伸至维保、翻新服务等，"产品+"业务模式呈现出多元化发展趋势。

（五）本地化营销

轨道交通领域中央企业采用营销策略本地化，发挥各海外分（子）公司平台作用，以集团总部海外战略为引领，结合市场特点，制定营销策略。同时，建立反馈机制，定期评估营销策略的效果，根据市场反馈灵活调整策略，确保营销活动的持续优化。通过营销团队本地化，构建包含当地人才的营销和服务团队，这些团队成员洞悉本地市场，能够有效沟通，更好地理解客户需求；通过营销手段本地化，差异化营销精准发力，获得当地客户的信任，斩获市场订单。同时，积极履行社会责任，树立中央企业良好形象，海外可持续经营能力显著提升。

四、通过全球创新研发合作向全球产业链高端环节攀升

近年来,轨道交通领域中央企业持续加大科技研发投入力度,积极布局海外研发中心、实验室,通过全球创新研发合作,掌控行业前沿核心技术,驱动企业向全球产业链高端环节攀升,实现从"跟跑"到"领跑",从"走出去"到"走进去"。

(一)建立海外研发中心,攻关尖端技术,获取高端科技人才

目前,中国中车已建立18个海外研发中心。其中,中车株机先后在南非、土耳其、奥地利成立海外研发中心,采用跨领域、多元化的开放式创新模式,以联合研发、战略合作、创新联盟等形式集聚高端创新要素,组建产学研用"创新共同体",先后与德国亚琛工业大学、柏林工业大学等重点大学签订战略合作协议,与福伊特、Derap、Cideon等研发机构开展联合设计。中车时代电气在英国设立区域研发中心,在以色列、美国建立研发合作网络,开展技术监测,以获取全球尖端技术、高端人才;与国内外顶级高校及科研院所在功率半导体、电气传动、变流及控制、列车网络通信、电机、设备健康管理、智能驾驶等多个领域开展深入合作及技术交流,打造技术领先优势,掌握关键领域前沿核心技术。

(二)针对东道国市场(项目)量身打造实验室,为"走进去"提供核心技术支撑

中车时代电气通过海外研发中心和国内研发中心分工协作,共同发力,加大对目标市场标准体系、技术规范、资质认证和标准研究力度。同时,还基于精益研发方法进行定制化、差异化低成本牵引系统平台开发,完成TMP–A1轨道交通牵引系统平台的研发,使其符合海外市场要求。

2019—2023年,中国通号先后在塞尔维亚、匈牙利、泰国建立了三座列车运行控制系统实验室。2019年,中国通号为匈塞铁路量身打造的

ETCS-2（欧洲列车运行控制系统）实验室在塞尔维亚首都贝尔格莱德落成，成为中国企业在海外建成的首个高铁列车运行控制系统实验室。实验室采用设备全部为中国通号自主化产品，取得互联互通 TSI 认证和塞尔维亚 DeBo 认证，所有信号系统的安全性和可靠性指标均已达到世界领先水平。该实验室积累了大量的当地资源，培养了人才队伍，为进军包括匈塞铁路在内的欧洲高铁市场提供核心技术支撑。

2021年，中国通号完成匈牙利首都布达佩斯 ETCS-2（欧洲列车运行控制系统）实验室的联锁和 CTC 等核心信号产品搭建工作。这是继塞尔维亚首都贝尔格莱德 ETCS-2 实验室后，以中国通号自主化系统、产品打造的第二座欧洲实验室，也是我国首个在欧盟国家建设的高铁列车运行控制系统实验室。该实验室的建设有力促进了中国通号各项核心技术产品符合欧盟及匈牙利当地标准认证，充分推动了中国高铁技术和产品立足欧洲、走向全球。

2023年，中国通号"亚太区域中心轨道交通控制系统实验平台"成功在泰国首都曼谷搭建完成。该实验室是中国企业在海外建设的第一座 ETCS-1（欧洲列车运行控制系统）实验室，也是中国通号在海外建设的第三座列车运行控制系统实验室。实验室核心设备采用了中国通号的自主化产品，实验室将依托亚太区域中心经营平台和泰国复线项目，在产品研发、仿真测试、宣传交流、学习培训等方面发挥重要作用。

五、中央企业参与国际分工合作的优势经验总结

依靠中国巨大的内需市场，中国先进轨道交通产业快速发展，成为高端技术装备领域达到全球领先水平的产业，也是全产业链"协同出海"的成功典范。以中国中车、中国通号为代表的"链主"中央企业充分发挥对产业链供应链的连接力与控制力优势，积极参与全球产业链供应链分工合作，为开拓国际市场、提升产业国际竞争力与话语权积累了较为丰富的经验，在推动轨道交通产业链高质量发展、加快建设现代化产业体系中彰显责任担当。

第十二章
装备制造领域——以轨道交通为例

（一）坚持完善上下游布局和融合发展，锻造出强大的产业链供应链连接力

一是完善上下游、布局高精尖，连点成链、集链成群，锻造出强大的产业链供应链连接力。就轨道交通装备产业集群来看，中车已打造出3个千亿级别的轨道交通产业集群，其中湖南株洲地区已成为全球最大的轨道交通装备产业集群。株洲田心片区汇聚了中车株机、中车株洲所、中车株洲电机等多家百亿级龙头骨干中央企业，充分发挥"厂所结合"优势，持续不断地完善上下游、布局高精尖。以它们为核心，以需求为导向，方圆5公里之内，聚集了产业链供应链上400多家科技型中小微企业，产品覆盖轨道交通装备全行业10大核心系统和20种关键配套部件，本地配套率达80%以上，产业聚集度全球第一。一杯咖啡的时间，集齐生产一台电力机车所需的上万个零部件，凸显株洲轨道交通装备产业链供应链配套完备、高效协同的硬核实力。本书编写组在调研中了解到，未来株洲将充分发挥"整机+核心部件与系统+配套零部件"的竞争优势，力争到2025年，集群规模稳步迈进2000亿元。

二是企业在分工合作中高效协同、快速联动和深度融合，在面对外部冲击时具备强韧的应变和抗风险能力。产业集群优势加深了产业链上中下游企业合作，形成了发展"命运共同体"，进一步为产业整体带来了强大的韧性和抗压能力。2020年初新冠疫情暴发，全球供应链几近停顿，土耳其伊斯坦布尔新机场线地铁列车按合同应在7月交付。先进轨道交通装备零部件，如果是全球采购，周期按月计算，在国内采购按周计算，在株洲配套供应最快可以按小时计算。2020年1月，在一周时间内，中车株机和上下游企业整体复工。依托强大的产业链供应链连接力，6个月后地铁列车如期下线，创造全球新造最快地铁列车研发交付纪录。

三是"链主"中央企业将管理经验在产业链供应链上扩散，增强产业链供应链的连接力。轨道交通产业链供应链的连接力不仅体现在基于"投

入—产出"的生产制造环节，还体现在"链主"中央企业将先进管理模式与管理经验向上游供应商输出，带动供应链上中小企业不断进步甚至"被进步"，推动全产业链高效运营。以中车株机供应商为例，联诚集团进驻中车株机供应商门户系统之初，一度不适，产品及时交付率曾低至70%以下。经中车株机的管理帮扶，其产品及时交付率很快达到95%以上。之后，中车株机的这套系统及管理模式被联诚集团迅速运用于其自身的供应链管理，企业管理水平、产品交付能力大幅提升。

（二）坚持把科技创新摆在突出位置，持续提升对产业链供应链的控制力

一是强化关键核心技术攻关，打造自主创新策源地。关键核心技术是增强对产业链供应链控制力的"命门"。以中国中车、中国通号为代表的中央企业长期持续加强自主研发投入，成功攻克了一批"卡脖子"核心技术，同时开展跨界协同创新，强化关键核心技术联合攻关，抢占技术制高点，从而显著提升对产业链供应链的控制力。中国中车成功突破了高速列车网络控制系统核心技术，实现了与全球网络控制产品无障碍交互，构建了自主化的网络控制系统软硬件平台。中国通号自主化CTCS–3级列控系统装备雅万高铁，打造中国高铁首次全系统、全要素、全产业链走出国门的"样板工程"。

二是重视实施产业链创新引领工程，带动产业链整体提升。作为轨道交通产业链"链主"，中国中车在补齐短板之余，以CR450、高速磁浮交通系统、中国标准地铁列车等重大工程为引领，填补领域空白，抢占前沿高地，巩固提升对产业链供应链的控制力。当前，"CR450科技创新工程"已取得阶段性成果，一系列新技术部件在更高运行速度条件下的性能进行了验证。国铁集团预计2024年将完成CR450样车制造并开展型式试验，这将进一步巩固扩大我国高铁技术世界领跑优势①。

---

① https://baijiahao.baidu.com/s?id=1789285982599288572&wfr=spider&for=pc

三是统筹产业链供应链资源，与上下游企业联合研发，形成"研发创新共同体"。在技术攻关过程中，轨道交通领域中央企业带动产业链供应链上的企业开展联合研发，引导轨道交通装备零部件供应商参与整车设计、技术研发与整车组装等环节，同时把自身在轨道交通装备生产制造领域多年积累的管理经验溢出到相关企业的运营管理中。产业链供应链上的企业也因参与联合研发，在技术、工艺、质量等方面得到了显著改进提升。

（三）坚持推动"中国方案"在海外落地生根，提升中国标准的全球话语权

中央企业在参与全球产业链供应链分工合作过程中，国际竞争优势不仅体现在产品性价比、服务等方面的"硬实力"突出，同时行业技术标准"软实力"也在不断提升。以共建"一带一路"项目为依托，行业内领军中央企业全力推动中国方案在海外落地生根，向世界展示了中国技术、中国标准、中国方案的先进性和包容性。在全产业链出海中，坚持"标准优先"，积极争取国际市场的话语权、行业标准制定权，打破了历来被欧美日跨国公司所垄断的行业格局，为产业链上下游的国内企业开拓国际市场赢得先机。

（四）坚持筑牢海外经营风险"防火墙"，维护产业链供应链安全

国际市场波诡云谲，部分地区政治环境和营商环境欠佳，国别风险突出。轨道交通领域中央企业作为参与全球产业链供应链分工合作的先锋力量，始终对海外经营的风险问题保持高度警惕，不断增强海外风险识别和分析能力，健全境外项目风险管控制度，完善风险防控流程和应急预案，确保风险防控工作有的放矢。面对复杂多变的国际形势，中央企业以风险管理为导向、内部控制为手段、合规经营为底线，持续完善

法律、合规、内控、风险一体化建设，努力实现全产业链安全、稳定运营。

六、全球龙头轨道交通装备制造商业绩对比

2023年初，全球龙头轨道交通装备制造商先后发布了2022（或2022/2023财年）年度报告。中国中车蝉联营业收入冠军，阿尔斯通继续释放整合优势，西班牙卡福（CAF）在手及新订单创历史新高，西门子一体化交通方案的解决者角色更为突出，瑞士Stadler销量创纪录。以下将对上述五大巨头的主要财务指标进行对比，同时从四个维度对全球前两大轨道交通巨头——中国中车和阿尔斯通的国际分工合作能力进行对比。数据显示，中国中车尽管总体营收居全球首位，盈利状况也明显好于阿尔斯通，但业务版图主要集中在国内，跨国经营能力和阿尔斯通相比存在较大差距。这也在一定程度上反映出，轨道交通领域中央企业参与全球产业链供应链分工合作的能力、全球资源整合能力有待进一步提升。此外，本书编写组在实地调研中得到的企业反馈情况也基本一致，即对标世界一流企业，轨道交通中央企业的国际化经营指数偏低，国际化之路仍然任重道远。

（一）全球五大轨道交通设备制造商业绩对比

1. 营业收入：中国中车营业收入稳居全球首位

2022年中国中车营业收入为2229.4亿元（约合290亿欧元），同比下滑1.24%；净利润为116.53亿元，同比增长13.11%；新签订单约2791亿元。中国中车作为全球规模领先、品种齐全、技术一流的轨道交通装备供应商，连续多年轨道交通装备业务销售规模位居全球首位。2022年（财年），营业收入紧随中国中车之后的依次是阿尔斯通、西门子、西班牙CAF、瑞士Stadler（见表12-2）。

表12-2 阿尔斯通、CAF、西门子交通、Stadler 2022年经营数据对比

	阿尔斯通/亿欧元 2022.04.01— 2023.3.31	西班牙CAF/亿欧元 2022.01.01— 2022.12.31	西门子交通/亿欧元 2022.01.01— 2022.12.31	Stadler/亿瑞士法郎 2022.01.01— 2022.12.31
订单量	207	120	132	85.6
收入	165	31.65	96.92	37.5
EBIT	8.52	1.39	7.94（profit）	2.051

数据来源：本书编写组根据各公司年度报告整理。

2. 增长势头：阿尔斯通表现颇为强劲

根据阿尔斯通发布的2022年财报，尽管受到乌克兰危机、新冠疫情、通货膨胀导致价格上涨以及全球供应链受阻等造成的消极影响，但阿尔斯通业绩表现依然十分强劲，市场发展前景广阔。受益于绿色交通的有利政策影响，所辐射地区订单量增长显著。总体来说，阿尔斯通2022年订单量为207亿欧元，相比2021年的193亿欧元上升了7%，订单出货比率为1.25；销售额为165亿欧元，相比2021年的155亿欧元上升了7%；息税前利润（EBIT，扣除利息和所得税之前的利润）为8.52亿欧元，相比2021年的7.67亿欧元上升了11%。截至2023年3月31日，阿尔斯通在874亿欧元在手订单的支持下，销售收入年复合增长率超过5%，确保未来三年销售额约380亿至400亿欧元。机车车辆、服务和信号等主要业务板块均呈现快速增长之势。

3. 市场占有率：中国中车在东南亚市场领先优势明显，在北美市场仅次于阿尔斯通

欧洲市场占比主要分布如下：阿尔斯通（39%）、瑞士Stadler（19%）、西门子（10%）、日立（7%）、西班牙CAF（5%）；北美市场主要由阿尔斯通（31%）、中国中车（23%）、西门子（13%）、美国GE（8%）以及瑞士Stadler（6%）瓜分；东南亚市场则由中国中车（25%）、韩国现代Rotem（24%）、阿尔斯通（13%）、日立铁路（7%）、美国Progress Rail（4%）以及西班牙CAF（2%）占据。可见，中国中车在北

美和东南亚均拥有约四分之一的市场份额,领先优势明显。北美市场的重要性不言而喻,东南亚则是全球经济最活跃的板块之一。如果继续维持甚至提升在此区域内的优势,其全球辐射效应就会得到有效释放。

专栏12-1

聚焦增长——机车车辆制造商成功抵御全球危机

2023年7月,全球著名交通咨询公司德国SCI Verkehr公司发布了最新报告《聚焦增长——机车车辆制造商成功抵御全球危机》[①],报告显示:尽管受到新冠疫情、战争和通货膨胀等多重不利因素的影响,但是行业内制造商纷纷加快疫后生产恢复,履行之前签订的合同。

轨道车辆市场回暖,未来将保持稳定增长。2022年轨道车辆市场的增长率达到了5%,首次超过了疫情前2019年的数字。在2020年下降4%、2021年小幅上升2%之后,SCI Verkehr预计未来将继续保持非常稳定的增长。值得注意的是,前十大制造商的销售集中度进一步提高,2022年达到75%[②],其中以中国中车和阿尔斯通两大巨头为首。

新轨道车辆销售额超过疫情前(2019年)销售额,中国中车销售额遥遥领先。根据SCI Verkehr的估计,2022年新轨道车辆的销售额达到568亿欧元,比2021年的537亿欧元水平高出5%,也高于疫情前(2019年)的销售额。由于阿尔斯通和庞巴迪于2021年1月合并,西门子现在上升到第三名,瑞士Stadler排名第四。俄罗斯最大的制造商TMH仍然排在第五位,而日立铁路和美国Green brier公司分别上升了一位。美国货车制造商Trinity Rail在缺席一年之后重新登上领奖台,

---

① https：//www.sci.de/fileadmin/user_upload/free-downloads/Herstellerstudie_engl.pdf
② 2020年排名前十的制造商占销售额的72%,阿尔斯通和庞巴迪运输公司直到2021年1月才正式合并。

取代了印度制造商 Integral Coach Factory（ICF）。现代 Rotem 继西班牙汽车制造商 CAF 之后，首次进入前 10 名。

乘用车占全球轨道交通车辆销售的最大份额。在乘用车领域，中国中车、阿尔斯通稳居前两位，瑞士 Stadler 紧随其后是第三大生产商，西门子交通、日立铁路系统分别排名第四、第五。排名前十的乘用车制造商还包括俄罗斯的 TMH、CAF、现代 Rotem、Integral Coach Factory 和川崎铁道车辆。

（二）中国中车与阿尔斯通产业链供应链分工合作能力对比

本节重点对全球轨道交通行业两大巨头——中国中车、阿尔斯通的国际分工合作能力进行对比，将从市场竞争力、跨国经营能力、关键节点控制能力和可持续发展能力四个维度逐一进行比较分析。

1. 市场竞争力："一利五率"

根据中国中车 2022 年度报告、阿尔斯通 2022/23 财年年报披露的数据，两家企业"一利五率"情况如表 12-3 所示。

表 12-3 中国中车和阿尔斯通"一利五率"对比

	一利五率	中国中车	阿尔斯通
盈利能力	持续经营带来的净利润	141.3 亿元（约合 20 亿欧元）	-104 亿欧元
	调整后的 EBIT	239.57 亿元（约合 33.9 亿欧元）	8.52 亿欧元
	调整后的息税前利润率	10.3%	5.2%
五率	资产负债率	56.8%	71%
	资产收益率	3.2%	1.2%
	全员劳动生产率	141.8 万元/人（约合 20.1 万欧元/人）	20.6 万欧元/人
	营业现金比率	10.7%	3.7%
	研发经费投入强度	6%	3.1%

注：2022 年人民币对欧元平均汇率为 1 欧元 = 7.07 元。

数据来源：中国中车 2022 年度报告、阿尔斯通 2022/23 财年年度报告。

从表12-3数据可以看出,2022年(财年)中国中车的"一利五率"指标明显好于阿尔斯通。在盈利方面,中国中车的净利润、调整后的EBIT、调整后的息税前利润率等指标明显好于阿尔斯通。受庞巴迪遗留项目的拖累,2022/23财年阿尔斯通出现净亏损,2023年上半年仍然未能扭亏,财务状况较为紧张。中国中车在资产负债率、资产收益率、营业现金比率等方面也明显好于阿尔斯通。两家企业全员劳动生产率水平相当。在研发经费投入方面,中国中车研发资金投入力度明显大于阿尔斯通。近年来,中国中车研发经费投入强度一直稳定在6%左右,阿尔斯通保持在3%左右。

2. 跨国经营能力

中国中车、阿尔斯通作为全球轨道交通领域的两大巨头,在其发展历程中均有经过合并充分释放整合优势的经历,在发展战略上均致力于成为全球领先的高端装备系统方案供应商,两家行业巨头在国际市场上既有竞争,也积极开展合作。尽管从营业收入、订单量等整体规模指标上看,中国中车领先于阿尔斯通,但中国中车的跨国经营能力与阿尔斯通相比,仍存在明显差距。以下将对两家公司的跨国指数(TNI)进行对比分析。

中国中车方面,根据中国企业联合会、中国企业家协会发布的《2023中国跨国公司100大名单及跨国指数》,2022年中国中车海外资产357.84亿元,海外营业收入157.86亿元,海外员工6761名,跨国指数(TNI)为5.91%(见表12-4)。

表12-4 中国中车跨国指数(TNI)

海外资产/亿元	海外营业收入/亿元	海外员工/名	跨国指数/%
357.84	157.86	6761	5.91

数据来源:《2023中国跨国公司100大名单及跨国指数》。

阿尔斯通方面,编写组基于阿尔斯通2022年财报(2022.4.1—2023.3.31)披露的相关数据,对该指标进行了估算[①]。需要做以下两点说明:其一,尽

---

① 阿尔斯通不在联合国贸发会(UNCTAD)发布的"全球非金融类跨国公司100强"榜单,同时也没有公开可查询的权威机构发布的阿尔斯通跨国指数。因此,编写组根据公司财报披露的相关数据,估算了TNI指标。

第十二章
装备制造领域——以轨道交通为例

管阿尔斯通是一家法国公司，但考虑到中国与法国的人口、市场规模差距，以及多年来阿尔斯通一直根植于欧洲市场，因此，为了使两家企业的跨国指数更具可比性，编写组将阿尔斯通海外业务的范围划定为"除欧洲外"；其二，考虑到数据的可得性，用海外非流动资产（非商誉部分）占比近似替代海外资产占比，用海外销售额占比近似替代海外营业收入[①]占比。具体计算结果如下：

海外资产占比约为41%。2022年阿尔斯通非流动资产[②]158.14亿欧元，其中除去商誉部分64.34亿欧元。从国别地区分布看，除去欧洲外的资产占比约为41%。具体分布见表12-5。

表12-5 阿尔斯通非流动资产（除去商誉）分布

国家（地区）	资产额/亿欧元	占比/%
欧洲 其中，法国	38 15.87	59 24.5
美洲	8.16	12.7
亚太	15.32	23.8
非洲/中东/中亚	2.86	4.4

数据来源：阿尔斯通2022年财报。

海外销售额占比40%。阿尔斯通2022年财报显示，公司销售额165亿欧元。从国别地区分布看，除欧洲外销售占比40%。具体分布见表12-6。

表12-6 阿尔斯通全球销售分布

国家（地区）	销售额/亿欧元	占比/%
欧洲 其中，法国	99.36 25.4	60.2 15.4

---

① 销售收入指企业通过销售商品或提供服务而实际获得的货款或服务费用，而营业收入指企业在正常经营活动中获得的总收入，包括销售收入以及其他与主营业务相关的收入。在财务报表中，销售收入和营业收入可能被分别列示，也可能被合并呈现，具体取决于企业的财务报告体系和会计政策。

② 非流动资产是指除与金融债务、雇员设定福利有关的资产以外的非流动资产计划和递延税项资产。

续表

国家（地区）	销售额（亿欧元）	占比
美洲	28.43	17
亚太	23.78	15
非洲/中东/中亚	13.5	8

数据来源：阿尔斯通2022年财报。

海外员工占比42.8%。阿尔斯通2022年财报显示，截至2023年3月31日，公司共有80183名员工，分布在全球175个国家（地区），258个工作地点，除欧洲外的国家（地区）员工占比42.8%。其中，阿尔斯通在中国大陆拥有近万名员工（9513名），主要在卡斯柯、庞巴迪四方（青岛）运输有限公司工作。具体分布见表12-7。

表12-7 阿尔斯通员工全球分布

国家（地区）	员工人数/人	占比/%
欧洲	45901	57.2
美洲	13723	17.1
亚太	15230	19
非洲/中东/中亚	5329	6.6

数据来源：阿尔斯通2022年财报。

取上述三个细分指标的平均数，估算出阿尔斯通跨国指数（TNI）约为41.2%，远高于中国中车跨国指数5.91%。

此外，海外订单量占比也较为直观地反映出企业海外业务版图。2022年，中国中车国际业务（除中国大陆外）新签订单约509亿元，占新签订单总额的比重为18.2%。阿尔斯通2022/2023财年除欧洲市场外订单量占比为40%。因此，跨国指数、海外订单量占比等指标均表明，中国中车的跨国经营能力与阿尔斯通相比，仍存在较大差距。

表12-8 中国中车与阿尔斯通跨国经营指标对比

指标名称	跨国指数/%	海外（除欧洲外）订单量占比/%
中国中车	5.91	18.2
阿尔斯通	41.2	40

数据来源：本书编写组整理计算。

第十二章
装备制造领域——以轨道交通为例

本书编写组在调研中，从企业获得的反馈情况与数据计算结果来看基本一致。部分中央企业表示，尽管近年来中央企业参与国际分工合作的能力已有明显提升，但总体国际化经营指数仍处于较低水平，国际市场收入占年销售总收入最高不超过20%，并购企业、产品维保业务及其他服务业务等未实现重大突破，相较其他全球龙头轨道交通装备制造企业，如阿尔斯通、西门子等，存在较大差距。

3. 关键节点控制能力

作为全球轨道交通领域两大巨头，中国中车、阿尔斯通均对产业链供应链有较强控制力。在硬实力方面，两家企业均加大创新技术研发投入力度，占据行业前沿技术制高点；在软实力方面，积极参与行业规则标准制定，以提升行业影响力和话语权，加大对整条产业链供应链的控制力。

阿尔斯通作为全球轨道交通领域的领头企业，致力于投资开发新技术和解决方案，以帮助提高铁路运输系统的性能、可靠性和可持续性，为铁路运输行业提供创新和可持续的解决方案。阿尔斯通的主要研发重点包括：一是数字化。阿尔斯通正在投资大数据、人工智能和物联网等技术，为预测性维护、能源优化和交通管理开发新的解决方案。二是能源效率。阿尔斯通致力于减少铁路运输系统的能源消耗和碳足迹。公司正在投资再生制动、轻质材料和节能牵引系统等技术，以减少能源消耗和排放。三是氢动力。阿尔斯通是氢动力列车开发领域的领导者。公司正在投资研发，以提高氢动力列车的效率和性能，并开发新的氢生产和储存解决方案。四是信号和列车控制。阿尔斯通正在投资研发，通过开发先进的信号和列车控制解决方案，提高铁路运输系统的安全性、容量和效率。此外，阿尔斯通正在开发新技术，如列车自动操作（ATO）和列车防撞系统（TCAS），以提高安全性和减少延误。五是乘客体验。阿尔斯通正在投资研发，以改善火车和车站的乘客体验。公司正在开发虚拟现实、增强现实和移动应用程序等新技术，以提高乘客的舒适度、便利性和娱乐性。

中国中车的主要做法则包括：

(1) 双赛道双集群，全产业链布局以增强控制力

中国中车坚持原创技术策源地和现代产业链链长一体打造，按照"优势产业延链、新兴产业建链"思路，扎实开展轨道交通装备与清洁能源装备现代产业链共链行动，促进"双赛道双集群"产业链协同融合发展，以增强产业链供应链控制能力。

在轨道交通装备领域，依托全产业链布局中低速磁浮列车、100%低地板现代有轨电车、光电磁数字化导向的胶轮低地板列车等中低运量城市交通，以及纯电动新能源机车、永磁混合动力调车机车等新能源机车和时速400公里高速动车组永磁电机、具有代际特征的电子机械制动系统，中国中车正在为全球轨道交通提供更多创新方案。在风电装备领域，中国中车已经实现了轨道交通系统集成、牵引传动、控制系统、车体技术等九大关键技术在风电装备上的落地应用，提出了山地、高原、分布式、海上等不同应用场景解决方案。其研发的20MW海上半直驱永磁同步风力发电机作为全球功率最大的风力发电机，对提升海洋资源的开发能力具有里程碑式的意义。在新能源商用车方面，中国中车拥有覆盖"芯片—器件—模块—系统—整车"的全产业链全面解决方案和13520数字"零碳"交通解决方案。在新材料领域，橡胶减振产品、有机硅泡沫材料、碳纤维叶片、聚氨酯叶片等新材料远销欧美等数十个国家和地区，成为公司新的业务增长点。

(2) 数智赋能，提供"系统+"解决方案

以数字化和智能化为支撑，中国中车探索出了"系统+"的发展新模式。"系统+"是指数字化、智能化技术支撑下的设计、施工、运营一体化系统解决方案和全生命周期服务，这是对传统城市轨道交通项目和风电产业从规划设计、投资融资、装备制造、建设管理到运营维保全过程进行的高度集成、深度优化、有机统一的耦合设计。

在轨道交通"系统+"领域，列车自主运行系统（TACS）、智能运维

系统，是全生命周期服务的典型代表，TACS基于车—车通信技术，实现了地铁列车从自动运行到自主运行的技术跨越，代表着未来技术发展方向；智能运维系统在物联网、云计算、大数据、人工智能等技术支持下，可有效降低城轨车辆故障率和全生命周期维护成本。

在风电产业"系统+"领域，中国中车依托全产业链优势，打造从设计规划、投资建设到一体化运营维保，从原材料、零部件供应到整机制造再到风电场运营的全产业链系统解决方案。

（3）制定中国标准，带动全链成长

复兴号动车组是中央企业努力建立中国标准体系、带动产业链整体走出国门、深度参与国际分工合作的典型案例。2023年9月，中国与印度尼西亚合作建设的雅加达至万隆高速铁路项目开通运行。雅万高铁不仅是东南亚的首条高铁，也是我国高铁海外出口的第一单，它全线采用中国技术、中国装备、中国标准建设，运行采用KCIC400AF型高速列车，是依托我国CR400AF型"复兴号"列车技术平台，为适应印度尼西亚当地运行环境和线路条件研制的高速铁路列车。而复兴号CR400AF/BF型动车组是完全按照中国标准研制的动车组，根据《时速350公里中国标准动车组暂行技术条件》，CR400AF/BF型动车组采用标准或技术文件134项，有101项是中国自己的标准，占比75.4%[1]。复兴号动车组的功能标准和配套轨道的施工标准均高于欧洲标准及日本标准，具有鲜明的中国标准特征。

在城市轨道交通方面，我国地铁车辆正加速驶入"中国标准"时代。中国标准地铁列车是以中国标准为主导，采用标准化、模块化、系列化的设计理念，在充分满足安全性、实用性要求的基础上，实现了关键部件自主化、零件通用化、部件模块化、系统集成化、功能配置化、整车标准化等目标。自2021年以来，列车已在国内深圳、广州、徐州等城市的地铁线路上投入运营，其研制与落地应用将进一步解决依赖进口关键零部件、缺

---

[1] https：//baijiahao.baidu.com/s？id=1648968217516270008&wfr=spider&for=pc

乏统一产品和技术平台等发展问题，助推产业规模化和行业规范化。

4. 可持续发展能力

近年来，ESG 理念、企业社会责任（CSR）等已经成为全球跨国公司的通用语言，可持续发展能力对跨国公司全球产业链供应链布局的影响日益增大。在经济活动中，通过龙头企业（链主）的引领，上述理念和做法已传导至产业链供应链的上、下游，进而推动产业链供应链的可持续发展变革。对企业自身而言，ESG 因素越来越成为其发挥竞争优势、提升全球产业链供应链分工合作能力的必要条件。环境友好（E）意味着生产经营活动具有正外部性或负外部性较小，兼具经济效益与环境效益；较高的社会责任（S）意味着重视客户、员工等利益相关方的使用体验、劳动者权益，具有高标准供应商管理等，形成较高的市场认同度，获得更高的市场份额；良好的公司治理（G）能提高经营绩效。因此，通过企业 ESG 表现，衡量其可持续发展能力，也成为评价其全球产业链供应链分工合作能力的重要方面。

在 ESG 方面，中国中车的主要做法如下：

（1）提升可持续发展能力的工作经验

为提升可持续发展能力，中国中车在推进 ESG 体系建设、履行社会责任实践中，以"绿色、价值、治理、担当"四大要素为支撑，着眼构建具有中国企业特色的 ESG 体系模型。

支撑 1：绿色

2018 年，中国中车已经实现碳达峰。2022 年，中国中车被评为中国工业碳达峰"领跑者"企业，21 家子企业获评国家级绿色工厂。总计环保投入 4.47 亿元，完成 138 个环保技改项目，二氧化硫排放量为 148.02 吨，同比降低 24.95%，COD 排放量[①]为 389.67 吨，同比降低 16.97%。

作为高端装备制造行业的领军企业，中国中车已制定具有引领性、挑战性的"35·50"碳中和目标：力争 2035 年实现运营碳中和，2050 年实

---

① COD 即（Chemical Oxygen Demand），化学需氧量。COD 值越高，表示水中有机污染物污染越重。

现全价值链碳中和。中国中车提出绿色投资、绿色创新、绿色制造、绿色产品、绿色服务、绿色企业"6G"理念，推动零碳能源行动、零碳交通行动、绿色制造行动、碳资产行动、碳数字行动、碳品牌行动的"6A"零碳行动，争做绿色制造的领跑者、绿色交通的示范者、绿色生活的创造者、绿色发展的先行者。

支撑2：价值

中国中车始终坚持"开放、创新、合作、共享"理念，以"点、线、网"立体构建价值创造体系，与投资者共享价值，与客户共享价值，与当地政府和民众共享价值，成就员工、回报股东、回馈社会。

中国中车聚焦"点"——自身产品服务价值，构建基于数字化、智能化、绿色化、高端化的价值创造模型，为用户提供全生命周期服务和系统解决方案。聚焦"线"——产业链上下游价值，坚持共商共建共享共赢，发挥"链长"融通带动作用，推广应用大数据、人工智能、互联网等技术，着力构建现代化产业体系。聚焦"网"——产业生态整体价值，持续优化全球业务布局，推进高水平对外开放，与全球20多个国家和地区、2000多家供应商建立合作关系，努力构建运行通畅、协同高效、互利共赢的产业生态。例如，墨西哥城地铁1号线作为各方合作共赢的标志性项目，以较高的社会效益和环境效益，入选联合国开发计划署"全球十大PPP项目经典案例"。

支撑3：治理

公司治理是企业履行社会责任、实现高质量发展的基石。中国中车作为"A+H"股上市公司，始终对标国际企业管治标准，不断提升企业管治水平，构建了权责法定、协调运转、有效制衡的公司治理机制。聚焦资本市场关注点，持续提升信息披露质量，形成"以评级促管理、以报告促管理"的双驱动提升模式。发布海外社会责任报告，全面、直观地与利益相关方互动沟通。在世界著名营销调查机构——美国媒体专业联盟（LACP）2022年度报告"远见奖"评选中，中国中车2022年年报同来自数十个国家和地区的近千份年报同台竞逐，荣膺金奖。

支撑4：担当

中国中车始终秉承"连接世界、造福人类"的企业使命，致力改善人们出行品质，主动融入共建"一带一路"合作平台。积极推行"五位一体"合作方案（产品+技术+服务+资本+管理）。深入实施"五本模式"（本地化制造、本地化用工、本地化采购、本地化维保和本地化管理）。努力担当好"四种角色"（文化传译者、人才孵化站、产业推进器、社区好邻居）。担当"五大责任"，即发展责任、产品责任、绿色责任、社区责任、员工责任。激发"五大动力"，即以企业使命为核心的领航力、以发展战略目标为核心的牵引力、以价值创造为核心的驱动力、以合规管理为核心的保障力、以相关方管理为核心的支撑力，着力推动高质量发展，加快建设世界一流企业。

（2）第三方独立机构对中国中车可持续发展能力的评价

2023年，中国中车股份有限公司获得中诚信绿金ESG等级A的评级[①]，该评级意味着ESG综合表现水平较高，ESG潜在风险较小。其中，环境方面E：BBB-，表现水平一般，ESG潜在风险一般。社会方面S：AA+，表现水平高，ESG潜在风险小。治理方面G：A+，表现水平较高，ESG潜在风险较小。

此外，2022年中国中车入选《财富》中国ESG影响力榜第9名，位居工业机械第1名。中国中车ESG案例入选中国上市公司协会《上市公司ESG优秀实践案例》，连续七年获得上交所信息披露工作评价最高等级A级并斩获数项重量级国际年报大奖。

阿尔斯通的主要做法如下：

阿尔斯通在可持续交通领域有着悠久的历史，其使命是支持向安全、环保、高效、包容的可持续交通系统转变。可持续发展和企业社会责任（CSR）已经完全融入阿尔斯通公司战略，公司可持续发展能力获得全球权威评级机构较高评级，处于行业领先水平。

---

① https://esgratings.ccxgf.com/#/home

（1）可持续发展和企业社会责任的四大战略支柱

企业社会责任完全融入了阿尔斯通的战略计划"阿尔斯通在行动2025"（Alstom in motion 2025），该计划展现了公司成为可持续和智能移动领域全球领先的创新参与者的雄心。在该计划中，可持续发展和企业社会责任围绕四大支柱——①使交通脱碳；②关心员工；③对社会产生积极影响；④成为负责任的商业合作伙伴。公司为四大战略支柱分别设定了具体目标，并为实现目标采取积极行动。截至2022/23财年，各项目标的进展情况见表12-9。

表12-9 可持续发展和企业社会责任的四大战略支柱及目标完成情况

战略支柱	主要目标	截至2022/23财年的完成情况	总体进度	目标完成年份
使交通脱碳	所售产品及服务的能耗降低25%	降低23.4%	接近完成目标	2025
	100%新开发的生态设计解决方案	65%	进程中	2025
	100%电力来自可再生能源	57%	进程中	2025
	新开发的机车车辆中25%的回收成分	22.5%	接近完成目标	2025
关心员工	总可记录伤害率为2.0	1.8	已完成	2025
	全球最佳雇主认证	已完成	已完成	2025
	28%的女性员工担任经理、工程师和专业人员	23.9%	进程中	2025
	每位员工每年学习22小时	22.2	已完成	2025
对社会产生积极影响	社区投资方案和阿尔斯通基金会活动让250000人受益	299000	已完成	2025
	12个国家有CSR标签	7	进程中	2025
成为负责任的商业合作伙伴	全球ISO 37001认证	已完成	已完成	2025
	100%的供应商根据其风险水平对CSR和E&C进行监控或评估	74%	进程中	2025
	500家供应商接受可持续发展和企业社会责任培训	202	进程中	2025

数据来源：阿尔斯通2022/23财年年报。

支柱1：使交通脱碳

脱碳目标被列为公司核心战略之一，脱碳成绩显著。一方面，减少自身直接和间接的排放（称作范围1、范围2），并承诺到2030/31财年将范围1和范围2的二氧化碳排放量降低40%；另一方面，致力于与上游供应商、下游客户合作（称作范围3），共同为交通行业减排做出贡献，并承诺到2030/31财年将其供应链的二氧化碳排放强度降低30%。2022年，二氧化碳排放量（范围1和范围2）共179千吨，相比2021年的230千吨下降了22%。范围3排放量35786千吨，其中，上游供应链排放量6786千吨，下游所售产品排放量29000千吨（比上财年下降9.4%）。二氧化碳排放量共计35965千吨。

在降低能耗方面，2022/23财年单位工作时间能源消耗量6.5千瓦时，与上财年7.7千瓦时相比，下降15.6%。57%的电力供应来自可再生能源，与上年相比增长了15%。同时，为下游客户提供的产品方案能耗降低了23.4%。其中，在客运领域，每名乘客每公里二氧化碳平均排放量为4.6克（2030目标2.6）；在货运领域，每吨货物每公里二氧化碳平均排放量为9.2克（2030目标5.9）。这表明阿尔斯通的解决方案在低碳交通运输领域是非常高效的。

支柱2：关心员工

阿尔斯通在人文关怀、员工多样性和包容性方面做得非常出色。阿尔斯通内部提倡"同一个阿尔斯通"（One Alstom）理念与员工关怀，将健康和安全视为优先事项，营造包容而多元的文化。阿尔斯通非常包容地为不同性别的员工提供均等的机会，希望从不同的性别视角，探索更多的可能性。目前，在不同层级和不同岗位上，阿尔斯通的女性员工比例在逐年增加。在阿尔斯通全球8万余名员工中，女性员工占比逐年提升，2022/23财年占比19.7%，在管理层和专业人员中，女性占比23.9%。目前，阿尔斯通已在22个国家（地区）获得"最佳雇主"认证。此外，2022/23财年阿尔斯通还首次获得"全球最佳雇主"的称号。

支柱3：对社会产生积极影响

作为一个在63个国家开展业务的全球性集团，阿尔斯通通过本地供应链业务以及为保护当地生态系统而采取的社会和经济举措，为当地经济社会可持续发展发挥了关键作用。

通过当地的可持续发展和企业社会责任计划，包括社区活动，阿尔斯通得到当地认可。例如，阿尔斯通于2023年在比利时的沙勒罗瓦工厂达到ISO 26000标准①，获得了法国标准化协会（AFNOR）的企业社会责任承诺标签。这一认可使企业社会责任承诺的标签数量达到7个。阿尔斯通的目标是到2025年将该标签覆盖的国家数量扩大到12个。

在"阿尔斯通在社区"的旗帜下，公司在当地的社区活动由两大分支构成。一个分支是阿尔斯通基金会②（Alstom Foundation），以一年为周期，选择、资助和监督与社区相关的项目。另一个分支涉及管理团队，在阿尔斯通拥有大量员工的国家，制定年度国家社区行动计划（CCAPs）。这些计划是根据公司的社区投资政策在当地制定、资助、管理和实施的。2022/23财年阿尔斯通基金会和国家社区行动计划（CCAPs）所支持的社区行动让299万人受益。

支柱4：成为一个负责任的商业伙伴

阿尔斯通的目标是成为一个负责任的商业伙伴，相关议题包括道德与合规、可持续采购、客户关系、铁路安全等，见表12-10。

---

① 国际标准化组织（ISO）在2010年11月正式发布"ISO 26000社会责任指南"，它将企业社会责任（CSR）推广到任何形式组织的社会责任（SR），在全球统一了社会责任的定义，明确了社会责任的原则，确定了践行社会责任的核心主题，并且描述了以可持续发展为目标，将社会责任融入组织战略和日常活动的方法。ISO 26000将社会责任归纳为7个核心方面，即：公司治理、人权、劳工、环境、公平运营实践、消费者问题以及对社会发展作贡献等。

② 阿尔斯通基金会成立于2007年，在阿尔斯通业务活跃的国家，与当地弱势社区分享阿尔斯通的成功经验，从而加强与这些社区的关系，同时鼓励阿尔斯通员工的参与。该基金会与国际和当地合作伙伴合作，通过为支持社会经济发展和可持续发展的各种具体举措提供资金，寻求改善当地社区的生活条件。该基金会每年的预算为220万欧元，在2022/23年度支持了33个项目。

表 12－10 负责任的商业伙伴相关议题

关键议题	主要目标	2022/23 完成情况	进度
道德与合规	所有的区域都通过 ISO 37001（反贿赂管理体系）认证	完成	已完成
可持续采购	100% 的总采购量通过筛选、在线评估和/或现场审核	74%	进程中
客户关系	平均净推荐值 NPS > 8	8.3	已完成
铁路安全	75%	82.1%	已完成

数据来源：阿尔斯通 2022/23 财年年报

在道德与合规方面，2017年6月，阿尔斯通反贿赂管理体系获得了欧洲范围内的 ISO 37001[①] 认证。该认证由法国标准化协会（AFNOR）认证授予，标志着阿尔斯通合规认证活动的开始。自2019年以来，阿尔斯通在其所有开展业务的国家和运营场所通过了 ISO 37001 认证。

在可持续采购方面，阿尔斯通将可持续发展原则纳入采购战略，涵盖五大要点：确保供应商和承包商遵守《阿尔斯通供应商和承包商道德与可持续发展条约》；评估、发展与支持供应商和承包商的企业社会责任表现；溯源生态设计、环保和社会责任的产品及服务是在安全工作条件下提供的；与初创企业、小型、中型、大型公司和雇用不同能力人员的公司建立紧密而平衡的关系；在适当的指标下持续改进工作。2022/23 财年，阿尔斯通预设的可持续采购目标基本完成。其中，98%（目标99%）的采购金额来自已与阿尔斯通签署《阿尔斯通供应商和承包商道德与可持续发展条约》的供应商；74%（目标70%）的总采购量通过筛选、在线评估和/或现场审核；接受可持续采购培训的工作人员有 794 人（目标 600 人）；参加阿尔斯通可持续采购培训计划的供应商数目达到 202 个（目标 200 个）。

在客户满意度方面，主要衡量标准是净推荐值（NPS），即客户推荐阿

---

① 2016年10月推出的国际标准 ISO 37001 倡导一系列措施，通过实施反贿赂管理体系，帮助所有类型的组织（包括私营和公共组织）预防、发现和解决贿赂问题。

尔斯通作为供应商的倾向。公司目标是实现年平均 NPS 达到 8.0，2022/23 财年，实际平均推荐值是 8.3。

（2）独立第三方对阿尔斯通可持续发展和企业社会责任绩效评价

阿尔斯通的可持续发展能力得到全球多个权威评级机构的高度认可。2022 年，明晟指数（MSCI）[①] AA 评级，表明该企业在管理 ESG 风险和机会等方面处于行业领先水平（Leader）；阿尔斯通连续 12 次入选道琼斯全球可持续发展指数（DJSI，行业排名前 5%）；入选欧洲证券交易所 CAC 40 ESG 指数；获得 EcoVadis 白金奖章；在应对气候变化方面，获得 CDB 评级 B 等。

从上述分析可以看出，中国中车和阿尔斯通都将可持续发展能力视为核心竞争力，把社会责任和 ESG 理念融入公司战略中。本书编写组通过对中国中车《2022 年社会责任暨环境、社会及管治（ESG）报告》、阿尔斯通年度报告中有关企业社会责任章节的梳理和对比，认为两家公司在可持续发展方面有共通之处：在环境方面，坚持绿色生产、低碳环保的理念，持续加大对绿色创新技术的投入力度，将三碳（低碳、零碳、负碳）技术全面应用到产品研发（例如，两家公司均积极研发氢动力"零碳车"）、企业生产运营的全过程中，同时把三碳技术应用到产业链建设和供应商评价中。在社会方面，为员工构建平等、公正的就业环境，打造积极、健康、多元、包容的工作场所，提供各类培训，保护员工权益、守护员工健康与安全，努力成为创造价值、富有责任、备受尊敬的优秀雇主。同时，支持社区发展、加强与社区互动沟通，积极回馈社会。在治理方面，积极改善公司治理结构，依法合规经营，重视商业道德、反腐败，加强信息披露等。

[①] MSCI 即摩根士丹利资本国际公司，又称为明晟公司，总部位于纽约，是一家提供全球指数及相关衍生金融产品的国际公司。作为专业的评级机构，MSCI 的评级产品涉及全球 8500 家公司（包括子公司在内的 1.4 万家发行人）和超 68 万只股票及固定收益证券，是全球投资人广泛参考的金融信息产品。

同时也应看到，尽管中国中车可持续发展能力在国内中央企业中处于领先水平，但与国际同行阿尔斯通相比，仍存在一定差距。例如，中国中车的 ESG 目标导向尚不够清晰明确。阿尔斯通四大战略支柱的各个支柱项下均设立了较为全面具体的量化指标与目标体系，年报中详细披露了年度行动方案、目标完成进度、代表性项目，公司对其 ESG 表现有一整套系统的考核规范。对比之下，中国中车的 ESG 报告在指标体系、绩效量化方面略显粗糙，不够系统、细化，因此在 ESG 管理、指标设立、相关数据统计、ESG 信息披露方面中国中车仍需向国际同行学习，兼顾国内与国际标准。此外，中国中车尚未获得国际主流机构的 ESG 评级。中国中车应积极参与国际权威 ESG 评级，从不同角度了解 ESG 的全球趋势，发挥优势、缩小差距。作为轨道交通行业全球领先企业，除提升自身可持续发展能力外，为行业可持续发展贡献重要力量。

第二节　中央企业参与国际分工合作面临的形势

当今世界正经历百年未有之大变局，国际局势变幻莫测，充满了复杂性和不确定性。全球经济在新冠疫情期间遭受重创，疫后复苏缓慢，逆全球化和"黑天鹅"事件频发，动荡源和风险点显著增多，叠加轨道交通行业深度整合等情况，导致中央企业参与全球产业链供应链分工合作面临的不确定、不可控因素日益增多，与全球轨道交通龙头企业的竞争也将更加激烈。尽管全球轨道交通市场展现出较为乐观的增长前景，但对于中央企业而言，西方国家和国际竞争对手正不断升级对中国中车等中央（国有）企业的全方位围堵，试图通过一系列非市场化、不公平竞争手段来遏制中央企业的竞争力和影响力，阻碍其提升全球产业链供应链分工合作能力。在调研过程中，部分中央企业向本书编写组表达了担忧，未来中央企业进入欧美澳等西方高端市场可能会面临更大的困难和挑战。

第十二章
装备制造领域——以轨道交通为例

一、全球轨道交通装备行业总体发展形势

后疫情时期，全球轨道交通装备市场展现出较为乐观的增长前景，但受全球政治经济环境的影响，也面临较大的不确定性。同时，全球轨道交通行业正在深度整合，行业巨头洗牌加速，重组整合频繁，市场竞争不断加剧。

（一）增长前景较为乐观，但同时也面临较大的不确定性

2022年9月，交通咨询公司SCI Verkehr发布了《2022全球铁路装备市场发展趋势》研究报告，对2021—2026年全球铁路市场发展趋势进行了预判。目前，全球铁路装备市场规模约为1900亿欧元，预计到2026年将以每年4.3%的速度增长（考虑通货膨胀），市场规模将达到2360亿欧元。若剔除高通胀因素，铁路装备市场的年均增长率为1.4%。

根据该报告，2020—2022年世界前四大铁路装备市场为欧洲、亚洲、北美和俄罗斯，年均市场规模分别为625亿欧元、621亿欧元、276亿欧元和227亿欧元。2021—2026年，上述世界前四大铁路装备市场年复合增长率预计分别达4.2%、3.2%、4.5%和5.9%。

未来，铁路装备市场的发展将呈现以下特征：

一是市场不确定性加剧。乌克兰危机、能源危机和通货膨胀导致市场环境的不确定性不断加剧，现有的合作伙伴关系被摧毁，而新的联盟正在形成，这些对铁路行业的发展将产生深刻影响。俄罗斯是世界第四大铁路装备市场，因乌克兰危机受到西方严厉制裁，西方发达国家的制造企业大多退出俄罗斯市场，中断了现有项目。欧洲和北美发达国家深受能源价格高企、供应链中断等问题的困扰，由于铁路行业对能源、钢铁、铝等高度依赖，也将受到一定的负面影响。此外，当前"黑天鹅"事件频发，关键产品的生产、运输依然存在中断风险。

二是高通胀加重基础设施运营商的负担。铁路基础设施的市场规模目

前为460亿欧元,占据整个铁路行业市场的四分之一左右。在新冠疫情和乌克兰危机的影响下,钢材和混凝土价格急剧上涨,这对全球铁路基础设施运营商提出了严峻的考验,在预算有限的情况下,不得不延缓在建工程项目和维修项目的建设进度,或者重新调整工程规模,这也迫使各国铁路基础设施运营商更倾向于通过数字化技术而非新建或改造线路来增加运力。

三是新车市场需求持续增长。目前,机车车辆装备市场规模为1230亿欧元,预计到2026年将以5.1%(包括通货膨胀)的年复合增长率增长,其中新车市场的年增长率为2.9%。铁路货运对新车的需求尤其大,到2026年,铁路货运新车市场年复合增长率将超过8%。其中,越来越多的调车机车倾向于采取零排放解决方案,高性能内燃机车的绿色解决方案正在开发测试中,但在成熟的解决方案可量化生产之前,内燃机车还将继续在全球市场畅销。

(二)轨道交通巨头重组整合频繁,行业竞争格局不断变化

近年来,全球轨道交通行业变革持续深化,行业巨头洗牌加速,战略性重组整合频繁,强强联合以补齐业务短板,进军新兴领域(如氢能列车、数字信号系统),推动业务版图向纵深扩张,不断寻求海外市场的增长机会,加强对产业链供应链的控制力,行业竞争态势不断加剧。

阿尔斯通(Alstom):2015年阿尔斯通置换得到了通用电气(GE)的轨道交通信号业务,进一步提高了信号技术水平,并强化了其在北美市场的存在。2020年,阿尔斯通收购庞巴迪轨道交通业务,使得阿尔斯通成为全球轨道交通第二大企业(仅次于中国中车)。自2021年起,阿尔斯通充分释放整合优势,全球订单量迅速增加,目前在手订单量超过中国中车,预计将用5年时间来完成在手订单。2021年,阿尔斯通收购了大功率氢燃料电池制造商Helion并将其更名为Alstom Hydrogène,夯实氢能列车发展

基础；收购了制动系统部件供应商 Flertex 以及 IBRE，提升在制动系统方面的话语权；收购了 B & C Transit，进军运输工程设计、施工领域。在区域市场布局方面，收购了鹿特丹的 RSB BV，提升在荷兰的机车车辆维保能力；完成了对南非 Ubunye、哈萨克斯坦 EKZ 的全资控股，加大在南部非洲和独联体区域的经营力度。

西屋制动（Wabtec）：2018 年，西屋制动与通用电气（GE）就合并铁路业务达成一致，通用电气向西屋制动出售运输部门（GE Transportation）的部分业务。2021 年，西屋制动收购美国 Nordco[①]，扩大其在轨道养护和货车转场车领域的业务。2022 年 11 月，西屋制动收购巴西领先的铁路行业轨道维护公司 Super Metal[②]，此次收购是对西屋轨道养护产品解决方案的重要补充。Super Metal 差异化的公路到铁路解决方案将加速西屋制动在拉丁美洲、亚洲和非洲等关键地区的国际增长。

西门子交通（Siemens Mobility）：2021 年西门子交通完成对 Sqills 的收购。Sqills 是一家软件服务提供商，提供基于云计算的产品，包括库存管理、预订和票务软件，此次收购丰富了西门子交通的软件产品组合，以赋能"交通即服务"业务。

施泰德铁路公司（Stadler Rail AG）：2021 年收购 BÄR Bahnsicherung AG（BÄR）[③] 和 BBR Verkehrstechnik GmbH（BBR）[④]。加强在铁路信号和安全领域的技术储备，持续发力信号系统业务。

---

① 在北美，Nordco 是轨道装备制造、轨道养护以及服务领域的领跑者，其产品和服务范围广泛，包括可移动式货车车辆转场车和超声波轨道探伤技术。通过此次收购，西屋将扩大其装机量，并加快 Nordco 在国内外创新产品组合，同时推动为客户和股东创造更多价值。

② Super Metal 在供应各种自动化轨道工程车和维护设备方面拥有近 30 年的经验，其中包括用于铁路和枕木维护的车辆以及轨道车搬运车。该公司还专门从事巴西铁路日常运营的机械加工、服务、开发和项目执行。

③ 根据 Stadler 官网信息，Bär 位于 Fehraltorf 的 Bahnsicherung AG 公司 30 多年来一直是瑞士最大的铁路安全独立服务提供商。约 130 名员工提供与基础设施相关的铁路安全领域的全方位服务——从设备的规划、开发、工程和施工到调试与安全测试，包括安全报告。

④ 瑞士 Stadler 公司于 2021 年 1 月接管了德国 BBR Verkehrstechnik GmbH 及其集团公司，从而不断扩大公司在未来信号技术和数字化领域的专业知识。两家公司正在共同创建一个更强大的先进信号解决方案提供商，以推动并帮助塑造铁路行业的数字化。

日立公司（Hitachi）：2015年日立收购了意大利轨交设备公司Ansaldo Breda以及铁路信号公司Ansaldo STS，成功获取大量欧美客户。2021年，泰雷兹与日立达成协议，将以16.6亿欧元的价格出售其列车信号业务——地面运输系统（GTS）部门业务。2023年10月，欧盟委员会有条件地批准了该笔交易。

二、轨道交通领域中央企业参与国际分工合作面临的形势

在调研中，中央企业向本书编写组反映了当前参与全球产业链供应链分工合作所面临的形势与挑战，主要是海外市场竞争日趋白热化，同时非市场竞争因素影响大增。中央企业普遍存在国外投资审查严苛、技术标准认同度不高、技术标准认证难、投融资模式较为单一、项目运营管理参与度不高、项目汇率风险较高等方面的问题。

（一）海外市场竞争日趋白热化

高端市场中央企业拿单更难。北美、欧洲、大洋洲的轨道交通装备市场一直是全球各大制造商角力的高端市场，北美的机车和货车市场由于AAR认证造成的技术壁垒，一直是美国企业的自留地，欧洲市场在过去的一年被阿尔斯通、西门子、CAF、Stadler等欧洲企业联手垄断。日本、韩国企业持续发力，屡有斩获。在大洋洲市场方面，Stadler与新西兰国铁签订了57台机车供货合同，强势进入中国中车高端市场的根据地。在澳大利亚市场上，新南威尔士州交通局在2021年9月向RailConnect（韩国现代、三菱电机和UGL的合资公司）增购56辆双层动车组，合同金额为7359万美元。中国中车通过收购的福斯罗机车做深做透欧洲市场，但受制于复杂的国际形势，中央企业整车出口高端市场愈发困难。

再如，在以色列市场，中国中车、中国铁建、中国港湾、中国中铁等多家中企参与竞标的以色列特拉维夫轻轨紫线项目，最终授予了由CAF与

以色列 Shapir Engineering and Industry 公司组成的西班牙 CAF 联合体，合同价值 10.15 亿欧元，合同包含土建工程及列车供应。随后特拉维夫轻轨绿线项目授予了由阿尔斯通公司、巴士运营商 Dan Transportation 和基础设施承包商 Electra 组成的特拉维夫大都会电车公司联合体，中央企业再度遗憾离场。

（二）非市场性竞争因素的影响大增

1. 全球政治经济形势复杂多变，地缘政治博弈加剧

2020 年以来，全球政治经济动荡，新冠疫情对全球经济活动产生巨大冲击，全球经济疫后复苏缓慢，逆全球化趋势加剧，乌克兰危机导致地缘政治博弈进一步升级，复杂多变的国际政治经济形势对轨道交通领域中央企业参与国际分工合作产生了深刻影响。以乌克兰危机为例，一是美西方对俄制裁给轨道交通行业带来较高金融风险。乌克兰危机带来的金融制裁深刻影响了轨道交通行业，特别是对于正在执行中的项目，比如对以美元计价的还贷、进度款支付等都造成较大影响。如果没有美元以外币种的补救措施，那么将产生逾期、拖欠等问题。二是市场竞争格局深刻改变。俄罗斯的制造商 TMH 与总包及运营商 RZD 迅速丢失大量境外项目，市场份额很可能被竞争对手捡漏蚕食，发展势头被遏制。三是石油供给冲击推动轨道交通行业加快绿色转型。乌克兰危机持续，能源领域"断需"式制裁带来的全球石油紧缺，让全球深刻感受到降低对传统能源依赖的紧迫性和必要性。全球轨道交通装备制造商对此积极响应，大力发展蓄电池、氢能等新能源机车，乌克兰危机很可能加速轨道交通装备更新换代。阿尔斯通遵守相关法律和制裁规定，暂停向俄罗斯交付产品。对于公司持有的价值 4 亿欧元的 20% TMH 股份，阿尔斯通正在评估合适的处理方式。西门子公司宣布因乌克兰危机而全面退出俄罗斯市场，停止在俄罗斯境内的所有生产活动，是最早暂停所有在俄新业务和对俄国际供应的公司之一。

2. 中央企业开拓海外市场、境外运营、项目正常履约难度均显著提升

一是出口新订单获取难，在手订单执行难。部分国家奉行贸易保护主义，影响出口订单获取，加大了在手订单执行难度。例如，自 2018 年以来，美国对中国产品不断加征关税，额外关税的加征削弱了轨道交通产品的出口竞争力。2020 年美国国防预算法案对中国国有企业参与美国公共交通项目进行限制，大大压缩了中国中车在美国的生存空间。

二是海外投资并购难度大大增加。部分境外国家对外资安全审查不断升级，将国家安全、基础设施和高新技术纳入外国投资审查范畴，境外并购难度急剧加大。部分国家不断出台新规制来对外国直接投资施加更多控制，提高投资壁垒。轨道交通中央企业赴相关国家进行投资并购的潜在风险增加。以欧盟为例，2023 年 7 月 12 日，欧盟新的外国补贴审查机制《关于可能扭曲欧盟市场的非欧盟成员国政府补贴的规定》（简称《补贴条例》）正式生效，针对并购交易及公共采购的申报义务也于 2023 年 10 月 12 日正式施行。《补贴条例》强化了欧委会对投资并购、公共采购、货物贸易等领域内的反补贴规制，使欧盟对外国投资合作的审查对象和审查内容更加宽泛，中国国有企业（中央企业）被纳入审查范围。欧盟新的外国补贴审查机制与现行的反垄断审查机制、外国投资审查机制并行，或使中央企业赴欧投资面临"三重"审查，进一步增加了中央企业进入欧盟内部市场的交易成本。在公共采购领域，国有运营商一旦被判定有补贴行为，将被禁止参与公共投标。此外，轨道交通行业可能被欧盟认定为高科技领域或战略性行业，中央企业进行投资并购、参与公共投标将有更大概率面对重叠交互、拖沓严苛的审查程序。

三是海外项目履约受政治因素影响较大。受地缘政治因素影响，境外项目在履约过程中项目中断、延期等问题时有出现，加大了项目顺利执行的难度。例如，中国通号在印度的业务因受到中印边境冲突的影响而被迫中断。自 2020 年 5 月以来，中印两国在边境地区发生新一轮对峙，印度民间反华势力抬头，一夜间各种抵制中国制造的新闻铺天盖地，印度政府顺势取消了中国通号的印度干线信号项目，已同中国通号组成联合体投标的企业也提出疑虑。其他有中资企业参与的大型项目也存在类似遭遇，印度政府对中资企业的打压达到前所未有的程度。

四是境外经营风险和成本显著上升。2020年6月，美国国防部将众多"中"字头企业如中国中车、中航工业等列为"军方公司"，该名单当前虽然没有触发任何直接限制措施，但它给进一步的制裁打开了方便之门，很可能影响中国中车各子公司的生产和运营。此外，境外工人短缺，海外部件断供、项目成本增加等负面因素影响仍在持续，给中央企业境外经营带来不利影响。

此外，海外项目融资难、融资贵的问题更加凸显。美联储加息将对基础设施类项目融资成本产生一定的影响，政府及企业部门融资面临更高的成本压力，投资回报率降低，导致一些基础设施类项目的融资难度进一步增加，甚至无法获得足够的融资支持。此外，非洲多个国家债务风险高企，乌克兰危机爆发后，中东欧地区投资类项目基本取消或停滞，金融机构对于高风险地区主权类政府借款项目审批更加谨慎。同时，金融机构更加注重项目的经济可行性，对于民众出行的轨道交通类项目偏重于社会效益，但难以达到较高经济回报率，在一定程度上降低了企业在境外开展"投建营一体化"项目的竞争力。投融资模式比较单一，也让中央企业陷入不利境地。目前，中国企业的境外铁路项目多数还是国内政策性银行提供融资，国际金融机构参与的项目并不多，中方融资项目容易陷入西方"推高债务"的话语陷阱。

（三）中国技术标准国际认同度不高

技术标准在全球产业链供应链中处于高端环节，但在国外轨道交通项目建设中，中国标准尚未得到普遍认可。本书编写组在调研中了解到，中央企业在参与国际分工合作过程中，许多境外项目都有各自不同的标准，大部分项目明确要求采用欧洲国家标准或美国标准，而国内技术人员对国外标准的应用水平有待提高。此外，受美西方胁迫等因素的影响，部分国家对我国铁路技术标准刻意排斥，采取各类手段阻挠中资企业海外轨道交通项目的实施。

欧美标准在国际市场的认可度高于中国标准，这直接削弱了中央企业的国际竞争力，对其参与国际分工合作造成不利影响。由于东道国对欧美铁路通信信号技术和产品的认可度比中国产品要高很多，通过近几年全球铁路行业的不断整合，目前全球主流 E1 供应商仅为阿尔斯通、日立、西门子这三家铁路通信信号与机电一体的大型老牌欧洲企业，在 E1 业绩、本地化水平、工程造价等方面具有较大竞争优势；大部分国家对公共工程项目有"本地化"的要求，当地铁路施工企业实力强，我方施工成本优势不明显，也使我国陷入不利的局面。

（四）海外项目认证难度大

在项目认证方面，欧洲高端市场设立了严苛的产品认证要求，并对中资企业提出必须要已有业绩才能参加项目投标，这意味着在投标环节就对中国企业设置了较高门槛。此外，国际项目认证是一项复杂的系统工程，需要在研发、制造、采购等全环节匹配国际项目执行和认证要求。目前中央企业在欧洲市场开展项目认证时常面临上述问题，增加了项目交付的难度。

（五）向全球产业链供应链高端环节攀升遭遇阻碍

一方面，产业链上游环节的技术合作难度加大。随着我国轨道交通装备行业综合实力不断增强，科技创新产品迭代难度加大，企业与全球龙头企业正面临激烈竞争，发达国家和国际同行为维护其核心技术和产业链优势，必然加大对技术转移、跨国投资并购等方面的限制，增加了对外技术合作的难度。当然，这在客观上也要求企业必须加快向基础性创新、引领性创新转型。需要加强前瞻性基础研究、应用研究，突出关键底层技术、前沿引领技术、现代工程技术和颠覆性技术创新。

另一方面，产业链下游环节的运营阶段参与程度不高。大部分项目集中在亚非拉发展中国家市场，部分国家的铁路管理体系不完善，管理能力、技术水平不足，政府缺乏独立管理和运营铁路的能力，带动社会发展和沿线经济的作用仍有待加强。

（六）汇率波动影响项目收益

随着中央企业参与全球产业链供应链分工合作的能力逐步提升，企业产品出口、境外投资、并购等经营活动不断增多，因汇率波动常引发各种风险，遭遇经济损失。例如：国际金融环境动荡、汇率走势难以预测，可能发生汇兑损失，部分境外项目（产品出口）以小币种结算，难以实现汇率风险自然对冲；项目收回时间不确定，套期保值方式受限等。2022年以来，由于全球金融环境的不确定性，汇率大幅波动的可能性仍然存在，会在一定程度上影响项目竞争力和已经签约项目效益。

第三节　中央企业参与国际分工合作的建议

轨道交通领域是关系国计民生和国民经济命脉的关键领域与基础性行业，应从政府和中央企业自身入手，多措并举，加强对轨道交通全球产业链供应链的控制力，为塑造大国竞争新优势发挥关键性作用。

一、对政府部门的建议

（一）构建重大技术攻关的政产学研合作体系

一是加强在轨道交通重大技术领域和前沿领域进行引导布局。重点加强国家创新体系建设，强化科技战略支撑，把握未来科技绿色化智能化发展趋势，补齐轨道交通产业链短板，构建更加完善的行业创新生态系统。

二是鼓励轨道交通中央企业成为研发投入的主体、技术创新活动的主体、创造知识产权的主体、制定技术标准的主体和创新成果应用的主体，提高我国轨道交通产业核心技术研发与制造能力。完善知识产权保护及利益分享制度，加大科研成果转化支持力度，促进科技成果在市场的转化，提高技术人才创新积极性。推动企业、科研机构、高校等部门构建集成创新平台，推进创新平台间的技术创新合作，鼓励和引导各主体围绕轨道交通关键技术和重大应用开展联合创新，举全国之力重点突破，提升轨道交通产业链的整体技术水平。

（二）完善"走出去"财税金融支持

一是积极落实轨道交通相关产品的出口退税政策和关键零部件、原材料的进口税收优惠政策。积极研究完善与轨道交通领域创新能力提升相关的零部件、原材料有关的进口税收政策，对轨道交通领域创新所需的研发设备、零部件和原材料进口，探讨进一步扩大免税范围。

二是打造支持轨道交通企业"走出去"的信贷支持服务体系，例如海外并购利息补贴、利率优惠等。鼓励境外中资银行为境外轨道交通企业提供项目融资、流动资金、全球现金管理等服务。

三是协调国内外相关金融机构共同构建轨道交通"走出去"战略金融服务体系，形成助力轨道交通"走出去"的系列金融业务发展机制。充分发挥中国—欧亚经济合作经济基金、中国—东盟合作基金、中哈产能合作基金、中拉产能合作基金、中非产能合作基金等投资基金的作用，通过投融资合作的方式促进轨道交通中央企业"走出去"。

（三）促进中国标准国际化和多维度完善产品认证制度

一是鼓励国内行业协会、企事业单位、第三方机构等参与国际标准和技术法规的制定，鼓励和输送国内优秀的专业标准化人才进入国际标准化机构和认证机构工作，持续全方位提升我国轨道交通在国际标准化组织和国际认证体系中的话语权。

二是大力推动国家认证、检测等标准的国际互认，加强政策沟通与协调，使得各国承认中国的技术检测及认证标准，减少因技术对接带来的出口限制，并创造条件促进我国轨道交通标准走向国际。

三是建立健全轨道交通第三方产品认证制度。发挥第三方认证机构的积极作用，扶持有潜力、有实力的第三方认证机构成为具有国际公信力的认证机构，利用认证制度推进轨道交通技术装备标准化。

（四）加强专业队伍培养和储备

一是建立轨道交通人才教育培训机制。既要做好国内人才培训，围绕企业实际用人需求扩大各类人才的培养规模、开发国外优质资源、培养造就国际化人才，也要构建形成有利于目标国际轨道交通人才培养的培训培养机制。加大对企业人才投入的政策支持力度。

二是引导人才向轨道交通产业聚集，壮大人才队伍与人力资源储备；创新企业人才管理体制，营造尊重人才、有利于优秀人才充分发挥作用的企业环境。实施有利于人才合理引进和流动的配套政策。

三是加快引进海外高层次人才，既要拓宽外部人才引进渠道，也要完善引进国外智力的各项配套服务，健全人才引进机制。实施更加开放的人才国际化政策，鼓励国内优秀人才走向国际。

二、对中央企业的建议

（一）打造国际化的轨道交通产业联盟

科学评估选择适当的国内外企业、研发机构、金融机构，打造国际化的战略联盟，通过强强联合实现加速发展。同时，国际化的战略联盟也有助于规避国际市场的政治、经济、安全、金融等方面的风险。一是考虑选择国际先进的车辆系统研发机构、生产制造机构建立技术研发联盟，开展轨道交通装备技术合作，共同研发高速动车组、兼容互联互通标准等先进技术，共同拥有知识产权，建立或完善国际标准。二是借鉴国际一流企业的做法，加强与海外东道国本地有技术优势的轨道交通关联企业合作，借助当地企业打开国际市场、提升运营管理效率，因地制宜合作开发符合当地需求的轨道交通产品，提升海外项目收益。三是与国内民营企业加强在产业链上下游的协同性和互补性，借鉴民营跨国企业在国际市场中的网络、渠道和人才优势，实现合作共赢。

（二）打造高质量轨道交通生态圈

将信息传输、软件和信息技术服务、科学研究和技术服务等高端生产型服务业融入轨道交通产业之中，充分运用高端生产型服务业中的先进要素和专业化服务，提升轨道交通产业创新效率，推动轨道交通产业的结构优化、竞争力提升和资源集约利用。围绕目标城市和区域总体发展目标，统筹轨道交通产品设计、研发与城市基础设施、智慧城市建设和城市整体生态效应协调发展，打造符合高质量发展理念的轨道交通生态圈。

（三）引领产业链供应链绿色转型

在全球绿色发展和"双碳"目标的引领下，轨道交通领域的低碳化、绿色化已成为新的行业标准和发展趋势。轨道交通中央企业作为现代化产业体系的重要组成部分，也是我国碳排放的重点单位，应当在实现碳达峰碳中和过程中发挥先锋模范作用。第一，在中长期发展规划中，轨道交通中央企业应将推动碳达峰碳中和纳入发展目标，在线路优化、场站节能、太阳能利用、隧道余热回收等有利于推动绿色低碳发展的关键技术领域加强与科研院所的技术合作，形成研发合力，加快实现技术攻关和使用。第二，由中央企业牵头，逐步建立完善轨道交通行业的低碳发展细则，在低碳基线建立、评价规范对标、低碳技术论证等方面提升中央企业在全球同行中的话语权和影响力。

> 专栏12-2

轨道交通领域中央企业参与国际分工合作的路径

轨道交通装备是我国优势领域,行业内中央企业可通过以下途径高水平"走出去"开展国际分工合作,在国际竞争中进一步扩大领先优势,构建形成以我国为主、面向全球、安全可控的产业链供应链。

(一)产品"卖出去"

一是推动品牌"走出去"。建立完善的轨道交通装备及其技术、关键系统、零部件研发、试验验证和知识产权保护体系,提升品牌自主性。注重海外专利布局,加大自主知识产权保护力度,支持龙头中央企业提升涉外知识产权谈判、知识产权诉讼、专利池建设、专利流氓预防等方面的能力,抢占技术制高点,提升品牌层次和品牌影响力。鼓励企业采用国际质量、安全、环境标准和国外先进标准,提升高端装备的实用性、可靠性和安全性。加强国际传播,讲好轨道交通领域的"中国故事",用合作伙伴易于理解的语言展示中央企业技术领先、资信优良、建设能力强、运维经验丰富和社会责任感强的形象,推动中国品牌国际化进程。

二是推动标准"走出去"。推动轨道交通龙头中央企业和行业协会加快完善技术标准体系,提升其科学性、实用性、可维护性、先进性以及兼容性、可扩展性,切实发挥行业优势;加强对行业相关国际标准的研究,加快设计标准、设备材料等技术成果向国际标准转化,积极提升产品标准的国际化程度。鼓励行业协会、企事业单位、第三方机构等参与国际标准和技术法规的制定,鼓励和输送国内优秀的专业标准化人才进入国际标准化机构和平台工作,持续全方位提升我国在轨道交通国际标准体系中的话语权。同时,大力推动国家认证、检测等标准的国际互认,加强政策沟通与协调,使得各国承认中国的技术检测及认证标准,减少因技术对接带来的出口限制。

（二）投资"带出去"

一是通过海外投资构建中央企业主导的全球制造网络。鼓励和支持中央企业充分发挥"链主"作用，利用其对国际前沿创新的信息敏感度，承担起协调配置产业集群的使命，带领上下游配套企业集群式"走出去"，通过多元化、多层次投资，进行海外产业布局。鼓励中央企业和民营企业强强联合，组建战略联盟，合作开发全球知识资源和国际市场，更有效地实现全球布局和降低风险。

二是探索建设轨道交通装备境外产业园。在做好外交、合规、汇率、税收和政治等方面的风险防范并充分进行前期调研的基础上，探索建立以先进轨道交通装备为主导的装备制造园区，吸引相关领域运营、维修及零部件配套服务企业进驻，利用当地的资源优势，服务当地及周边的重大项目。

（三）服务"跟出去"

一是鼓励国内中央企业围绕境外客户需求持续创新，由传统的产品制造商转型为集产品研发、制造及全生命周期服务于一体的集成解决方案提供商。

二是鼓励企业围绕共建"一带一路"和国家海外保障基地战略需求，积极布局海外维修保障基地，快捷进行工程技术和装备运行支持，近距离开展定检维修、技术咨询、人员培训，保障轨道交通装备安全、顺畅、高效运营。打造以运维服务、备件仓储为核心的全球售后服务体系，实现对全球主要地区的全覆盖，形成全球服务能力。

（四）承包工程"带出去"

一是支持和鼓励相关规划、咨询、勘察、设计、造价、监理、项目管理与运营维护等企业"走出去"，与施工承包、装备制造企业形成合力，共同参与境外轨道交通工程承包项目，带动重大技术装备产品、技术、标准、服务"走出去"。

二是支持参与境外工程建设的中央企业在重点国别开展产品市场准入认证,为重大技术装备技术、标准"走出去"提供支撑。

三是鼓励有技术专长的轨道交通装备制造商发展以核心设备为基础的系统集成、配套工程总包,发挥"技术＋制造＋服务"的综合优势,以"业务模式升级"推动"技术创新",进一步拓宽国际市场。

四是鼓励具备高标准供货和服务能力的轨道交通装备中央企业和国际知名工程企业在设备采购、认证许可、法律商务咨询等领域开展合作,充分利用合作方在全球业务网络、国际市场管理、跨文化沟通融合等方面的优势,共同为第三方市场客户提供整体解决方案,以此带动产品出口和技术升级。

(五) 对外援助"推出去"

一是支持在对外援助成套设备项目中配套使用轨道交通装备产品、技术和标准,进一步发挥援助对装备"走出去"的直接拉动作用。

二是发挥援外资金先导作用,带动商业贷款和社会资本等其他资金投入,解决轨道交通装备对外投资合作面临的资金、本地人才培养、前期可行性研究、配套基础设施等实际困难,帮助中央企业开拓和占领市场,取得规模效应。

三是引导受援国使用援助资金,为轨道交通投资项目和合作区建设做好配套公共设施建设,开展人员培训。

四是鼓励支持援外培训机构在培训中嵌入有关轨道交通装备产业发展经验的课程,邀请受援国政府官员和技术人员赴相关中央企业进行现场参观、学习,直观了解和感受国内轨道交通装备产业发展现状,推广中国经验、技术和标准。

第十三章 物流航运领域[*]

物流业连通生产与消费,在构建新发展格局中起到"匹配供需、联通内外、支撑循环"的重要作用,是国民经济和社会民生发展的重要保障。党的十八大以来,物流领域中央企业(简称"物流央企")通过投资并购、第三方市场合作等方式,积极参与共建"一带一路",不断整合全球物流市场资源,稳步拓展海外运输通道,积极服务融入构建新发展格局,企业国际化水平不断提升,国际竞争力和影响力持续增强,为保障全球物流通道高效畅通做出重要贡献。

但也应看到,世界经济仍处于恢复发展期,国际贸易增速放缓,物流市场需求疲软、竞争日益激烈;与此同时,区域局势动荡、贸易保护主义抬头、地缘政治等影响全球贸易流通的不确定因素依然存在,持续干扰全球经贸合作秩序,影响物流央企建设经营。

在新形势下,为进一步释放物流业发展潜力,推动我国物流业高质量发展,一方面,要更好地发挥政府作用,推动物流基础设施建设,促进物流业绿色化转型,强化海外物流企业安全保障,指导企业做好合规经营。另一方面,要压实企业主体责任,积极提升运营能力,打造国际一流物流企业,加速融入全球高级供应链,做好风险防范和合规经营。

---

[*] 本章作者为林源。

第十三章 物流航运领域

第一节 中央企业参与国际分工合作的现状

党的二十大提出"加快构建新发展格局,着力推动高质量发展"。物流业连通生产与消费,在构建新发展格局中起到"匹配供需、联通内外、支撑循环"的重要作用,是国民经济和社会民生发展的重要保障。加速建设和发展现代化物流业,既是加速构建新发展格局、推动经济高质量发展的必经之路,也是促进商品流通、满足人民美好生活向往的必然要求。但也应看到,物流业属于长周期、高风险产业。发展现代物流业,不仅需要大量资金与时间上的投入,也受成本因素、全球经济环境、汇率、政治、突发事件等因素影响。此外,作为现代服务业的一种,物流业的发展与制造业的投资开放水平高度相关,两者既相互促进又相互制约。我国是制造业大国,已经建成门类齐全的现代工业体系,是全世界唯一拥有联合国产业分类中所列全部工业门类的国家,但相比之下我国物流业起步较晚,目前仍处于向发达国家加速追赶阶段,特别是在国际航运方面,市场主体规模、企业管理能力等与国外龙头企业仍有较大差距。

党的十八大以来,物流央企积极参与共建"一带一路",国际化水平不断提升,国际竞争力不断增强。据不完全统计,目前物流央企在全球100多个国家设立了企业或代表处,运营海上航线1000余条,年度海外货运量超13亿吨。

一、物流领域产业链供应链基本情况

物流是指实体从供应地向接收地的物品流动过程,其内涵在于根据实际需求,将运输、储存、装卸、搬运、包装、流通加工、配送以及信息处理等功能整合,以满足用户需求。

从运输方式看,物流可以分为海运、空运、陆运等多种形式。其中,海运运输(又称航运)虽然运输周期较长,但具有明显的成本优势,适合

出货量大的外单，是目前国际贸易中最主要的运输方式，占国际贸易总运量的三分之二以上。相比海运，空运运输虽然运输载量有限，单位运输成本较高，但不受地形条件限制，速度较快，适合运输附加值较高、有运输时限的货物。此外，陆运运输又包括公路运输和铁路运输。但相比海运，陆运可达范围与运输量有限，运费在全球大部分地区也高于海运。目前，我国货物进出口以海运为主。据交通运输部数据显示，我国约95%的对外贸易运输依靠海运。

从服务模式看，物流服务分为功能性物流、第三方物流以及供应链物流。功能性物流指企业主要向货主提供运输、储存、装卸、搬运、包装、流通加工、配送、信息处理等单一功能性的物流服务，物流企业通常仅就物流过程中的某一环节承担责任，不承担保证最终物流目标实现的责任。第三方物流是指在物流渠道中由专业第三方物流企业以合同或契约的形式，在一定期限内对运输、仓储、关务等社会物流资源进行有机整合，向客户提供综合性的物流服务，也被称为合同物流。同时，伴随制造业的不断转型升级，柔性制造等创新模式对企业全球供应链管理能力提出新的挑战，为适应新的发展形势，现代物流企业逐步向提供供应链管理服务迭代升级，服务链条进一步延伸到货主企业、上游采购、生产制造、下游流通以及后续配套等各个环节。企业通过对物流、商流、信息流的整体规划、把控与优化，实现各环节之间的顺畅衔接，有效降低物流成本，并促进供需双方高效匹配。

二、物流央企参与国际分工合作情况

近年来，伴随全球经济一体化进程不断加快，国家间分工合作日益频繁与密集，相互间贸易往来不断深化，国际物流日益成为各国开展国际贸易的重要支撑。

（一）通过投资合作提升国际化经营能力

改革开放以来，在我国加入WTO、建设更高水平开放型经济新体制、

第十三章 物流航运领域

高质量实施 RCEP 等一系列制度红利刺激推动下,物流央企不断加快海外市场拓展脚步,通过绿地投资、参股并购、投建营一体化等方式加大海外优质资源投资力度,持续提升自身国际化经营能力,加快与海外企业间的资源共享与互利合作,企业国际竞争力与影响力不断增强。

一是通过投资建设拓展海外市场。在共建"一带一路"倡议推动下,物流央企加速在全球主要枢纽港、门户港及市场潜力大、经济成长快、发展前景好的地区拓展市场,抢抓港口、物流及相关基础设施投资机会,深化供应链投资,进一步完善全球物流业务布局,优化业务流程、提升服务质量,强化与全球供应链的互联互通,加速向世界一流的综合型物流服务提供者转型发展。如某海运中央企业依托境外港口区位优势,以投建营一体化(BOT)推动在当地建设现代化深水集装箱码头,并通过整合物流资源,逐步拓展国际航线、开拓海外市场,积极打造连接欧亚、太平洋与印度洋的国际性综合物流枢纽,有效提升了自身从欧洲中东到远东海上运输线的支撑能力,大幅拓展了自身国际海运业务版图,迅速发展成为具有国际市场影响力的港口运营商。

二是通过投资并购快速补链强链。物流业属于长周期产业,航线、港口等航运要素的发展培育不仅需要大量资金投入,同时也需要倾注充足的时间。通过开展海外投资并购,企业能够在相对较短的时间内获取境外港口、航线、技术、人才等关键物流资源,快速实现国际化布局,为物流企业实现业务综合化和全球化提供了兼顾经济与效率的便利化途径。通过投资并购,企业还能有针对性地对自身物流业务薄弱环节强化补充,或针对优势业务进一步提升竞争力。如某物流央企通过收购欧洲陆路运输企业,解决了当地市场渗透率不高、陆路运力有限等问题,不仅提升了自身物流服务的可达性,也通过整合收购资源,为今后发展多式联运、开展差异化竞争奠定了良好基础。类似地,某港口领域中央企业,通过并购间接持有了多个海外港口或码头,有效补齐了在地中海至北欧、红海、东南亚、东亚航线方面的短板,在相对较短时间内完成了全球港口业务的优化与完善,进一步巩固了海运领域竞争优势。

(二) 通过构建联盟塑造国际竞争新优势

物流企业通过与制造业、金融业、数字经济等行业企业,或基于差异化经营与同行业企业建立联盟的方式,将各自比较优势有效结合,在市场竞争中抱团取暖,协同联动,不断提升产业链供应链的融合性、互动性以及协调性,有效提升资源的配置及利用效率,降低了配送成本,缩短了运输时间,形成新的国际市场竞争优势。

一是通过航运联盟巩固企业竞争优势。立足差异化竞争优势,物流企业通过成立航运联盟的方式,将各自优质资源相互结合,通过共同使用港口、码头和物流设施等资源,共同制定或使用航线,使购买运输服务的客户可以获得更广泛的航线服务、更多的船期选择和更高的运力弹性,从而有效提升客户黏性,强化市场竞争力。2016年,中远海运集团、东方海外与法国达飞轮船、台湾长荣海运立足运量优势,组成全球航运联盟—海洋联盟,进一步借助东方海外、长荣海运货代网络,深挖全球商机,抢占国际航运市场。

二是通过数字合作推动物流服务转型升级。当前,数字化已成为全球航运贸易发展的趋势,但航运贸易业务场景复杂,链条长,参与方多,货值高,往往涉及跨境多方协作。近年来,中远海运等国内航运龙头积极推动与金融、制造业、数字经济等产业合作,推动成立联盟平台,借助区块链、人工智能等信息技术,提升航运各环节效率,降低航运成本,减少碳排放,积极推动航运业与制造业、金融业数字化协同转型。2018年中远海运集团与赫伯罗特、和记港口集团、东方海外、上海国际港务集团等企业共同成立全球航运商业网络平台(GSBN),依托区块链技术,结合行业场景研发了系列区块链产品,互认共享了提货单信息、设备交接单信息、到货通知等数据,完成线上指派代理和线上结费,从而将整个操作流程搬到线上完成,实现全流程无纸化,大幅提升了物流效率,并有效降低了国际航运产生的碳排放。

三、全球主要航运物流企业业绩对比

为进一步分析物流央企与国际龙头企业之间的相对短板与优势，我们以马士基、德迅、DSV 等三家世界 500 强上榜的综合性物流企业以及中外运、招商局港口、中远海控、中远港口等四家物流央企为样本，利用企业公开信息，通过"一利五率"和企业 ESG 实践情况等维度，对比分析中外企业全球布局以及企业管理等方面的情况。

（一）市场竞争力

"一利五率"考核指标聚焦企业经营本质，注重企业可持续投资能力，关注企业权益资本的投入产出效率，体现企业自生能力、积累能力、可持续发展能力和价值创造能力，能较好地反映企业经营业绩的"含金量"以及企业在市场上的综合竞争力。

1. 企业盈利能力

企业利润是衡量企业经营业绩的关键经济指标，体现企业在特定时期内通过生产经营活动所实现的最终财务收益。一般来看，税前利润总额越高，说明企业经营能力越强。2020 年以来，受新冠疫情等超预期因素影响，全球供应链受到冲击，国际物流供需矛盾深度失衡，大量跨国运输需求由于运力不足无法得到满足，导致全球运费持续暴涨，部分航线集装箱大柜出现平均运费高达 8000 多美元的现象。据全球航运巨头赫罗伯特统计数据显示，2022 年其全年集装箱平均运费由 2021 年的 2003 美元/TEU 涨至 2863 美元/TEU。

具体来看，目前物流央企与国际龙头企业在盈利能力方面差距较大。从税前利润规模看，2022 年，马士基税前利润达到 302.3 亿美元，远高于样本内其他企业。在我国物流央企中，中远海控税前利润规模最高，达到 233.3 亿美元，但仍与马士基相差较多。中外运税前利润为 5.6 亿美元，中远港口为4.6亿美元，两家企业合计为10.2亿美元，不仅与马士基相差较远，与DSV的32.9亿美元和德迅的42.1亿美元的税前利润也有较大差距，见表13-1。

从业务规模看，据Armstrong & Associates发布的数据显示，2023年德迅海运量为439万TEU，DSV为267万TEU，中外运为389万TEU。中外运在业务规模上高于DSV，与德迅相差不多，但税前利润远低于上述两者，意味着中外运与招商局港口在成本管理、费用管控上效率远低于德迅、DSV等国际龙头企业。

表13-1　全球主要航运物流企业的税前利润情况对比

单位：亿美元

	马士基	德迅	DSV	中外运	招商局港口	中远海控	中远港口
2018	-3.6	11.0	7.4	3.7	11.8	15.9	4.4
2019	9.7	11.6	7.1	3.8	15.1	41.1	3.8
2020	33.1	11.7	8.0	3.8	9.2	41.6	4.0
2021	187.3	32.5	21.1	5.1	13.6	179.6	5.0
2022	302.3	42.1	32.9	5.6	12.9	233.3	4.6

资料来源：本书编写组根据各公司年度报告及公开资料整理。

从税前利润变化情况看，物流央企与国际龙头企业都在不同阶段经历较大幅度震荡（图13-1）。如招商局港口在2018年和2019年税前利润保持25%左右的增幅，但在2020年减少39%，随后在2021年反弹48%；德迅在2019年前保持4%左右的平稳增速，但在2021年激增178%；DSV也在2021年激增165%。受集装箱运价高涨的影响，中远海控与马士基税前利润也在2021年有明显涨幅，分别为332%与466%。物流企业利润的大幅波动反映了在当前市场环境异常的情况下，运价波动、通胀加剧、港口拥堵、经济复苏乏力等多重因素叠加，企业经营能力受到严峻考验。此外，多元化并购也为企业提供了新的利润来源，在一定程度上解释了企业利润的波动变化。2021年，德迅通过收购Apex Logistics，扩大了易腐物流业务，不仅实现了业务结构优化，也通过引入优质企业提升了集团整体盈利能力，在并购当年利润有一定增长。

值得注意的是，2023年以来，全球贸易秩序逐渐恢复，供需关系重新趋向平衡，物流价格稳步回落，但受乌克兰危机、美联储加息等因素影响，全球燃油价格、船员薪资上涨，物流企业营收压力增大、成本上升，利润空间受到挤压。与此同时，物流市场进入疲软期，马士基预测2023年全球海运市场增长将在-2.5%至0.5%之间，物流企业间的市场竞争也将进一步加剧。

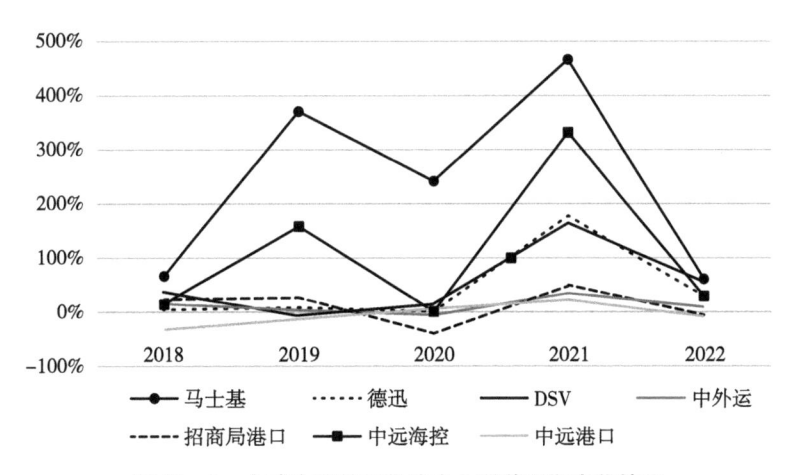

图13-1 全球主要航运物流企业税前利润变化情况

资料来源：本书编写组根据各公司年度报告及公开资料整理。

2. 资产负债情况

资产负债率反映企业在总资产中通过借债来筹资的比例，可以综合反映出企业偿还债务的能力。企业的负债越多，自有资产越少，资产负债率就越高，企业面临的债务风险就越大。

从样本企业资产负债情况看，物流央企面临的债务风险相对较小（图13-2）。具体来看，德迅资产负债率相对较高，近年来维持在75%左右，其他企业基本维持在30%至50%之间。中远海控在2018年至2020年间负债水平较高，峰值达到75%。但近年来通过优化资产负债结构，已经降到50%的水平。

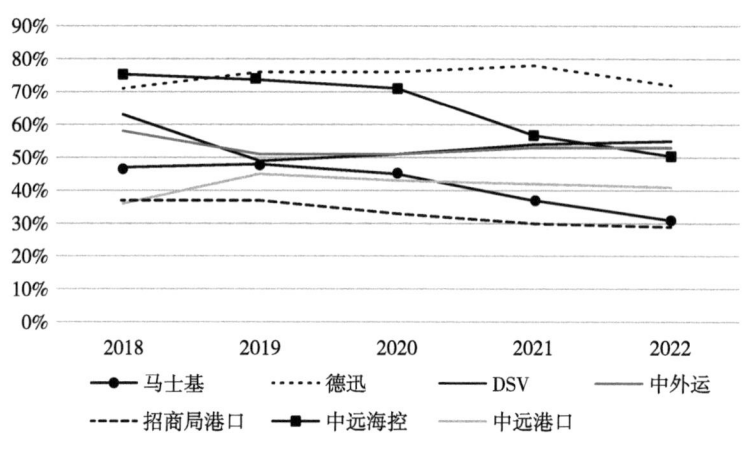

图13-2 全球主要航运物流企业资产负债率情况对比

资料来源：本书编写组根据各公司年度报告及公开资料整理。

3. 净资产收益率

净资产收益率体现企业对资本的使用效率，也能直观体现企业经营业绩和对股东的投资回报，净资产收益率越高，说明投资带来的收益越高。

从样本企业净资产收益率看，德迅的净资产回报率较高，招商局港口与马士基净资产回报率较低。但也应看到，物流企业所在的细分领域不同，净资产回报率往往有较大差异。德迅的核心业务为货运代理，属于轻资产企业，细分领域企业净资产收益率相对较高。招商局港口、中远港口、马士基是以海运业务为主的航运物流企业，企业持有码头、船舶等重资产较多，细分领域企业净资产收益率相对较低。此外，企业自身战略转型，拓展业务板块也会影响自身资产与营收结构，从而对净资产收益率产生影响。综合来看，招商局港口、中远港口等重资产较多的企业净资产收益率较低，近年来都在10%以下。中远海控、马士基近年来通过投资并购以及出售转让资产，积极调整和优化资产结构，净资产收益率出现较大改善，在2022年分别达到60%和45%，净资产收益稳步提升（图13-3）。

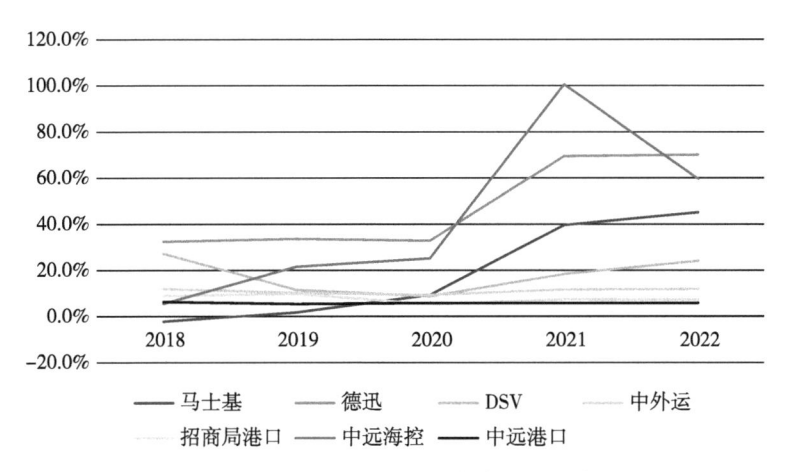

图 13-3　全球主要航运企业净资产收益率情况对比

资料来源：本书编写组根据各公司年度报告及公开资料整理。

4. 全员劳动生产率

我国物流央企全员劳动生产率总体呈现上升趋势，但与国际龙头企业仍有一定差距。受海运价格上升影响，企业营收上涨，推升全员劳动生产率。中远海控全员劳动生产率最高，2022年超过170万美元/人（图13-4）。中外运和招商局港口全员生产率较低。中外运2022年全员生产率为44万美元/人，约为马士基的一半。招商局港口则仅有19万美元/人，差距更为明显。

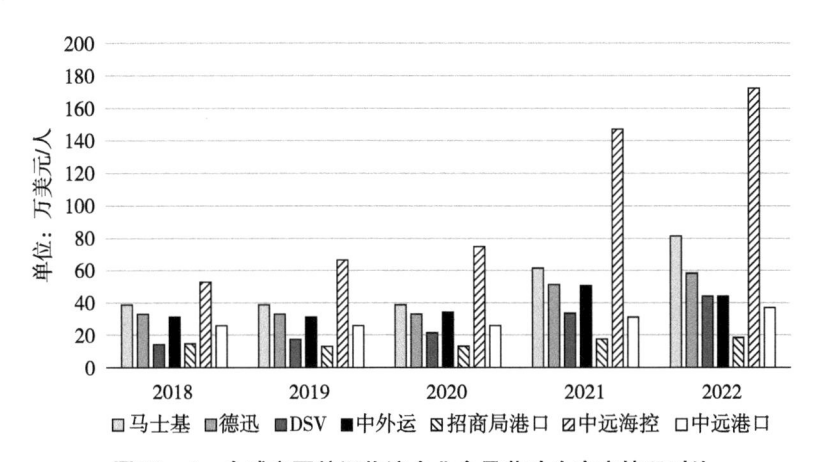

图 13-4　全球主要航运物流企业全员劳动生产率情况对比

资料来源：本书编写组根据各公司年度报告及公开资料整理。

物流央企与国际龙头企业的显著差距客观反映了我国物流人才方面存在的不足。一是人才结构有待优化。相比发达国家，我国物流业起步较晚，人才建设储备也刚刚起步，在现有物流从业人员中，具备高学历以及丰富实践经验的专业型人才较少，个人劳动产出低。二是人才培养机制建设缓慢。从国外发展经验看，物流体系人才培养主要包括高校物流人才培养、社会培训以及物流资格证书认证。目前，我国已经注意到物流人才培养的重要性，开始在高校开设相关专业课程，但部分高校存在重理论、轻实践的情况，导致高学历人才缺乏实践能力，学习与工作不能较好衔接。从社会培训看，物流相关培训虽然逐年增多，但也存在质量参差不齐、监管缺乏的情况。

5. 营业现金比率

营业现金比率是反映企业收益质量的主要指标。营业现金比率越高，说明现金收益越多，收益越稳定，企业"造血能力"越强，经营的风险就越小。

具体来看，招商局港口的营业现金比率一直保持高位（图13-5）。中远海控营业现金比率从2018年的7%增长到2022年的50%，涨幅超600%，是样本企业中营业现金比率变化最大的一家。

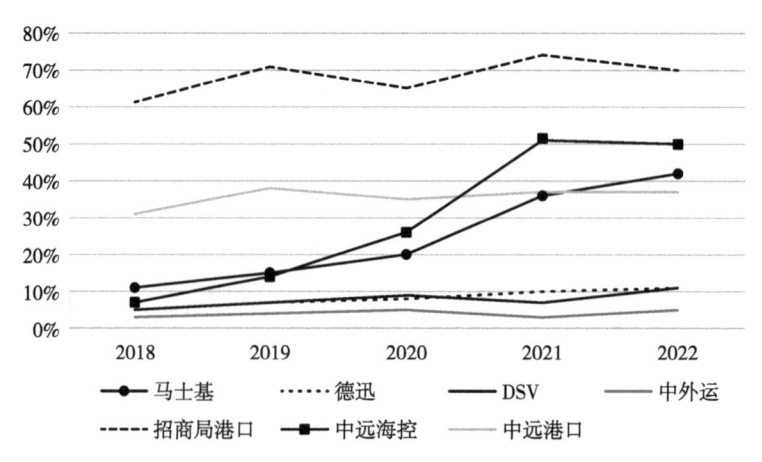

图13-5　全球主要航运物流企业营业现金比率情况对比

资料来源：本书编写组根据各公司年度报告及公开资料整理。

营业现金比率差异体现出资产配置对物流企业现金流的影响。招商局港口以港口运营为核心业务，成熟港口是"现金奶牛"，可以持续性地为企业提供稳定的现金流。因此，招商局港口长期保持了稳定的营业现金比率。近年来，马士基积极推动自身业务转型，先后并购 Visible SCM、B2C Europe 两家欧美电商物流巨头以及总部位于中国香港的合同物流公司 LF Logistics，同时将毛利率较低的集装箱业务出售，通过并购以及业务整合，优化了自身资产配置与业务结构，营业现金比率稳步提升。

6. 企业创新能力

创新能力是企业重要的核心竞争力，伴随新一轮产业变革和科技革命深入发展，物流业科技创新步伐也进一步提速，企业数字化、绿色化转型意识不断增强，在技术创新、服务创新、知识产权保护、专业人才培养等方面力度不断加大。但综合来看，我国物流业创新能力与国外仍有一定差距。全球数据科学公司 StartUs Insights 数据显示，智能航运、绿色能源、人工运输等物流业热门创新领域企业多数来自美国、德国等发达国家，我国物流业创新能力有待进一步提升。

一是产学研结合度不高。美国、德国等国政府为科研机构提供资金支持，为科研机构、企业、学校三方牵线搭桥，学校为科研机构、企业输送优秀人才，企业为科研机构提供科研方向，科研机构通过企业将研究成果应用于实际，助力本国物流行业获得全球竞争优势。

二是企业自身研发能力不强。我国物流企业所使用的技术多为从外国购买的已成熟的技术，并为国际上大型物流企业所广泛使用。而德美日则非常注重以创新来提高国际竞争力，不断研发新技术并将其应用于物流服务方面，例如 DHL 开发 Parcelcopter 无人机用于基础设施落后的地区，发明增强现实眼镜可显示货物和地点，发明 Locus 机器人帮助更快定位仓库里的货物位置等。

（二）可持续发展能力

伴随全球市场对 ESG 理念的接纳与拥抱，ESG 在投资决策中的重要性与日俱增，越来越多的物流企业也将 ESG 纳入企业发展的价值指引，并不断探索 ESG 的具体实践。

1. 从环境维度看，绿色转型已成为物流企业共识

在"双碳"背景下，航运业碳排放日益引起各方的关注。据国际海事组织（IMO）数据显示，2022 年全球航运业碳排放总量超过 10 亿吨，约占全球二氧化碳排放量的 3%。IMO 制定了到 2050 年前后航运业实现碳中和的远大目标，大力发展绿色物流既是物流行业实现可持续发展的必经之路，也是物流行业实现长足发展的重要战略。我国物流央企以及马士基、达飞（CMA）等国外物流龙头企业先后为自身航运业务设定了减排计划，并采取一系列措施促进航运业脱碳。

一是推广清洁能源使用。从运输船舶能源替代看，我国中央企业中船集团是达飞、马士基等航运巨头清洁能源船舶的主要制造商，在推动全球航运船舶能源转型方面发挥了重要作用。达飞集团于 2017 年便开始积极推动运输船舶能源替代，通过液化气与甲醇等清洁能源替代传统石化能源作为航运船舶的动力燃料。根据达飞所公布的相关财报，公司将于 2024 年底前拥有一支由 44 艘以 LNG 为动力的大型集装箱船组成的船队，这是世界上最大的 LNG 动力集装箱船队。马士基 2021 年在韩国订造 1 艘 3500TEU 碳中和甲醇动力集装箱船，成为全球首家订造零碳集装箱船的航运公司。截至目前，马士基订造的甲醇双燃料集装箱船已经达到 25 艘，是全球航运业中手持甲醇双燃料集装箱船订单最多的公司。德迅 2022 年实现了全球合同物流仓库 100% 使用可再生电力的目标。同时在陆运物流方面部署更多电动车辆（EV），计划到 2030 年底为 60% 的自有车队配备新能源卡车。此外，中远海运、招商局港口等物流央企也在积极推动运输船舶能源替代。招商局斥资 40 亿元订造 6 艘甲醇动力汽车运输船，是全球航运业继集装箱船和散货船之后，汽车运输船领域的首份甲醇双燃料大型船订单。

在港口减排方面，我国物流央企也走在世界前列。招商局港口不断推广先进技术装备和工作管理经验，建设可持续发展绿色环保码头。2023

年，招商局港口投用 66 台新能源电动拖车及 1 座配套换电站，逐步替代现有承包商燃油拖车，持续推动全球港口低碳发展。中外运也通过逐步采购纯电、LNG（液化天然气）以及氢燃料电池等新能源城配、干线运输车辆替换传统燃油车辆，提升自有新能源车辆占比，并在场站及码头作业中试点作业设备油改电、电子小票系统，减少能源消耗并提升操作时效，积极推动物流各个环节脱碳减排。

二是强化碳排放监测管理。航运业的碳排放轨迹覆盖整个运输链，从燃料的生产和供应到最终用户，涉及所有利益相关者，包括航运公司、港口、能源供应商和投资者。做好碳源的监测与管理对于控制和减少碳排放意义重大。马士基、招商局港口等物流企业通过数字化手段，积极搭建碳排放智能管理平台，为客户等利益相关者提供一站式的碳排放解决措施。为更好地监控碳足迹和管理碳排放，马士基采用符合全球物流碳排放委员会框架的行业领先计算方法，建立碳排放仪表盘，可以根据货主的特定需求提供排放报告，直观透明地查看整个端到端供应链中所有货物流转的碳排放数据，定期提供报告内容和行动建议。达飞也推出了碳排放计算器"Eco Calculator"，根据起止港和货物数量计算排放量。中远海控持续监控并定期披露温室气体排放量，制定了环境目标方针并通过开展绿色船舶、节能减碳、排放管理等举措向目标有序迈进，从而最终实现碳中和目标。

2. 从社会维度看，利益相关者权益日益受到重视

积极履行社会责任不仅能够帮助企业建立良好的公司声誉，提高品牌价值与财务绩效，也有助于企业同各利益相关者建立更加紧密的联系，从而在市场竞争中获得新的比较优势。物流运输，特别是跨境运输涵盖生产、流通以及消费等多个环节，涉及广泛的利益相关者。当前，伴随社会责任日益受到重视，现代物流企业不再单以利润最大化为目标，利益相关者的权益也更加受到重视与保护，在注重为客户提供更好、更高效的物流解决方案的同时，积极承担社会责任成为现代物流企业实行差异化竞争的重要手段。

一是注重员工权益保障。员工是企业最宝贵的资源之一，是企业不可或缺的生产力。员工关怀是企业践行 ESG 战略的重要一环，企业通过关注员工的需求和感受，提供良好的工作环境和福利待遇，能够激发员工的创造力和工作热情，提高员工的归属感和忠诚度，从而为企业创造更大的价值。德迅连续七年发布《可持续发展报告》，将员工关爱作为社会治理的重要内容进行披露。一方面，德迅提倡多元化与包容性，重视员工的归属感，分公司企业员工往往来自全球十多个国家。另一方面，德迅十分重视员工的权益保障，为每位员工提供公平公正的环境，并针对不同区域制定了个性化的人才培养计划，员工通过自荐或他荐的形式即可进入人才培养库，不断推动员工与公司共同进步。马士基将员工关爱作为公司高级战略，每年都会通过面对面的培训，强化经理层对员工关爱的理解与执行，持续强化在日常经营中企业与员工间的联系，避免出现冲突矛盾。同时，通过每两年尽职调查的方式，了解员工权益受保障情况，及时发现并整改问题。如针对 2021 年发现的工作歧视、员工骚扰等主要问题，通过加强基层治理、设置马士基报警系统（Maersk Whistleblower System）等方式，为员工提供更加安全可靠的办公环境。员工权益也是中外运长期以来关注的领域。如在员工成长方面，中外运不断增加自有师资培养数量和邀请频次，输出专属设计的培养方式和独有课程，确保各层次学员学习目标清晰、关联业务实践；并通过建设"运智汇"线上学习平台，帮助员工完成职位课程体系搭建，确保系统内员工可以根据自身所在岗位序列和职级，精准学习自身职业序列向上发展所必备的知识技能。2022 年"运智汇"学习平台新上线直播功能，在上线半年时间内，已线上组织开展超 100 场培训，10000 余人次参与学习。在员工关爱方面，中外运为丰富员工的业余生活，减轻员工日常工作压力，工会开展了形式多样、内容丰富的活动。2022 年度完成 9 个"员工之家"建设项目，有效改善了一线员工的生产、生活、文化、娱乐等条件。

二是积极参与公益活动。积极参与公益慈善等活动是企业社会责任的重要组成部分，是企业公民理念的延伸，也是维护企业长远利益、符合社会发展需求的一种方式方法。企业通过参与公益活动不仅能更好地寻求与社会公众的共鸣，促进政府、社区、公众等社会各界对企业的认知，也是树立企业良好社会品牌、构建良好社会关系、提升企业声誉的良好途径，能为企业创造更加广阔的发展空间。DSV将自身物流网络与红十字救援相结合，在全球范围为救援行动提供应急运输服务，以保障自然灾害、人文灾难带来的伤病及时得以救治。2022年，DSV向丹麦红十字会捐赠2000平方米库房用于存放急救设备以及急救技能培训。招商局港口在斯里兰卡发起"光明行"项目，为斯里兰卡白内障患者提供免费手术的机会，已累计帮助白内障患者逾500名。同时，积极推动丝路爱心村建设项目，汉班托塔爱心村——"肯达村"项目为当地创造了大量工作机会，改善了村庄生活环境，有效提升了村民生活水平。

3. 从治理维度看，合规经营成为企业治理重点

合规经营是企业可持续发展的前提，企业只有做到合规经营，才能在市场竞争中获得优势。随着物流行业的快速发展，国内外监管机构对物流业合规经营的重视程度不断提高，合规经营已成为物流企业发展的关键因素与企业治理的重点之一。物流企业需要遵守法律法规和行业标准，确保在运营过程中合法、规范、高效。

一是遵守商业道德。不道德的商业行为会导致贪污、贿赂、欺诈等行为，违反相关法律法规，对企业自身及企业经营所在的环境产生严重影响。遵守商业道德是现代物流企业履行社会责任的重要体现之一。德迅将合规作为企业经营的核心，在贿赂与腐败、礼物与招待、与供应商及其他第三方的交流以及公平竞争方面设立了严格的行为准则，要求领导者在其职责范围内设定优先事项并引入合规文化，所有业务活动遵循公司行为准则中所规定的道德规范，做到诚信正直，并通过设立德迅秘密举报热线（CRL）征集违反企业合规的线索，不断强化对企业合规经营的内部控制。DSV将依法依规进行税务活动作为履行商业道德的重要组成体现，2022年

在全球纳税超 50 亿丹麦克朗。为提升纳税合规性，DSV 管理层每年会审查公司全球纳税履行情况，以确保可以及时发现并管控风险。同时，为提升纳税情况的透明度，DSV 将在 2024 年起以独立报告的形式对其在各国纳税情况进行披露。中外运制定了《合规手册》和《商业伙伴合规管理办法》，以规范本集团及其员工在反洗钱、反腐败等方面的合规义务及行为准则，注重商业伙伴在合法经营、反腐败、反贿赂、反洗钱等方面的合规义务履行能力。同时，通过开展培训等方式营造良好的廉洁文化氛围。2022 年度中外运开展反腐败培训人数达 27997 人，平均每人培训时间达 3 小时。招商局港口高度重视商业道德给公司自身及各利益相关方所带来的影响，在总部设立监察部作为执行及监察廉洁建设工作的职能部门，制定公司《商业行为守则》并持续保持更新修订。在采购管理工作中招商局港口坚持"阳光采购"，在招标流程、公开评标、投诉处理各环节中遵循公开、公正、公平和效率的原则，并接受供应商及客户的监督，保障各方利益，不断提升公司依法治企能力和商业道德规范管理能力。

二是强化数字合规。在数字经济浪潮推动下，大数据正迅速改变原有的生产生活方式，数据要素在物流活动中的重要作用日益显现，成为促进现代物流业转型升级的重要动力之一。与此同时，企业利益相关者对隐私保护与数据安全等方面要求不断提高，数字经济领域的合规要求也在不断扩充与完善，监督管理力度持续加大，数字合规成为各物流企业强化企业治理的重要内容。DSV 通过持续优化数据管理流程，提升数据管理的效率与透明度，不断强化对数据隐私以及安全的保障。同时，DSV 通过安全操作中心（Security Operations Centre）建立起了全球数据安全监测系统，能够 24 小时全天候对不同区域以及组织进行风险识别及处理。同时，积极履行欧盟《通用数据保护条例》（GDPR）等高标准数字合规义务。2022 年，DSV 在数据隐私保护方面实现了"0 举报"。马士基 2021 年制定了企业数据管理政策，进一步确保有关数据在收集、存储及使用等流程中的合规性，并要求公司各部门定期向董事会报告数据合规情况。中远海运与中国电子科技网络信息安全有限公司（简称"中国网安"）达成战略合作，委托中国网安提供全系统、全方位、全天候的网络信息安全整体保障服务。中国网安采用全新模式，为中远海运提供网络信息安全整体保障，建立安全管控、安全防护和安全服务三大体系。

第二节 中央企业参与国际分工合作面临的形势

当前，世界之变、时代之变、历史之变正以前所未有的方式展开，新一轮科技革命和产业变革深入发展，不断推动世界经济结构、产业结构、国际分工变革，绿色发展、数字赋能等新技术、新产品加速与服务业制造业融合，为全球物流高质量发展带来前所未有的机遇。但也应看到，百年变局加速演进，国际力量对比发生深刻变化，恐怖主义、民粹主义沉渣泛起，部分国家贸易保护主义、单边主义抬头，泛化"国家安全"概念干扰破坏正常国际经贸合作秩序，物流业发展面临的外部环境仍旧复杂多变。与此同时，全球经济增长预期疲软，集装箱运输需求萎缩，物流业进入下行周期，企业面临的行业竞争日趋激烈。而从企业自身看，全球经济绿色化数字化转型所带来的合规要求以及自身转型需求也给企业经营带来新的挑战。

一、全球物流行业总体发展形势

（一）国际航运进入下行周期

伴随持续的高通胀及能源资源短缺，全球经济复苏动力不足，消费市场终端需求疲软，工厂库存增多、国际贸易减单，集装箱等国际航运需求面临萎缩，市场即将面临供大于求的状况。据预测，德路里全球供需指数将达到历史最低点，预计2024年供应增长6.4%，而需求仅增长2%。

1. 集装箱运输供需失衡加剧

从需求看，全球集装箱贸易需求减弱。近年来，全球持续保持较高水平通胀，与部分地区局势动荡、暴力冲突等因素交织共振，快速推升全球大宗商品价格，市场需求受到一定程度抑制，社会库存升至高位。世界贸易组织（WTO）预计2024年全球商品贸易量或将只增长2.6%，低于此前预测的3.3%。

从供给看，集装箱运力快速增长，过剩问题日益明显。据波罗的海国际航运公会（BIMCO）数据显示，2023年全球交付集装箱运力打破2015年170万TEU的交付纪录，达到220万TEU左右，全球集装箱船运力也同比增长8%，为2011年以来的最高增长率。预计2024年，新交付集装箱运力将进一步增长至310万TEU，较2023年增长41%，再次刷新新船交付纪录，集装箱运力供需矛盾日显。

从价格看，集装箱运价经历大幅波动。2023年，受经济复苏不及预期、市场需求减弱等多因素影响，全球集装箱运输价格持续下跌，上海出口集装箱综合运价指数（SCFI）全年均值为1006点，同比大幅下降70%，其中，欧美主干航线的降幅在70%~80%不等。德路里预计全球运费（包括即期运费和合同运费）在2024年将下降33%。但2024年以来，巴以冲突等超预期因素持续冲击全球经贸秩序，马士基、赫罗伯特等国际航运企业先后暂停或调整经红海区域海运航线，全球集装箱运力短缺，运输价格出现低位反弹。截至2024年5月17日，SCFI指数已增至1312点，远高于2023年全年均值。

2. 干散货运输市场不确定性仍较大

从需求看，全球干散货需求恢复增长，但仍面临较大不确定性。据克拉克森统计显示，2023年全球干散货航运总量为54.98亿吨，较2022年增长3.7%，增速由负转正。

在煤炭运输需求方面，受乌克兰等地局势动荡等多种因素影响，石油、煤炭等能源供给仍有短缺风险，煤炭需求有所增加，海运量稳中有升。国际能源署（IEA）数据显示，2023年全球煤炭需求总量超过85亿吨，同比上涨1.4%，创历史新高。其中，印度与印度尼西亚煤炭需求涨幅分别达到9%和11%。据克拉克森统计显示，2023年全球煤炭航运量为13.03亿吨，较2022年增加6.1%。

在铁矿石运输需求方面，尽管全球多个国家将基础设施建设作为推动经济复苏发展的重要抓手，但由于缺乏投资等因素，部分计划仍未进入施工阶段，对钢材消费需求短期内变化不大，铁矿石需求承压。从力拓、淡水河谷、必和必拓以及FMG等四大矿山产量来看，2023年产量在11.3亿吨左右，同比略有增长。

从供给看，散货船运力不确定性较大。伴随国际海事组织（IMO）环保新规和欧盟碳关税（CBAM）的扩展，船东或将采取降低航速、拆除改造老旧船只等举措以实现合规要求，从而产生船舶周转期延长、航运运力减少的情况，干散货运力一定程度上受到抑制，叠加近期干散货在船订单比例处于历史低位，干散货运力未来受政策环境、市场需求、燃料技术等多方面影响，面临较多的不确定性。根据克拉克森预测，2024年全球干散货运力的增长率仅为1.9%。

3. 国际油品运输价格上升

从需求看，油品运输需求抬头。伴随全球经济进一步复苏，运输和工业燃料需求稳步增长，持续提振原油市场活力。据路孚特船舶跟踪数据显示，2023年1至11月，全球原油装载量同比增长5.7%，达到19.75亿吨（不包括沿海贸易），远高于2022年同期的18.69亿吨。此外，OPEC预计2024年全球石油需求将增加225万桶/日，达到1.04亿桶/日。

从供给看，全球油品运力趋紧。受2021年油运行业低迷影响，船东造船意愿较低，油轮运力增速放缓。据德路里估算，2023年原油船队约增长0.6%，远低于2022年3.0%的增速。克拉克森预测2024年原油轮运力总供给约为4.3亿载重吨，同比增长0.2%；而运力总需求约为3.5亿载重吨，同比增长3.5%，需求增速大于供给增速。此外，由于俄罗斯受到制裁，红海局势持续紧张，全球重要石油出口市场和通道都受到限制，国际原油海运贸易转向长距离运输，部分运力被消耗，原油运力趋紧，或将进一步推升全球油品运输价格。

（二）航运企业进入转型期

近年来，全球贸易多元化发展趋势日益明显，产业链碎片化、贸易区域化等特征不断凸显，特别是 2020 年以来，新冠疫情加速全球经贸格局变迁，对全球产业链、供应链产生了深远的系统性影响，也对物流服务业的稳定性和可靠性提出了更高的要求，企业开始更加注重提升自身的价值创造能力，不断推动自身业务转型升级，持续提升企业的市场竞争力。

1. 龙头企业加速提升综合服务能力

为顺应全球贸易发展新趋势，满足客户对集装箱运输日趋多元的服务需求，主流班轮企业已逐步将运输服务向海运段两端延伸，通过在产业链开展投资并购等方式，不断完善综合服务能力，同时通过推动航运数字化建设，打造物流全产业链的差异化服务，持续增强全程综合物流运输服务能力，不断提升客户体验。在集装箱运输服务逐步走向全程物流服务的趋势下，集运行业未来发展也将更具韧性。

以马士基为例，从电商业务看，马士基先后并购 Visible SCM、B2C Europe 等两家欧美电商物流巨头，分别完善了其在美国、欧洲企业对个人（B2C）的包裹速递和配送服务，并通过并购葡萄牙电商企业 HUUB 进入时尚领域物流，为时尚行业提供企业对个人仓储技术解决方案。从陆路业务看，通过对 LF Logistics 的收购，马士基获得由亚洲 223 个配送中心和全球 250 多个客户组成的优质物流网络的控制权，有效拓展巩固了亚洲陆路物流与供应链服务网。通过垂直整合，马士基的物流服务能力不断得到扩大和完善，马士基现在已经开始为消费品跨国公司联合利华管理所有物流业务。从航空业务看，马士基斥资 6.44 亿美元收购 Senator———一家在全球运营 19 架货运飞机航班的德国物流公司，同时为了进一步扩大其航空货运范围，另外租赁了三架波音 767-300 货机，并订购两架新的波音 777 货机。此外，马士基成立 Maersk Air Cargo 航空货运公司作为其航空货运业务的主要承担者，并计划将每年大约三分之一的空运货物由其自身控制的货运网络来运输。

此外，德迅、DSV 等航运巨头也加速拓展产业范围。如 DSV 通过收购两家总部位于美国的物流公司 S&M Moving Systems West 和 Global Diversity Logistics，强化其在美空运、海运、公路运输和仓储业务的服务能力。

2. 中小企业横向融合趋势日益显著

在全球物流龙头企业不断加快资源整合、壮大自身的同时，中小型物流企业依托自身业务优势，开展横向合作的力度也在不断加大，港口企业与航运企业的横向合作日趋紧密。通过建立横向合作，企业将港口、货代、船舶、铁路、公路等物流要素有机结合，合力打造点到点、一体化综合物流服务，推动形成"枢纽+通道+网络"全球物流格局，不断提升服务效益和质量，不仅有利于降低物流成本和运营风险，也有利于提升企业竞争力，推动企业的持续、稳定和健康发展。例如，2023 年辽宁港口股份有限公司与马士基（中国）航运有限公司、一汽物流有限公司、长春国际陆港集团有限公司等 9 家企业通过签署战略合作协议的方式，在大宗散货转运、海铁联运、中欧班列等业务领域，发挥彼此优势、抢抓发展机遇，共同探索深层次合作路径，在各方经济效益提升的同时，多赢格局也将不断得到深化与拓展。

二、物流央企参与国际分工合作面临的形势

（一）外部发展环境复杂多变

百年变局加速演进，国际力量对比发生深刻变化，部分地区局势动荡，恐怖主义、民粹主义沉渣泛起，一些国家固守冷战思维，刻意制造矛盾冲突，冲击地区安全稳定，国际物流发展面临的外部环境日趋复杂。

1. 安全审查限制市场准入

部分国家泛化"国家安全"概念，借助"近岸外包""友岸外包"等策略，推动"脱钩断链""去中国化""中国＋1"，干扰破坏正常国际经

贸合作秩序，阻断国际人文、科技交流合作。近年来，美国、英国以及欧盟等多个发达经济体先后收紧外资安全审查政策，限制外资对关键基础设施的并购，国资背景的企业成为安全审查重点，我国物流央企拓展国际市场面临的准入限制增多。

从审查门槛来看，外国投资者接受跨境并购安全审查的门槛明显降低。伴随国际形势日趋复杂，对关键行业外商投资的监管日益引起各国重视，外国投资者面临的安全审查日益趋紧。如德国将对欧盟以外投资者的审查门槛从之前的25%股权比例下调至10%。涉及对德国关键性基础设施或为其提供软件服务和信息技术的目标企业的并购，一旦并购交易份额超过10%，外国投资者即需进行国家安全审查申报。

从审查范围来看，与国防和安全密切相关的领域，如军民两用技术、敏感设施等仍为审查重点；人工智能、机器人等尖端前沿科技，以及数据处理、电信通讯、基础设施等重要服务领域的并购交易，同样被列入重点审查范围，如澳大利亚已取消对港口等关键基础设施相关并购交易的安全审查豁免。

从审查程序来看，各国纷纷采取推动立法、增设审查机构、延长审查时限、强化国际合作等多管齐下的措施，大幅提升了安全审查的严格程度。此外，针对意图规避审查的并购行为，各国也明确规定了严厉的处罚措施。

从审查对象来看，具有明显的针对性。在前沿、尖端技术领域和高端服务领域的交易审查方面，各国均予以高度重视。同时对于来自政治盟友的投资，存在明显的区别对待现象。例如，欧盟在审查法案中针对欧盟内外实施了差异化的标准，特别强调了针对来自东亚国家投资的审查问题。美国在相关法案中明确列出了"特别关注国家"名单，对来自"明显威胁美国国家安全利益"国家的投资进行特别审查。

2. 暴恐袭击威胁企业安全

当前，部分地区局势动荡不安，暴力冲突时有发生，不安定不稳定因素增多，影响地区和平稳定与经济复苏，给物流企业开展物资运输带来较大影响。在非洲，亚丁湾附近海盗活动频繁，多次发生劫持、暴力伤害船员事件，对我国来往运输船舶安全造成威胁。在亚洲，巴基斯坦发生多次有组织恐怖袭击，当地港口、电站等基础设施建设运营受到破坏，不仅扰乱了正常经贸物流秩序，也威胁着我国企业及人员安全。

3. **基础设施领域国际竞争日趋激烈**

伴随我国经济发展水平不断提升以及海外投资和贸易活动的迅速增长，部分西方国家对我国"战略焦虑"日增，不断挑起分歧、制造对立，加大对我国围堵遏制力度，地缘政治风险已经成为影响中国企业海外利益的主要因素之一。与此同时，港口作为海上交通线中的关键基础设施，也日益引起各国重视与竞争。例如，美欧通过全球基础设施和投资伙伴关系[1]、"全球门户"计划[2]、印欧经济走廊[3]等计划，拉拢部分发展中国家开展港口、铁路等基础设施合作，对抗中国日益增长的国际影响力，对我国企业正常的投资经营秩序造成干扰。

4. **区域局势动荡冲击物流运输秩序**

乌克兰危机、巴以冲突等局势动荡放大全球海运不确定性，多家海运企业先后调整或暂停苏伊士运河、霍尔木兹海峡以及黑海海域航线，海运物流秩序受到严重冲击。特别是新一轮巴以冲突爆发以来，多艘船只行至红海水域时遭受袭击，造成严重人员伤亡及经济损失，马士基、赫罗伯特

---

[1] 2022年6月七国集团（G7）领导人峰会期间，G7领导人、欧洲理事会主席米歇尔和欧盟委员会主席冯德莱恩共同宣布建立"全球基础设施与投资伙伴关系"。美国总统拜登表示，美国将在未来五年内通过联邦融资和私营部门投资结合，为该倡议筹措2000亿美元的投资；冯德莱恩则宣布欧盟将在同一时期为该倡议筹资3000亿欧元；日本、加拿大和法国的领导人同样各自宣布了数十亿欧元的投资计划。

[2] 欧盟委员会于2021年12月正式发布"全球门户"计划，宣称2027年之前要投入高达3000亿欧元用于在发展中国家投资基建项目。该计划的首批建设项目包括黑海海底的数字电缆、连接地中海和北非国家的海底光纤电缆，以及喀麦隆的一座大坝和水电站等。

[3] 2023年9月，美国、印度、沙特阿拉伯、阿联酋、法国、德国、意大利等国签署谅解备忘录，宣布"印度—中东—欧洲经济走廊"（简称"印欧经济走廊"）项目。据报道，该项目旨在通过铁路和港口，将印度与中东和欧洲连接起来，以促进沿线经济体之间的贸易与投资。

等多家海运企业宣布暂停红海航行或绕行非洲好望角，衍生成本上涨、运价波动、船期延误等多种风险，增加国际贸易运输安全成本，冲击全球供应链安全与稳定。

（二）绿色合规压力日益增大

海运是全球货物运输的主要方式，在承载和推动国际贸易发展的同时，也排放了大量的大气污染物和温室气体。伴随国际海事组织（IMO）温室气体减排短期措施新规定的全面实施，实现脱碳发展成为物流企业，特别是航运企业发展的必经之路，也是企业提升全球竞争力的重要砝码。但也应看到，实现绿色航运是一项系统性工程，目前仍面临多方面困难。

1. 绿色动力船舶产能短缺

据海洋网联船务（ONE）报告显示，目前，航运业每年需要订造4000艘绿色燃料船舶以实现在2050年前脱碳的目标。马士基等多家公司及相关银行分析显示，全球主要船厂2025年已没有可用的船台，2026年的船台也正在迅速占满。绿色船舶产能面临短缺，航运业绿色转型承压。

2. 配套基础设施尚不完善

绿色船舶需求增长，进一步推升相关配套基础设施需求，但目前物流相关绿色基础设施仍相对滞后，绿色燃料加注、岸电供给等设施仍有较大提升空间。以岸电为例，岸电设施将岸上供电系统与船舶受电系统连接，是海运船舶在港口停泊期间快速实现"零碳排放"的有效方式。但据亚洲清洁空气中心报告显示，目前国际航线船舶普遍存在岸电受电设备配备率不足的情况，且不同航线间存在较大差异。如中国—新加坡和中国—美国的集装箱航线，配备岸电受电设施的船舶占比分别为18.9%和14.2%，而中国与菲律宾、印度尼西亚等国航线船舶岸电配备比例则相对较低，介于0~4.3%之间。

3. 替代燃料选择路径尚不明确

目前航运零碳排放的最佳选择尚不明确，替代燃料的应用仍面临技术可行性、整体拥有成本、绿色低碳燃料可得性、非二氧化碳温室气体排放控制等挑战。此外，在现有使用较多的替代燃料中，都存在一定的缺点。如 LNG 燃料在生产、存储、运输和使用过程中存在甲烷逃逸，从而产生温室气体排放；甲醇燃料存在易发生火灾危险性、对人体带有毒性、具有腐蚀性等特点；氨燃料泄漏会产生有毒气体且燃烧利用率不高等。

（三）企业经营压力不断升高

伴随全球经济放缓，受能源价格高企、人力成本上升等因素影响，物流业面临低需求、低运价、超供给等多重挑战，多家老牌物流企业业绩腰斩，宣布裁员或破产。2022 年 9 月，联邦快递撤回业绩指引并下调盈利预期，采取了停飞飞机、关闭部分办公室等降本措施。英国运输企业 Tuffnells Parcels Express 经受不住市场高度竞争与固定成本通胀导致的巨大现金流压力陷入破产清算。德迅 2023 年第三季度收入 6.79 亿美元，同比下降 53%。据德路里最新集装箱预测显示，预计 2024 年全球集装箱行业将亏损 150 亿美元，我国物流央企面临的经营压力也与日俱增。

1. 市场竞争日趋激烈

一方面，我国物流业发展起步较晚，马士基等老牌运营商已经占据重要港口，优质港口资源并购机会较少，在项目业务构成、管控权力、财务回报和风险应对等方面均符合要求的项目竞争激烈。另一方面，我国企业管理经验相比海外巨头仍有一定差距。依托我国超大规模市场优势，我国物流央企近年来加速赶超，虽然在营收方面与马士基等国际物流巨头的差距正逐渐减小，但在成本控制方面仍与其有不小差距，盈利能力有待进一步提升。

2. 项目管理压力较大

跨境并购与绿地投资是企业参与国际物流市场的重要途径，但从项目管理角度看，两者都对企业提出较高要求。跨境并购虽然可以帮助企业在短时间获得港口、航线等关键资源，但港口并购一般需要较大规模投资，特别是成熟港口，并购难度大、价格高，长期来看回报率低，企业面临较长的投资回收期，财务压力较大。相对跨境并购，绿地投资则需要较长的市场培育期，面临的不确定因素多，投资难度较大。此外，在跨境投资和经营的过程中，不同区域企业往往在文化、管理风格等方面具有显著的差异性，也会为企业管理带来额外成本，加大项目管理难度。

3. 海运服务发展滞后

加强海事仲裁、海运保险、中介服务、船舶经济、海运金融等海运衍生服务是提升海运产业链能级的应有之义，也是提升我国海运话语权的重要前提与保障。目前，我国海运衍生服务业发展相对滞后，与英美等国仍有较大差距。以海事仲裁为例，据英国夏礼文律师事务所统计显示，虽然我国海运市场规模远高于英国，但全球约80%的海事纠纷选择在伦敦进行仲裁，每年为英国带去数百亿英镑产值。与此同时，中资企业在海事纠纷仲裁中胜诉不多。特别是造船合同纠纷，中资企业败诉率曾一度高达90%，极大影响了我国海运企业的国际化发展。

4. 专业人才储备不足

目前，我国虽然海员数量庞大，但拥有国际投资、运营知识的专业化人才较少。一方面，我国专业型的航海院校数量较少，且在课程设置上重理论轻实践，学生在毕业后实践能力较差，不能在短时间内适应工作，海员培养与行业实际需求对接的机制有待完善。另一方面，专业人才年龄结构不合理。我国大部分具有高级职称的技术人员已经濒临退居二线年龄，但中青年专业人才培养仍需时间，海洋人才存在一定老龄化问题。

第三节　中央企业参与国际分工合作的建议

一、对政府部门的建议

在新形势下，为进一步释放物流业发展潜力，推动我国物流业高质量发展，加速服务构建新发展格局，政府层面要更好地发挥政府作用，加速推动物流基础设施建设，促进物流业绿色化转型，强化海外物流企业安全保障，指导企业做好合规经营。

（一）加速推动物流基础设施建设

一是坚持高水平对外开放，提升我国全球供应链韧性。以开放促发展、增实力，为物流企业拓展海外市场提供坚实制度基础。以高质量共建"一带一路"为重点，不断提升贸易投资自由化、便利化水平，加强供应链国际合作，构建更加稳定、多元的供应链网络，稳步扩大对外贸易投资规模，鼓励进口更多优质商品，激发物流市场需求潜力。持续强化港口、仓储等物流基础设施项目合作，加速推动智慧港口等新型基础设施建设，不断提高区域互联互通水平，为物流企业开展服务提供良好的软硬件基础。

二是以高质量共建"一带一路"为重点，加速推动国际物流大通道建设。加大物流央企融链合链力度，提升中央企业物流资源配置能力和协同能力，探索推进海、陆、空及管道等多式联运，进一步健全公铁、铁海联运服务规则与标准体系，推动标准规则有机衔接。强化中欧班列、西部陆海新通道多式联运"一单制"相关标准体系建设，推动国内多式联运"一单制"规则与国际市场互认。与海关等有关部门积极探讨物流央企通关便利化措施，探索中央企业"白名单"制度，优化通关流程，提升通关智能化水平，完善通关合作机制，推动在重要物流节点建设国际贸易"单一窗口"，探索试点海关直通模式，提升物流运输效率，为国际贸易与物流运输提供良好海关条件。加大财政支持力度，进一步完善口岸物流和应急服务功能，有效解决口岸拥堵、能力不足、转换效率不高等实际问题。做好紧急情况下物流备用方案储备，提升我国海外物流对突发情况应对能力。支持供应链上下游企业协同"走出去"，推动物流网络与产业、贸易、数字、金融等深度融合，提升国际物流供应链一体化服务能力，为企业发展跨境供应链物流营造良好政策环境。

三是完善高增值海运服务体系。立足我国海运实践特点，加速建立完善海事法律制度体系,增加其在涉外案件中的适用性。加大力度探索临时仲裁在海事纠纷仲裁中的应用,提升国际海事商事争端解决服务能力与质量。做大做强我国船舶交易市场,创新船舶交易模式,吸引国内外船舶进场交易,提升交易市场国际化水平。提升海运保险服务保障能力,鼓励具备实力的保险机构及再保险机构积极拓展海运保险业务范围、创新保险产品供给,推出符合市场需求的新能源船舶险、船舶建造险等保险产品,提升海运保险业务的保障水平和市场竞争力。支持海运保险机构加强全球服务网络建设,不断提升海外理赔、防损等服务能力。

(二) 加速推动物流业绿色化转型

一是加快运力结构调整。积极推动海外物流标准化和绿色化发展。研究建立船舶能耗标识制度,做好分类分级管理。引导现有船舶节能改造升级,稳妥推进高耗能、高污染老旧运输船舶更新或退出航运市场,鼓励和支持绿色船舶使用,为船舶绿色低碳发展营造良好市场环境。加强港口资源整合,鼓励工矿企业、粮食企业等将大宗货物"散改集",降低物资运输整体排放量。

二是推进船用能源转型。加快船舶绿色低碳转型和品质升级,引导航运公司、港口、研发公司等共同探索净零碳能源和动力技术应用。稳妥推动大中型长距离航行船舶 LNG 动力和动力电池试点应用。构建便利化配套加注、充换等基础设施,完善上下游合作机制。积极开展甲醇、氢、氨及风帆助航等新型动力船舶关键技术研发和试点应用,为未来向净零碳船舶转型做好技术储备。

三是积极推动数字技术应用。深入推进大数据、物联网、人工智能、区块链等新一代信息技术在物流领域的融合应用,着力提升物流行业整体运行效率,积极促进物流供应链向绿色循环、低碳发展的方向转型升级。加速船舶、港口、仓储、场站等新能源技术改造,提高运输效率与质量。发展智慧港口、智能仓储等新型基础设施,优化物流资源运营调度,提升船舶航行、港口运营及多式联运等各环节物流效率，推动实现无纸化办公，降低运输链条各环节碳排放。

四是建立健全物流绿色低碳管理和政策体系。完善物流碳排放标准与监管体系。研究制定新造船舶能效设计指数，引导和促进全社会运输结构调整，鼓励企业使用高能效船舶，支持高排放船舶退出市场和新建船舶应用绿色低碳技术。加快修订船舶燃料消耗和二氧化碳排放限值及验证方法等行业标准；开展船舶、仓储等物流设施设备碳排放统计和监测体系建设，研究建立船舶污染物排放评估、评级机制。设立航运碳减排基金，支持航运碳减排技术研发和推进港口新能源基础设施配套产业发展。实施船舶优先过闸、降低车船税、港口收费等激励政策，促进低碳绿色船舶技术的应用。

（三）强化海外物流企业安全保障

一是建立完善保护机制。积极推动商签和升级有关双边投资协定、自由贸易协定等相关国际经贸协定，将物流领域投资合作作为重点内容加入协定。加大与"一带一路"共建国家、RCEP区域国家政府层面沟通力度，进一步深化合作共识，加强物流行业在投资准入、投资便利化和投资保护方面的规定，减少投资障碍，强化海外权益保护。聚焦重点领域、重点区域，建立完善分级分类风险治理机制。做好物流知识产权保护，加强对海外知识产权纠纷应对和维权援助。

二是强化公共服务。强化风险信息供给，开展各层级企业合规和风险防控教育培训，提升物流企业风险防控与合规经营意识和能力；定期发布对外投资国别（地区）指南等公共服务产品。推动国内法务、财税、金融、咨询、安保等专业服务机构"走出去"，通过设立境外分支机构、并购外资机构、签署合作协议等方式为境外物流企业提供专业服务。

三是加强风险防范。推动建立全天候风险监测预警体系，加强对政局变化、战争、武装冲突、恐怖袭击或绑架、民族宗教冲突、治安犯罪、自然灾害、汇率波动等风险信息的收集，强化风险研判，分级分类做好风险评估，及时提醒企业做好风险防范。指导物流行业协会建立健全"走出去"企业自律机制，鼓励境外企业互帮互助，抱团取暖，减少无序竞争，推动对外投资健康有序发展。

（四）指导物流企业做好合规经营

一是强化海外合规监管体系。完善境外中资企业合规管理指引，引导物流企业树立正确的合规理念，强化合规意识，建立合规文化，制定合规管理准则、合规操作和审查流程，提升合规能力。完善物流企业合规管理制度，建立完善违规问责机制，强化合规考核。

二是做好合规咨询信息共享。加强高标准国际经贸规则宣传推广，分级分期做好合规培训，创新培训方式和培训渠道，指导物流企业做好属地化经营与合规管理。梳理海外合规风险点，加大在反商业贿赂、绿色合规、数字合规、公司治理、知识产权、反垄断、信息管理、跨境交易、劳动用工、税务等重点领域信息服务供给力度，密切关注有关规定最新变化，加强风险研判，帮助企业应对规则变化，降低或避免合规风险。

三是拓展合规专业服务供给。鼓励物流企业聘用当地专业机构提供合规支持服务，支持国内律师事务所、会计师事务所、咨询公司等专业服务机构遵循市场原则在境外开设分支机构或与境外专业服务机构建立合作伙伴关系，为中资企业提供更加本土化合规管理服务，提升企业合规经营能力。与国内外知名学府联合培育具有国际物流领域专业知识背景的财务、法务等专业型人才，强化专业人才供给及储备。

二、对中央企业的建议

在企业层面，要压实主体责任，积极提升运营能力，打造国际一流物流企业，加速融入全球高端供应链，做好风险防范和合规经营。

（一）加速打造"国际一流"物流企业

1. 提升企业综合管理能力

对标马士基、DSV等国际物流龙头企业，以强化基础能力为重点，持续提升企业综合竞争力。

在战略管理方面，统筹好企业长远目标规划，制定前瞻性、全面性的战略计划。聚焦共建"一带一路"重要节点，有序抓好港口、码头以及物流园区等战略性项目布局。实施创新驱动发展战略，大力推动与同济大学、华中科技大学、北京交通大学等国内院校以及新加坡国立大学等国外院校战略合作，加大产学研结合度，切实提升企业技术牵引和产业变革能力。强化品牌意识，加强战略引导，提升集团品牌的影响力和竞争力。

在组织管理方面，加速构建高效、有序、灵活的组织结构，提升对外部多变环境的适应能力以及快速决策能力，通过优化内部流程，加强跨部门协作，提高决策效率，确保企业各项业务活动的顺利进行。

在运营管理方面，持续优化供应链、仓储、运输等各个环节，推广智能化办公等数字技术应用，引入马士基、DSV等国际物流龙头企业先进物流技术和管理理念，强化对运营过程进行全面监控和数据分析，加速降低成本、提升效率、提高客户满意度，提高运营效率和服务质量。

在财务管理方面，根据形势变化不断建立健全财务体系，精准识别和管控企业经营状况与财务风险，为企业预算编制、成本控制、资金管理以及风险控制等决策提供有力支持，确保企业财务状况的健康与稳定。

在科技管理方面，加大对科技创新的投入力度，鼓励员工积极探索新的技术应用。以提升企业数字治理以及绿色合规能力为重点目标，积极探索新技术、新业态、新标准，大力引进先进的技术和设备，持续强化服务质量和效率，不断提升企业的核心竞争力。

在风险管理方面，建立健全风险防范机制，及时识别和应对潜在风险。做好对市场环境、政策法规、供应链等各方面监测分析，及时采取有效措施防范风险的发生，确保企业稳定发展。

在人力资源管理方面，注重专业人才的选拔、培养和激励，与高等院校等人才培养机构联合制定完善的培训计划和职业发展路径。学习借鉴发达国家物流人才先进培养模式，注重产学研相结合，设计理论与实操并重的教育模式，为企业输送既懂物流企业发展痛点又懂技术的专业人才。

在信息化管理方面，构建高效的信息系统，推动实现数据的实时共享、分析和利用，为企业的决策提供准确依据和支持。强化网络安全管理，确保企业信息的安全与可靠。

2. 积极践行 ESG 理念

在环境方面，加速向绿色物流转型发展，推动使用清洁高效的生物质燃油、LNG 能源、电能以及氢燃料电池物流运输设备。稳妥更新淘汰高碳排放船舶，提升绿色船舶使用占比。通过单据电子化、流程自动化（RPA）等数字工具打通数据链接，实现无纸化办公。推动有条件的地方试点利用仓库、厂房屋顶，建设分布式发电设施、充换电等配套设施，实现自发自用，节能降耗，发展低碳循环物流产业。通过碳足迹计算器为客户提供多场景、全链路的碳排放核算，帮助客户搭建数字化碳管理服务体系，为碳管理提供解决方案。

在社会方面，积极践行企业社会责任，树立企业良好形象。发挥企业工会和党组织作用，强化员工权益保障，为员工提供公平公正、有安全保障的工作环境。注重人文关怀，增强员工获得感、幸福感与安全感。落实安全生产主体责任，加强安全生产领域监督执纪工作，坚决遏制重特大安全事故发生。积极履行纳税义务，加大对纳税情况的信息披露力度，提升纳税透明度。主动参与社会公益事业，加大对当地公路、小型桥梁等便民交通基础设施建设投资力度，打通"最后一公里"物流通道。积极开展慈善捐助、志愿服务工作。

在公司治理方面，强化企业内部控制，建立完善反腐败、反贿赂等监督机制，通过开展培训及讲座等方式，以案促改，以案倡廉，积极营造良好的廉洁文化氛围。开设员工举报通道，不断加大对违法违规行为的打击力度。设立独立内部审计部门，强化对企业日常财务与业务活动监督，确保公司的运营符合相关法规和道德标准。

（二）加速融入全球高级供应链

一是提升服务复杂供应链能力。增加精细化、高品质物流服务供给。立足自身业务优势和市场需求，做精做细供应链物流全过程管理，有针对性地优化物流业务布局和服务流程，推动物流服务向产业链两端延伸拓展，有效衔接采购、生产加工、仓储、销售及售后等多环节物流需求，为客户提供定制化、一体化的物流解决方案，提升供应链整体协同水平，降低供应链整体物流成本与配送时间，不断提升物流服务效率和质量，提高物流服务附加值。加强技术创新与应用。深入挖掘大数据、物联网、人工智能等新技术在物流领域应用，提高物流业务智能化水平，加大绿色、低碳、高效的物流设备和技术研发投入及推广力度，推动物流业向可持续发展方向转型，提升企业核心竞争力。营造良好国际合作环境。加强与马士基、德迅、DSV等国际知名物流企业、供应链管理企业及行业组织和研究机构合作交流，积极借鉴或分享物流发展经验和技术成果，树立良好品牌形象，营造合作共赢的良好行业氛围。

二是深化与高端制造业交流融合。推动与制造业企业业务流程融合协同。积极推动与航空、汽车、半导体等制造业企业协同共建供应链，协助制造业企业整合物流资源，在生产制造各环节引入专业化物流解决方案，增强物流服务对柔性制造、敏捷制造的支撑能力。加强信息共享。推动物流信息技术与工业互联网融合，实现采购、生产、流通等上下游环节信息实时采集、互联共享，推动提高生产制造和物流一体化运作水平。

三是有序推动国际联盟合作。积极参与和推动成立物流业、制造业融合创新发展专业联盟，促进物流业、制造业与信息产业等协同联动和跨界融合，通过共同使用港口、码头物流设施、大数据平台等资源，共同制定或共享航线，提升物流资源配置效率和运力弹性，缓解物流行业供需矛盾，降低行业周期下行带来的影响。

（三）做好风险防控与合规经营

一是强化安全意识。高度重视境外安全风险管理工作，树立以安全为前提的发展理念，完善境外安全管理组织机构，加强组织领导和统筹协调，进一步落实企业安全主体责任，审慎前往中高风险国家开设分支机构，加大境外安全教育和培训力度，全力保障境外人员和物资安全。密切关注境外安全局势变化，有针对性地做好风险预案，加强日常演练，切实守住不发生重大安全事故的底线。

二是加强安全生产管理。严格执行我国和东道国安全生产有关规定，进一步完善安全生产管理制度，落实安全生产责任制，明确各级管理人员的安全生产职责。严密组织境外疫情防控和安全生产工作，加强安全生产隐患排查治理，强化安全生产教育培训，加强安全生产技术改造，推广安全生产技术手段，提高安全生产保障能力，坚决守住安全生产底线，遏制安全生产事故发生，确保国际物流实现安全发展。

三是重视舆论监测。重视非政府组织（NGO）以及媒体等组织发布的与企业行业相关的舆论。积极宣传共建"一带一路"共商、共建、共享的发展理念，做好正面案例的宣传报道工作，争取与当地民众和组织机构达成发展共识，为企业发展营造良好的舆论环境。

四是规范海外经营行为。通过培训、讲座、集体学习等活动，不断提升企业及员工合规意识，强化公司治理，加强自律管理。密切关注全球绿色合规、数字合规等新兴领域合规要求，持续加强合规体系建设，严格遵守我国和项目所在国的法律法规，避免由于贿赂、腐败、环境保护、人权等因素造成违法违规行为。切实履行社会责任，开展属地化经营，做好环境保护工作，及时足额发放工资，保障中外员工合法权益。

参 考 文 献

［1］林雪萍.供应链攻防战［M］.北京：中信出版集团，2023.

［2］徐奇渊，东艳.全球产业链重构：中国的选择［M］.北京：中国人民大学出版社，2022.

［3］中金公司研究部，中金研究院.大国产业链：新格局下的宏观经济与行业趋势［M］.北京：中信出版集团，2023.

［4］张其仔.中国产业竞争力报告（2022—2023）［M］.北京：社会科学文献出版社，2022.

［5］陈玉明，张潮，陈秀法，等.南美洲地质矿产与矿业开发［M］.北京：中国地质大学出版社，2018.

［6］朱彤，孙启俊，丁勇，等.跨国公司全球生产网络及其对发展中国家的经济影响［M］.北京：人民出版社，2018.

［7］陈静.跨国公司和全球价值链关系研究［D］.北京：对外经济贸易大学，2015.

［8］车璐，潘小海，石缎花.积极推行ESG评价 促进中央企业高质量发展［J］.中国投资（中英文），2022.

［9］杜娟.央企建设品牌卓著世界一流企业需面对的时代问答：从国家能源集团RISE品牌战略看央企品牌建设［J］.可持续发展经济导刊，2022（5）：25－30.

［10］黄群慧.国有企业分类改革论［J］.经济研究，2022，57（4）：4－12.

[11] 黄群慧,倪红福. 基于价值链理论的产业基础能力与产业链水平提升研究 [J]. 经济体制改革, 2020 (05): 11.

[12] 林毅夫,蔡昉,李周. 比较优势与发展战略: 对"东亚奇迹"的再解释 [J]. 中国社会科学, 1999 (05): 18.

[13] 刘斌,潘彤. 新冠疫情背景下中国对外贸易的现状分析、趋势研判与政策建议 [J]. 国际贸易, 2021 (07): 29 – 35.

[14] 刘志彪,孔令池. 双循环格局下的链长制: 地方主导型产业政策的新形态和功能探索 [J]. 山东大学学报（哲学社会科学版）, 2021, 38 (2): 170 – 171.

[15] 隆国强. 中国产业链出路: 用数字化、绿色化加速推进产业升级 [J]. 上海企业, 2022 (8): 47 – 50.

[16] 吕越,邓利静. 全球价值链下的中国企业"产品锁定"破局: 基于产品多样性视角的经验证据 [J]. 管理世界, 2020, 36 (08).

[17] 庞磊,阳晓伟. 中国产业链关键环节自主可控何以实现?: 对高新技术企业集聚效应与技术创新的考察 [J]. 南方经济, 2023, 42 (5): 107 – 126.

[18] 唐珏岚. 完善国家物资储备体系对畅通国民经济循环意义重大 [J]. 人民论坛·学术前沿, 2021 (5): 7.

[19] 王柯颖. 全球价值链分工视域下国有企业国际竞争力研究 [J]. 现代国企研究, 2019 (18): 90 – 93..

[20] 王欣. 党的十八大以来中央企业建设世界一流企业的实践探索与基本经验 [J]. 改革, 2023 (2): 28 – 46.

[21] 王永贵,高佳. 新冠疫情冲击、经济韧性与中国高质量发展 [J]. 经济管理, 2020, 42 (05): 5 – 17.

[22] 许彩慧,陈宇学,孙小泽. 产业安全视角下的中国产业链重构 [J]. 企业经济, 2023, 42 (3): 15 – 25.

[23] 杨宇. 中国与全球能源网络的互动逻辑与格局转变 [J]. 地理学

报，2022，32（3）：295-314.

[24] 袁振邦，张群群．贸易摩擦和新冠疫情双重冲击下全球价值链重构趋势与中国对策［J］．当代财经，2021（04）：102-111.

[25] 张威．全球供应链新变局下的国际工程承包［J］．施工企业管理，2023（4）：27-29.

[26] 张其仔，许明．中国参与全球价值链与创新链、产业链的协同升级［J］．高等学校文科学术文摘，2020，37（5）：58-70.

[27] 赵勇，初晓．"国进民进"：国有企业在对外直接投资中的作用［J］．世界经济，2021，44（5）：53-78.

[28] 中国社会科学院工业经济研究所课题组，曲永义．产业链链长的理论内涵及其功能实现［J］．中国工业经济，2022（7）：5-24.

[29] 沈铭辉，李天国．全球价值链重构新趋势与中国产业链升级路径［J］．新视野，2023（2）：70-78.

[30] 倪红福．全球产业结构和布局调整的主要特征及应对思路［J］．人民论坛，2023（09）．

[31] 祝树金，王哲伦，王梓瑄．全球价值链嵌入、技术创新与制造业服务化［J］．国际商务研究，2021，042（003）：14-25.

[32] 张锦．安赛乐米塔尔集团矿业战略研究［J］．冶金经济与管理，2019（02）：34-37.

[33] 马雪．美国减少对华供应链依赖的路径及困境［J］．现代国际关系，2022（10）：26-33.

[34] 胡黎明，郭文君，赵瑞霞．中国主导"一带一路"区域产业链整合创新研究：基于技术标准与产业转移双轮驱动的视角［J］．科学管理研究，2021，39（06）：162-170.

[35] 凌丹，刘悦，刘慧岭．国际经济秩序演化与中国制造业产业链重构研究［J］．经济学家，2022（8）：119-128.

[36] 王宝成，俞峰，王晔．我国国有企业海外投资面临的政策壁垒

及应对措施研究［J］. 国际贸易，2022（03）.

［37］周宏春. ESG 内涵演进、国际推动与我国发展的促进建议［J］. 金融理论探索，2023（05）.

［38］亚历山大·史维特里契尼，张娟娟，李苡墨. 欧盟企业并购制度在中国国企海外并购案中的实践逻辑："最坏情形"下"单一经济体"的认定［J］. 国际商务研究，2021，42（1）：63－72.

［39］龚柏华，杨思远. 跨境补贴的规制路径及中国的应对［J］. 国际经济评论，2023（5）：157－176.

［40］王欣，付雨蒙. 国有企业推动国产替代的功能、模式与实现路径［J］. 产业经济评论，2023（5）：34－53.

［41］金壮龙. 新时代工业和信息化发展取得历史性成就［J］. 学习时报，2022（10）：5－8.

［42］刘洪愧."一带一路"境外经贸合作区赋能新发展格局的逻辑与思路［J］. 改革，2022（02）：48－60.

［43］李勇. 发达国家先进制造战略框架、政策导向及其对我国的启示［J］. 国外社会科学前沿，2020（04）：62－68，84.

［44］郝鹏. 深入学习贯彻习近平总书记重要论述　新时代国资央企取得历史性成就［J］. 国资报告，2022（05）.

［45］李巍，许悦. 地缘政治回归与国际产业地理变迁：以苹果公司的供应链战略调整为例［J］. 世界经济与政治，2024（01）：71－107.

［46］程都. 优化对外投资支持政策：主要投资大国对外投资支持政策差异分析［J］. 中国投资，2021（Z9）：32－34.

［47］李政. 我国国有企业自主创新能力现状与提升路径［J］. 哈尔滨工业大学学报（社会科学版），2012（01）：105－110.

［48］李政，王思霓. 国有企业提升产业链现代化水平的理论逻辑与实现路径［J］. 学习与探索，2021（08）：112－120.

［49］黄速建，肖红军，王欣. 论国有企业高质量发展［J］. 中国工业

经济，2018（10）：19-41.

[50] 李巍，张梦琨. 空客崛起的政治基础：技术整合、市场拓展与战略性企业的成长 [J]. 世界经济与政治，2021（11）：4-37.

[51] 史俊玲，张长久，李娜. 日本铁路技术标准国际化策略研究 [J]. 中国铁路，2015（10）：81-85.

[52] 武芳. 2023年对外直接投资回顾与2024年展望 [J]. 对外经贸实务，2024（03）.

[53] 吕瑞超. 智能制造 标准先行《国家智能制造标准体系建设指南（2015年版）》全面解读 [J]. 工程机械文摘，2016（01）：63-65.

[54] 刘阳，杨玉刚，韩立岩. 国际能源大变局下的中国能源定价权 [J]. 国际金融，2023（05）：24-27..

[55] 李雪慧，史丹. 新形势下我国能源安全的现状及未来战略调整 [J]. 中国能源，2016（07）：11-16.

[56] 李磊，刘通，马东沙，等. 用"一利五率"指标引领国有企业高质量发展 [J]. 国有资产管理，2023（10）：33-35.

[57] 朱俊卿，池国华. 中央企业高质量发展考核指标体系变迁逻辑与落实路径 [J]. 财务与会计，2023（15）：45-48.

[58] 张生辉，王振涛，李永胜，等. 中国关键矿产清单、应用与全球格局 [J]. 矿产保护与利用，2022（05）：138-167.

[59] 薛蕊，李育，武芳. 推动我国轨道交通产业高质量"走出去" [J]. 中国外资，2024（03）.

[60] 马可为. 中国铁路"走出去"现状分析及思考 [J]. 国际工程与劳务，2023（10）：65-67.

[61] 陈兆源，韩冰. 欧盟外国补贴条例对赴欧投资企业的影响及应对 [J]. 中国外汇，2023（6）：32-34.

[62] 刘真，汤武. 株洲轨道交通业"走出去"形势、问题及建议：基于金融视角. 银行家，2021（03）：131-134.

[63] 中华人民共和国自然资源部．全球矿业发展报告 2019 [R/OL]．（2019 - 10 - 11）［2024 - 05 - 11］．https：//www. mnr. gov. cn/zt/hu/gjkydh/2019nzggjkydh/hydt_ 33148/201910/t20191011_ 2470470. html.

[64] 自然资源部中国地质调查局国际矿业研究中心．全球矿业发展报告 2020—2021 [R/OL]．（2021 - 10 - 15）．https：//m. mnr. gov. cn/dt/kc/202111/P020211115400903174075. pdf

[65] 中华人民共和国国土资源部．中国矿产资源报告 2011 [M]．北京：地质出版社，2011.

[66] 郝鹏．深入贯彻中央经济工作会议精神　在稳定宏观经济大盘中彰显国资央企担当 [N]．学习时报，2022 - 01 - 19（001）．

[67] 吕越，邓利静．新发展格局推动中国向价值链高端跃升 [N]．中国社会科学报，2021 - 11 - 17（06）．

[68] 倪红福．全球产业链呈现三个新态势 [N]．经济日报，2021 - 4 - 7（08）．

[69] 孙昌岳．全球产业链供应链深度调整 [N]．经济日报，2022 - 12 - 29（04）．

[70] 张其仔．探索提升产业链供应链韧性和安全水平的有效路径 [N]．光明日报，2023 - 2 - 27（06）．

[71] 章建华．加快构建现代能源体系 [N]．中国电力报，2022 - 4 - 2（01）．

[72] 孙兆．中国中车："走出去"的国家名片 [N]．中国经济时报，2022 - 02 - 28（A04）．

[73] 新华网．震荡分化　蓄势待发：辨析世界经济形与势 [EB/OL]．（2023 - 12 - 31）［2024 - 05 - 11］．http：//www. news. cn/world/20231231/0112128fe82046cc801838dc49e6c05a/c. html.

[74] 财富中文网．2023 年《财富》世界 500 强排行榜 [EB/OL]．（2023 - 08 - 02）［2024 - 05 - 11］．https：//www. fortunechina. com/for-

tune500/c/2023-08/02/content_ 436874. htm.

[75] 中华人民共和国中央人民政府. 中共中央 国务院关于新时代加快完善社会主义市场经济体制的意见 [EB/OL]. (2020-05-18) [2024-05-11]. https://www.gov.cn/zhengce/2020-05/18/content_ 5512696. htm.

[76] 光明网. 国资委：坚持以市场化原则加快推进国有资本布局优化和结构调整 [EB/OL]. (2023-02-23) [2024-05-11]. https://m.gmw.cn/baijia/2023-02/23/1303292997.html.

[77] 澎湃新闻. 全球金属勘探市场呈现几大变化 [EB/OL]. (2023-06-19) [2024-05-11]. https://m.thepaper.cn/baijiahao_ 23537188.

[78] 国务院国资委研究中心. 中央企业高质量发展报告（2023）[EB/OL]. (2023-09-23) [2024-05-11]. http://www.sasac.gov.cn/n4470048/n26915116/n28915164/n28915179/c28938989/content.html.

[79] 联合国贸发会议《世界投资报告》, 2023年7月: 投资于可持续利用能源 [EB/OL]. https://unctad.org/publications-search? f%5B0%5D=product%3A397

[80] 中国中车股份有限公司. 2020、2021、2022年年度报告 [EB/OL]. https://www.crrcgc.cc/g4951.aspx

[81] 中国外运股份有限公司. 2020—2022年年度报告 [EB/OL]. [2024-01-01]. https://www.sinotrans.com/col/col2362/index.html.

[82] 中远海运港口有限公司. 2020—2022年财务报告 [EB/OL]. [2024-01-01]. https://ports.coscoshipping.com/sc/Investors/IRHome/FinancialReports/.

[83] 中远海运控股股份有限公司. 2020—2022年年度报告 [EB/OL]. [2024-01-01]. https://hold.coscoshipping.com/col/col25059/index.html.

[84] 招商局港口控股有限公司. 2020—2022 Annual Report [EB/OL]. [2024-01-01]. https://www.cmport.com.hk/EN/investor/Reports.aspx?p=2.

［85］联合国贸发会议. https：//unctad. org/

［86］国务院国有资产监督管理委员会. http：//www. sasac. gov. cn/

［87］中国政府网. https：//www. gov. cn/xinwen/2023zccfh/23/

［88］IMF,"Boosting Productivity in the Aftermath of COVID – 19", 2021.

［89］Rugman A M, Verbeke A. The World Trade Organization, Multinational Enterprises, and the Civil Society［J］. 2002.

［90］Trajtenberg M. A Penny for your quotes：patent citations and the value of innovation［J］. Rand Journal of Economics, 1990, 21（1）.

［91］UNCTAD. 2021 Annual Report：Reducing Inequality［R］. 2021.

［92］Wernerfelt B. A resource – based view of the firm［J］. Strategic Management Journal, 1984, 5（2）.

［93］Fox News. US 'Should Be Concerned' by Chinese Influence in Latin America：Military Commander［EB/OL］.［2024 – 5 – 11］. https：//www. foxnews. com/world/us – concerned – chinese – influence – latin – america – military – commander.

［94］Mark Ferguson, Kevin Murphy. World Exploration Trends 2022［EB/OL］.［2024 – 01 – 01］. https：//www. spglobal. com/marketintelligence/en/news – insights/blog/world – exploration – trends – 2022.

［95］Jose Fernandez. Keynote Remarks at Indaba Mining Conference［EB/OL］.［2024 – 01 – 01］. https：//www. state. gov/under – secretary – jose – w – fernandezs – keynote – remarks – at – indaba – mining – conference/.

［96］Daniel A. Peraza. Lithium Monopoly in the Making? Beijing Expands in the Lithium Triangle［EB/OL］.（2022 – 08 – 25）［2024 – 5 – 11］. https：//www. geopoliticalmonitor. com/lithium – monopoly – in – the – making – beijing – expands – in – the – lithium – triangle/.

［97］BP. Bp Statistical Review of World Energy 2022［EB/OL］.［2024 – 05 – 11］. https：//www. bp. com/content/dam/bp/business – sites/en/global/

corporate/pdfs/energy – economics/statistical – review/bp – stats – review – 2022 – full – report. pdf.

[98] World Economic Forum. Fostering Effective Energy Transition 2022 [EB/OL]. [2024 – 05 – 11]. https://www.weforum.org/publications/fostering – effective – energy – transition – 2022/.

[99] World Economic Forum. Fostering Effective Energy Transition 2023 [EB/OL]. [2024 – 05 – 11]. https://www.weforum.org/publications/fostering – effective – energy – transition – 2023/.

[100] KPMG. Global Mining Outlook 2022: Extracting Key Insights for Mining Leaders [EB/OL]. [2024 – 05 – 11]. https://assets.kpmg.com/content/dam/kpmg/xx/pdf/2022/04/global – minning – outlook – 2022. pdf.

[101] Alstom, Alstom Annual Report FY2020, 2021, 2022 [EB/OL]. [2024 – 05 – 11]. https://www.alstom.com/fy – 202223 – annual – results.

[102] A. P. Moller – Maersk, Maersk Annual Report 2020, 2021, 2022 [EB/OL]. [2024 – 05 – 11]. https://investor.maersk.com/financials/financial – reports.

[103] DSV. DSV Annual Report 2020, 2021, 2022 [EB/OL]. [2024 – 05 – 11]. https://investor.maersk.com/financials/financial – reports.

[104] Kuehne + Nagel, Kuehne + Nagel Annual Report 2020, 2021, 2022 [EB/OL]. [2024 – 05 – 11]. https://home.kuehne – nagel.com/en/ – /company/investor – relations/financial – performance.

[105] SNL DataBase [DB/OL]. https://www.snl.com.

后　　记

2023年8月，商务部国际贸易经济合作研究院承担了国务院国资委重大课题"中央企业全球产业链供应链分工合作能力分析及应对策略研究"。此后近十个月的时间里，我们的研究团队倾注了巨大精力和心血，数易其稿高质量完成课题写作任务，研究成果被评定为"优秀等级"。在此基础上，我们撰写出版本书，作为课题研究的重要转化成果。

在写作过程中，我们多次召开专家研讨会，来自国资委研究中心、工信部装备工业发展中心、中国社科院、对外经贸大学、中石油经济技术研究院、中国国际工程咨询有限公司、中国城市轨道交通协会等单位的20余位专家为我们的研究工作提出了非常中肯、专业的建议。同时，我们还在京及奔赴深圳、上海、长沙、株洲等地，对招商局港口、中国外运、中远海运、中车株机、中车时代电气、中国石油、五矿资源、中国通号、三一重工等企业，以及轨道交通协会等开展调研，获得了大量的一手资料和鲜活案例。对于上述专家、教授和企业家提供的大力支持和帮助，我们表示诚挚的感谢。

在具体写作分工上，商务部研究院对外投资合作研究所所长武芳负责组织协调、提纲拟定、相关章节撰写以及全书的修订完善工作；庞超然、薛蕊、林源、李育、沈梦溪、张哲、张爽和郭语具体负责相关章节的写作；武芳、庞超然、薛蕊、林源还承担了课题的立项申请、研究设

后　记

计、调研和研讨活动的组织，开题、中期和结题答辩等大量事务性工作；研究所副所长曹亚伟也给予写作和调研工作很大支持。

我们还要特别感谢商务部研究院原副院长陈文敬、研究院副院长张威一直以来的指导和帮助。这两位专家都是商务研究领域声望卓著、享受国务院特殊津贴的专家，我们很多项研究工作都离不开这两位专家的倾力相助。感谢中国商务出版社钱志清副社长、周青主任、刘玉洁编辑等专业、细致的编辑与出版工作。

由于时间仓促，研究水平有限，不足之处在所难免，还请广大读者批评指正。

武　芳

2024 年 5 月 11 日